CATALOGUE

DES

LIVRES

COMPOSANT LA

Bibliothèque d'un Amateur

Théologie, Jurisprudence
Sciences et Arts, Belles-Lettres, Histoire
Biographie, Bibliographie

LIVRES A GRAVURES

VIGNETTES, FACÉTIES

DONT LA VENTE AURA LIEU

RUE DES BONS-ENFANTS, 28

(MAISON SILVESTRE)

Du Mercredi 21 Avril au Vendredi 7 Mai 1869

A HUIT HEURES PRÉCISES DU SOIR

———

Par le ministère de Me **HENRI GAUTHIER**, Commissaire-Priseur,
rue de Béranger, 12,

Assisté de M. **DELAROQUE** aîné, libraire du Ministère des Affaires étrangères,
Expert des ventes de la Chambre des C^{rs}-Priseurs, quai Voltaire, 21,

———

CE CATALOGUE SE DISTRIBUE :

Chez Me GAUTHIER, Commissaire-Priseur
Et chez M. DELAROQUE aîné, Libraire

———

PARIS — 1869

ORDRE DES VACATIONS

CATALOGUE

DES

LIVRES

COMPOSANT LA

Bibliothèque d'un Amateur

Théologie, Jurisprudence
Sciences et Arts, Belles-Lettres, Histoire
Biographie, Bibliographie

LIVRES A GRAVURES

VIGNETTES, FACÉTIES

DONT LA VENTE AURA LIEU

RUE DES BONS-ENFANTS, 28

(MAISON SILVESTRE)

Du Mercredi 21 Avril au Vendredi 7 Mai 1869

A HUIT HEURES PRÉCISES DU SOIR

Par le ministère de M° **HENRI GAUTHIER**, Commissaire-Priseur,
rue de Béranger, 12,

Assisté de M. **DELAROQUE** aîné, libraire du Ministère des Affaires étrangères,
Expert des ventes de la Chambre des C^{res}-Priseurs, quai Voltaire, 21,

---

CE CATALOGUE SE DISTRIBUE :

Chez M° GAUTHIER, Commissaire-Priseur
Et chez M. DELAROQUE aîné, Libraire

PARIS — 1869

CONDITIONS DE LA VENTE

Il y aura, chaque jour de vente, de deux heures à quatre heures, exposition des Livres qui seront vendus dans la vacation du soir.

Les Livres vendus devront être collationnés dans les vingt-quatre heures de l'adjudication ; passé ce délai, ils ne seront repris pour aucune aucune cause.

Les Acquéreurs paieront, en sus du prix d'adjudication, CINQ CENTIMES PAR FRANC, applicables aux frais.

M. DELAROQUE aîné se chargera des commissions des personnes qui ne pourraient assister à la vente.

CATALOGUE

DES LIVRES

COMPOSANT LA

Bibliothèque d'un Amateur

THÉOLOGIE

Écriture sainte. — Texte et Commentaires. — Liturgie. — Conciles. — Traités sur la religion.

1. La Sainte-Bible, qui contient le Vieux et le Nouveau Testament ; édit. publ. par les soins de Samuel des Marets et de Henry des Marets son fils. *Amsterdam, chez* LOUIS ET DANIEL ELZEVIER 1669 ; 2 tom. rel. en 4 vol. in-f. gr. pap. de Holl., *avec les superbes fig. de* BERNARD PICART, rel. en mar. br., large dent. int. tr. dor., par *Petit.*

   Pour la séparation des volumes, on a imprimé deux faux titres par le procédé Dupont. L'exemplaire est de toute beauté ; il est renfermé dans un coffre fermant à clé et couvert en maroquin chagriné noir ; l'intérieur est garni en peau de mouton rouge.

2. La Sainte-Bible en latin et en françois, avec des notes et la concordance des quatre évangélistes, par M. Lemaistre de Sacy. *Paris, Desprez,* 1717 ; 4 vol. in-f., fig., v. m.

   Quelques taches d'humidité.

3. La Sainte-Bible cont. l'Ancien et le Nouveau Testament trad. par Le Maistre de Saci. *Paris, Defer de Maison-neuve*, 1789; 12 vol. in-4, pap. vergé d.-rel. v. fauv., 300 fig. de *Marillier et Monsiau*.

4. La Sainte-Bible ou l'Ancien et le Nouveau Testament, version revue par Ostervald. *Paris*, 1866; gr. in-8, bas. gauf.

5. Historie des ouden en Nieuwen Testament. — Histoire de l'Ancien et du Nouveau Testament connue sous le nom de BIBLE DE MORTIER. *Amsterdam, Pierre Mortier*, 1700; 400 figures grav.; 2 tom. en un vol. in-f., reliure en bois, couverte en peau de truie garnie de coins et fermoirs en cuivres; *d'une admirable conservation.*

Les figures sont du premier tirage et av. les clous.

6. Taferelen dez Voornaamste Testament, etc., etc., le Vieux et le Nouveau Testament en hollandais, *In Graa-venage*, 1728; 2 vol. in-folio, pap. super-royal, br.

Grand nombre de vignettes, fleurons, culs de lampes, lettres ornées de Bernard Picard. les grands tableaux ne s'y trouvent pas.

7. Le Nouveau Testament de Nostre Seigneur Jésus-Christ, trad. en français. *A Mons, chez G. Migeot*, 1667; in-12, mar. bl. fil., tr., dor.

8. Le Nouveau Testament de Notre-Seigneur Jésus-Christ, trad. en français, par Mésenguy, édit. publ. par Silv. de Sacy. *Paris, Téchener*, 1860; 3 vol. in-16, pap. vél. br.

9. Recherches sur les quatre livres des Rois, sur le livre de Job, et sur les sermons de saint Bernard en français du XIIe siècle, par Leroux de Lincy. *Paris, Imp. roy.* 1854; in-4, avec fac-simile, or et coul. br.

10. Le Talmud, par Emanuel Deutsch, trad., par Th. Baudenas. *Paris*, 1868; pet. in-4, pap. verg. br. en vél., tiré à 265 ex.

11. La Bible de France ou les Trad. françaises des Saintes Écritures, étude historique et littéraire, par Em. Pétavel, pasteur. *Paris*, 1864; in-8, br.

12. La Bible en Espagne, par G. Borrow. *Paris*, 1845 ;
    2 vol. in-8, br.
13. La Bible dans l'Inde ; vie de Jescus-Christua, par
    L. Jacollot. *Paris*, in-8, br.
14. Les Censures des théologiens de Paris, par lesquelles
    ils avoyent faulsement condamné les Bibles imprimées
    par Robert Estienne avec la responce d'icceluy Robert Es-
    tienne, trad. du latin en françois. *Genève*, 1552 ; publ.,
    par Gust. Revilliod et réimp., par *Fick*. *Genève*, 1866 ;
    in-8, pap. verg. rel. en vél.
15. La Bible enfin expliquée par plusieurs aumôniers de
    S. M. l. r. d. P. (*par Voltaire*). *Londres*, 1777 ; 2 vol.
    in-8, br.
16. Errotika Biblion (par le comte de Mirabeau). A *Rome*,
    de l'Imp. du Vatican, 1783 ; in-8, br.
17. Traité de la situation du Paradis terrestre, par
    D. Huet, évêque d'Avranches. *Paris*, 1691 ; in-12, cart.,
    v. m.
18. Les Évangiles, par Gust. d'Eichthal, première partie,
    seule parue. *Paris, Hachette*, 1863 ; 2 vol. gr. in-8, br.
19. Vie de Jésus ou Examen critique de son histoire,
    par le docteur Strauss, trad. par Littré. *Paris*, 1856 ;
    2 vol. in-8, br.
20. Histoire critique de Jésus-Christ ou Analyses raison-
    née des Évangiles *S. l. n. d.*, pet. in-8, br. n. coupé.
21. Histoire Critique de la vie de Jésus, par Peyrat. *Paris*,
    1864 ; in-8, br.
22. La vie de Jésus, par Renan. *Paris*, 1863, in-8, br.,
    1re *édition*.
23. Vie de Jésus, par Renan, 13e édit. augm. *Paris*, 1867,
    in-8, br.
24. Morale de Jésus-Christ et des Apôtres ou la Vie et les
    Instructions de Jésus-Christ. *Paris, Didot*, 1798 ; 2 vol.
    pet. in-12, pap. vél. cart. n. rog.
25. Les Apôtres, par Er. Renan. *Paris*, 1866 ; in-8, br.

26. De Imitatione Christi et contemptu mundi omniumque ejus vanitatum libri IV. Codex de advocatis sæculi XIII, curante G. de Grégory. *Parisiis, Firm. Didot,* 1823 ; in-8, br.

27. L'Imitation de Jésus-Christ, trad. du latin, par M. de Sacy. *Paris, Téchener,* 1854 ; in-16, pap. vél. br.

28. De l'Imitation de Jésus-Christ, trad. nouvelle, par Gence. *Paris, Treuttel et Wurtz,* 1820 ; in-12, fig., pap. vél. mar. n. fil. tr. dor.

    Sur le plat on lit : *Donné par S. A. R. Mme la duchesse d'Orléans.*

29. Dissertation sur 60 trad. françaises de l'Imitation de Jésus-Christ. *Paris, Lefèvre,* 1812; in-12, br.

30. Iconographie chrétienne; Histoire de Dieu, par M. Didron, *Paris, Imp. royale,* 1843 ; in-4, pap. verg., nomb. fig. en bois, br.

31. Catéchisme à l'usage de toutes les Églises de l'Empire français. *Paris,* 1806; in-12, vél. fil. tr. dor.

32. Livre d'heures ou Offices de l'Église illustrés d'après les mss. de la Bibl. du Roi, par Mlle A. Guilbert. *Paris,* 1843 ; pet. in-8, pap. vél. fort. br.

    Texte gothique avec encadrements divers.

33. Histoire du concile de Pise et de ce qui s'est passé de plus mémorable depuis ce concile jusqu'au concile de Constance, par J. Lenfant. *Amsterdam,* 1724; 2 vol. in-4, gr. pap. dem.-rel. v. fauv., port.

34. Histoire du concile de Constance, par J. Lenfant. *Amsterdam,* 1714; 2 vol. in-4, gr. pap. v. br., portraits.

35. La Vie de saint Augustin, evesque d'Hyponne, par M^e, Ant. Godeau, év. de Grasse. *Paris,* 1652 ; in-4, v. br.

36. L'Oraison dominicale comm. par Minoret. *Paris,* 1865; pet. in-8, pap. verg. de Holl. teinté br. tiré à pet. nbm.

37. Preces sancti Nersetis Armeniorum patriarchæ, viginti quatuor linguis édit. *Venetiis, in insula S. Lazari,* 1837; pet. in-12, v. gr. fil. tr. dor.

38. Les dévotes Épistres de Kathérine d'Amboise, publ.
pour la prem. fois par l'abbé Bourassé. *Tours, Mame,*
1861 ; gr. in-8, pap. vergé, br.

> *Tiré à* 180 *exemplaires. Publ. de la Société des Bibliophiles de
> Touraine.*

39. Sermon de Michel Prenot sur la Madeleine ; notes de
Jehan Labouderie 1832 ; — Sermon de Maillard presché
à Bruges, en 1500, et autres pièces avec notice par le
même, 1826.

40. Sermons choisis de Bossuet, de Bourdaloue et de
Massillon, édit. publ. par Silv. de Sacy. *Paris, Téchener,*
1859 ; 3 vol. in-16, pap. vél., br.

41. Lettres spirituelles de Fénelon, édit. revue par Silvestre de Sacy. *Paris, Téchener,* 1856 ; 3 vol. in-16, pap.
vél. br.

42. Directions pour la conscience d'un Roi, composées
pour l'instruction de Louis de France duc de Bourgogne, par F. de Salignac de la Mothe Fénelon, son pré-
cepteur. *La Haye, Jean Neaulme,* 1748 ; in-16, tiré sur
pap. de Holl., in-4, port, dos et coins v.

43. Directions pour la conscience d'un Roi, par Fénelon.
Paris, Renouard, 1825 ; in-12, pap. verg., port., br.

44. Introduction à la vie dévote du bien-heureux François de Sales, nouv. édit. pub., par Silv. de Sacy. *Paris,*
Téchener, 1855 ; 2 vol. in-16, pap. vél. br.

45 Réflexions sur la miséricorde de Dieu, par madame la
duchesse de la Vallière, avec un sermon de Bossuet.
Paris, 1766 ; pet. in-8, fig. et port., br.

46. Réflexions sur la miséricorde de Dieu, par la duchesse de la Vallière, suivies de ses lettres, pub. par
V. Clément. *Paris, Téchener,* 1860 ; 2 vol. in-12, port. br.

47. Lettres de piété et de direction écrites à la sœur Cornuau, par Bossuet, suivies du Traité de la concupiscence,
par le même avec une préface, par Silvestre de Sacy
Paris, Téchener, 1857 ; 2 vol. in-16, pap. vél. br.

48. Choix des Traités de morale chrétienne de Duguet. — édit. publ. par Silv. de Sacy. *Paris, Téchener*, 1858 ; 2 vol. in-16, pap. vél. br.

49. Maurice de Guérin Reliquiæ, pub., par Trébutien avec des notes de Sainte-Beuve. *Paris, Didier*, 1861 ; in-16, pap. verg. br.

50. Maurice et Eugénie de Guérin ; avec les lettres d'Eugénie de Guérin, publ. par Trébutien. *Paris, Didier*, 1863-65 ; 3 vol. in-12, pap. de Holl. br.

51. Leçons et Modèles de littérature sacrée, par M. de Genoude. *Paris,* 1837 ; gr. in-8, cart., *ex. sur pap. de Chine.*

Polémique religieuse. — Protestants ; Luther, Calvin ; Écrits contre la religion. — Juifs, Mahométans, Déistes, Athés, Religions diverses. — Jésuites, Histoires des Religions.

52. Essai sur les libertés de l'Église gallicane et des autres Églises de la catholicité, pendant les deux derniers siècles, par M. Grégoire. *Paris*, 1820 ; in-8, dos de mar. v.

53. Des libertés de l'Église Gallicane, par Ch. Giraud. *Paris*, 1845 ; in-8, dos de mar. v.

54. Essai hist. sur la puissance temporelle des papes et sur l'abus qu'ils ont fait de leur ministère spirituel, (par Darmon ; 4e éd.). *Paris*, 1818 ; 2 vol. in-8, cart. *Ed. augmentée.*

55. Législation historique du sacrilége chez tous les peuples avec la discussion des lois proposées aux Chambres en 1824 et 1825 ; par Saint-Edme. *Paris*, 1825 ; in-8. br.

56. Découvertes d'un bibliophile sur différents points de morale enseig. dans les séminaires, 1843. — Les Découvertes réd. à leur juste valeur. — Nouvelle Découvertes, supp. — Réponse du bibl. à la consultation ; 4 pièces, in-8, br.

57. OEuvres de La Mennais; 4 vol. et 2 br. in-8, br., *éditions originales*.

   Première et seconde Lettre à l'archevêque de Paris, 1829. — Mélanges catholiques (extr. de l'*Avenir*) et troisième mélange, 1831-35; 3 vol. — Le Livre du Peuple, nouv. éd., 1839. — *On y a joint :* Examin critique de l'essai sur l'indifférence, par Le Joyeux de Saint-Acre, 1820; in-8 br. — De la Société première et de ses Lois, par Lamennais, 1848; ensemble 6 vol. in-8, et 2 br.

58. Les Pouvoirs constitutifs de l'Église, par Bordas Dumoulin. *Paris*, 1855 ; in-8, br.

59. L'ultramontanisme ou l'Église romaine et la Société moderne, par Quinet. *Paris*, 1844 ; in-8, br.

60. De la grande Hérésie du prêt à intérêt signalée par M. Pagès, doyen de la Faculté de théologie. *Lyon*, 1838 ; in-8, dos et c. mar. br. tête dor. (*Petit*).

61. Traicté du célibat des prestres, par Urbain Grandier, curé de Loudun; Opuscule inédit, publ. par Luzarches, front. à l'eau forte de Ulm en deux états. *Paris*, 1866; in-12, pap. verg. br.

62. De la Singularité des clercs ou de l'Obligation où sont les ecclésiastiques de vivre séparez des femmes, trad. de saint Cyprien, par l'abbé D. P. D. D. S. *Paris*, 1719; in-12, cart.

63. La Religion, par Vacherot. *Paris*, 1869; in-8, br.

64. Abasvérus, par Edgar Quinet. *Paris*, 1834; in-8, br. Éd. *orig.*

65. Paris, Rome et Jérusalem ou la Question religieuse. au xix° siècle, par Salvador. *Paris*, 1860; 2 vol. in-8, br.

66. Martin Luther contra Henricum regem Angliæ. *Vittembergæ*, 1522; in-4.—Epistolæ M. L. ad. G. Spalatinum, etc. in-4, *s. l. n. d.*, ces deux pièces sont piq. — Quatre pièces, in-4, en allemand sur les vœux monastiques. — Sermon sur la Foi, 1523. — Épître aux chrétiens d'Erfurt. *Vittemberg*, 1522. — Dispute sur le Testament de

Osiander et Gaspard Schatzger, 1525, avec une fig. en
bois très-curieuse. Ensemble 6 pièces originales in-4,
non rel.

67. Mémoires de Luther, écrits par lui-même et publ.
par Michelet. *Paris*, 1835 ; 2 vol. in-8, br.

68. OEuvres françoises de Calvin ; précédées de sa Vie,
par Th. de Bèze, publ., par le bibliop. Jacob. *Paris*,
1842 ; in-12, br.

69. Correspondance des Réformateurs dans les pays de
langue française, 1512 à 1532 ; publ. par Hermimjard.
Genève, 1866 ; 2 vol. in-8, br.

70. Traité des vrayes, essencielles et visibles marques de
la vraye Église catholique, par Th. de Bèze. *La Rochelle*, 1592. — Confession de Foy chrestienne faite par
Th. de Bèze et la Réfutation des superstitions contraires.
Genève, 1563. — Questions et Responses chrestiennes,
par Th. de Bèze, *S. l. chez Eus. Vignon*. 1584. Ens.
1 vol. pet. in-8, rel. en vél.

71. Apologie pour ceux de la Religion (protestante), par
M. Amyrault. *Charenton*, 1648 ; in-12 vél.

72. Les Antiquités de l'Église anglo-saxonne, par J. Lin-
gard, trad. de Cumberworth. *Paris*, 1828, in-8, br.
carte.

73. Histoire de la guerre des hussites et du concile de
Basle, par Jacq. Lenfant, enrichie de portr. grav., par
Scotin et Fillieul. *Utrecht*, 1731 ; 2 vol. in-4, v. m.

74. Sermon inédit de Jean Gerson, sur le Retour des
Grecs à l'unité, publ. par le prince Aug. Galitzin. *Paris*,
1859 ; in-4, pap. vél. br.

75. Les Libres Prêcheurs, devanciers de Luther et de Rabelais, par An. Meray. *Paris, Claudin*, 1860 ; in-12, pap.
verg. de Holl. br.

76. Le Christianisme dévoilé ou Examen des principes
et des effets de la Religion chrétienne, par le baron

d'Holbach. *Londres*, 1747. — L'Enfer détruit ou Examen raisonné du dogme de l'éternité des peines. *Londres*, 1749; ens. 1 vol. in-12, mar. rou. anc. rel.

77. Théologie portative, par l'abbé Bernier (d'Holbach). *Londres*, 1770; pet. in-8, v.

Livre curieux. Les pages 39 à 52 et 73 à 81 ont été à moitié déchirées.

78. La Vie de Spinosa. — La Vérité de la résurrection de Jésus-Christ, défendue contre Spinosa, par Jean Colerus. *La Haye*, 1706; 2 tom. en 1 vol. in-12, v. fauv. fil.

79. OEuvres de Spinosa, trad. par Émile Saisset. *Paris*, *Charp.*, 1843; 2 vol. in-12, br.

80. Jérôme Savonarole. Sa Vie, ses Prédications, ses Écrits, par Perrens. *Paris*, *Hachette;* 2 vol. in-8, 2 portr. ajout., dos de mar. rou. n. rog.

81. Emmanuel de Swedenborg. Sa Vie, ses Écrits et sa Doctrine, par Matter. *Paris*, 1863, in-8, br.

82. Traité des trois Imposteurs. *Amsterdam*, 1776, in-12, broché.

83. Recueil nécessaire, avec l'Évangile de la Raison. *Londres*, 1776; in-8, br.

84. Les Déicides; Examen de la divinité de J. C. et de l'Église chrétienne au point de vue du judaïsme, par Cohen. *Paris*, 1861; gr. in-8, br.

85. Taxes des parties casuelles de la boutique du Pape, avec la fleur des cas de conscience décidés par les Jésuites, publ. par Julien de Saint-Acheul. *Paris*, 1820; in-8, d.-rel.

86. Renversement de la morale chrétienne par les désordres du monachisme avec 51 fig. *En Hollande, s. d.* pet. in-4, dos de v. n. rog.

87. Dictionnaire critique des reliques et des images miraculeuses, par Collin de Plancy. *Paris*, 1821; 3 vol. in-8, br.

88. Histoire abrégé, des différents cultes. — Des Cultes qui
ont amené l'idolatrie ou l'adoration des fig. humaines.
Des Divinités génératrices, etc. — Singularités historiques, par Dulaure. *Paris*, 1825 ; 3 vol. in-8, fig.
dos de mar. v.

89. Dictionnaire historique des cultes religieux, par
Delacroix. *Paris*, 1777 ; 3 vol. in-12, v. fauv. fil.

90. Dictionnaire des athées anciens et modernes, par
Sylvain Maréchal, augm. des supp. de Lalande et d'une
notice, par Germond. *Bruxelles*, 1833 ; gr. in-8, br.

91. Histoire des institutions de Moïse, et du peuple
hébreu, par Salvador. *Paris*, 1867 ; 2 vol. in-8, br.

92. Recherches historiques sur les mystères du paganisme, par M. de Sainte-Croix, publ. par Silvestre de
Sacy, *Paris*, 1817, 2 vol. in-8, br.

93. Essai sur les mystères d'Eleusis, par Ouvaroff. *Paris*,
Debure, in-8, br.

94. Neptune. Recherches sur ce dieu et son culte, par
Emeric-David. *Paris, Imp. roy.* 1839 ; br. in-8. — Du
même ; Introduction à l'étude de la mythologie. *Paris*,
Imp. roy. 1833 ; in-8, br.

95. Manava, Dhasma, Sastra, Lois de Manou, comprenant
les institutions religieuse, et civiles des Indiens, trad.
du sanscrit, avec des notes par Loiseleur Deslong-
champs. *Paris, Crapelet*, 1833 ; gr. in-8, br.

96. Zoroastre, Confucius et Mahomet, par M. de Pastoret.
Paris, 1788, in-8, br.

97. Essai sur le Véda, ou Étude sur les religions, la littérature et la constitution sociale de l'Inde, par Bur-
nouf. *Paris*, 1863, in-8, br.

98. Les Jésuites remis en cause, par Collin de Plancy,
Paris, 1825 ; in-8, br.

99. La Découverte des équivoques et échapatoires des
jésuites, sur leur prétendu bannissement. *Paris*, 21 *ianv.*,
1830, gr. in-8 jésus, vél. fort., tiré à 21 exemp.

100. Des Jésuites, par Michelet et Quinet. *Paris*, 1843,
in-8, br. — Du Prêtre, de la Femme et de la Famille,
par Michelet. *Paris*, 1845 ; in-8, br.
  Première édition de ces deux ouvrages.

101. Des Sociétés secrètes d'Allemagne et autres contrées ;
de la Secte des illuminés, du Tribunal secret etc., etc.,
Paris, 1819 ; in-8, br.

102. L'Histoire eccl. de l'Église d'Eusèbe Cesarien (trad. du
grec en latin par Ruffin), tranlatée de latin en fràçois,
par Cl. de Seyssel, evesque de Marseille. *Paris, Geofroy,
Tory de Bourges*. (1532), in-fol. v. m. plats ornés.
  Bel exemplaire à grandes marges.

JURISPRUDENCE

103. Des Délits et des Peines par Beccaria, trad. par C. Y.
Paris, Brière, 1822; in-8, dem. rel. v. rose.
  Frontispice de Marillier

104. Origine du droit français, par Michelet. *Paris, Hachette*, 1837; in-8, br.

105. Essai sur les institutions de Saint-Louis par A. Beugnot. *Paris*, 1821 in-8, dos de veau.

106. Le Bien public pour le fait de la justice, par René
Favre de Valbonne, publ. par H. Ferrand. *Lyon, Perrin*,
1867, in-8, papier verg. teinté, fac-simile, br.

107. Joannis Millæi. Praxis criminalis figuris lignæis il-
lustrata. *Parisiis*, 1541, in-folio, nomb. fig. en bois cart.
  Le titre manque, les premiers et derniers feuillets sont déchirés
  dans la marge ; les gravures sont intactes. Elles représentent toutes
  les tortures appliquées aux accusés à cette époque.

108. Des Tribunaux et de la Procédure au grand criminel
au xviiie siècle jusqu'en 1789, avec des recherches sur
la torture, par Berriat-Saint-Prix. *Paris*, 1859, in-8,
bro.

109. Plan de législation criminelle, par Marat, auteur de l'Ami du peuple. *Paris*, 1790, in-8, port. dos et coins mar. rouge.

110. Histoire critique du pouvoir municipal, par Leber. *Paris*, 1828, in-8, bro.

SCIENCES ET ARTS

Philosophie. — Morale. — Moralistes anciens et modernes.

111. Encyclopédie de Diderot et d'Alembert. *Neufchâtel, Paris*, 1751-72 ; texte 18 vol., planches 5 vol., supplément 1776-77, texte 4 vol., planches 1 vol., Tables (par Mouchon), 1780, 2 vol., — ensemble 35 vol, in-fol., **v. fau. m.**

   Très-bel exemplaire bien relié.

112. Dictionnaire général des lettres, des beaux-arts et des sciences morales et politiques, par Bachelet et Dezobry. *Paris*, 1862 ; 2 vol. fig. gr. in-8, bro.

113. Dictionnaire philosophique portatif (de Voltaire). *Londres*, 1764 ; in-8, bas.

   Édition originale.

114. La petite Encyclopédie ou Dictionnaire des philosophes. *Anvers*, 1772, in-12, br.

115. Les Vies des plus illustres philosophes de l'antiquité, trad. de Diogène Laerce avec portraits. *Amsterdam*, 1758 ; 3 vol. in-12, v. gr. fil. tr. dor.

116. Harangues et commentaires littéraires et philosophiques par Bancel. *Paris*, 1863 ; 3 vol. in-8, bro.

117. Le Vieux-Neuf, histoire ancienne des inventions et découvertes modernes par Ed. Fournier. *Paris*, 1859 ; 2 vol. in-12. pap. v. br.

118. Revue des cours publics et des sociétés savantes, publ.
sous la direction de M. Odysse Barot. *Paris*, 15 avril
1855 à mars 1857, 2 vol. in-4, cart.

119. Phédon, entretiens de socrate avec ses disciples sur
l'immortalité de l'âme, avec la vie de socrate par Mendelsohn, trad. par Haussmann. *Paris*, 1830 ; in-8, cart.
n. rog.

120. Ocellus Lucanus, en grec et en français, avec des
dissertations sur la métaphysique et la morale des anciens qui peuvent servir à la philosophie du bon sens,
par le marquis d'Argens. *Berlin*, 1762 ; in-12, mar. rou.
fil. tr. dor. (*Derome*).

121. Manuel de philosophie ancienne et moderne, par
Ch. Renouvier. *Paris*, 1842-44 ; 3 vol. in-12, br.

122. Manuel de philosophie par Jules Simon, Em. Saisset,
etc. *Paris*, 1857, in-8, br.

123. Eléments de philosophie de Newton, mis à la portée
du monde, par Voltaire, *Amsterdam*, 1728 ; in-8, v. m.,
figures.

124. Essai philosophique concernant l'entendement humain par Locke. *Amsterdam*, *P. Mortier*, in-4, port. et
fleuron gr. v. m.

125. Nouvelles Lettres et Opuscules inédits de Leibnitz,
publ. par Foucher de Careil. *Paris*, 1857, in-8, br.

126. OEuvres philosophiques de Maine de Biran, publ. par
Cousin. *Paris*, 1841 ; 3 vol. in-8, br.

127. Poétique ou Introduction à l'esthétique, par J. P.
Richter, trad. par Al. Buchner et Dumont. *Paris*, 1862,
2 vol. in-8 bro.

128. OEuvres philosophiques (de la Mettrie). *Londres*, 1751,
in-4, v. m. fil. tr. d.
      Édition originale.

129. OEuvres philosophiques de M. de la Mettrie. *Berlin*.
1764 ; 2 vol. in-18, cart. n. rog.

130. Recueil de diverses pièces sur la philosophie, la religion naturelle, l'histoire et extraits de Leibniz, Clarke, Newton, et, par des Maizeaux , 2 vol. in-12 , fig. port. br.

131. OEuvres de d'Alembert. *Paris, Belin,* 1821, 5 vol. in-8; br.

132. OEuvres de d'Alembert, sa Vie, ses OEuvres, sa Philosophie, par Condorcet. *Paris,* 1853; in-12, dos de mar. v. n. rog.

133. OEuvres inédites de Descartes, précédées d'une introduction sur la méthode par Foucher de Careil. *Paris,* 1859 ; in-8, br.

134. OEuvres de Denis Diderot. *Paris, Bélin,* 1818, supp. 1819 ; 6 vol. in-8, cart. n. rog.

135. Roger Bacon, sa Vie, ses Ouvrages, ses Doctrines d'après des documents inédits par Em. Chasles. *Bordeaux,* 1861 ; in-8, br.

136. OEuvres de Condorcet compl. sur les mss. originaux par Condorcet O'Connor et A. F. Arago. *Paris,* 1847-49 ; 12 vol. in-8, pap. vergé, br.

137. OEuvres de Malebranche, publ. par Jules Simon. *Paris,* 1842 ; 2 vol. in-12, br.

138. OEuvres choisies de Vico, contenant ses Mémoires écrits par lui-même, la Science nouvelle, etc., avec une notice par Michelet. *Paris,* 1855 ; 2 vol. in-8, front. grav. bro.

139. Système de la nature ou des Lois du monde physique et du monde moral par le baron d'Holbach. *Paris,* 1821 ; 2 vol. in-8, dem.-rel. v. bl.

140. Recueil philosophique ou Mélanges de pièces sur la religion et la morale par différents auteurs, publ. par Naigeon. *Londres, (Amst.),* 1770 ; 2 vol. in-12, br.
Cet ouvrage contient plusieurs pièces rares du baron d'Holbach.

141. La Philosophie du bon sens, par J.-B. Boyer, mar. d'Argens avec des remarques de l'abbé d'Olivet. *Lahaye,*

1740; 2 vol. in-12. fig. et port. v. m. fil. tr. dor., *aux armes*.

142. De l'humanité, de son principe et de son avenir, par Pierre Leroux. *Paris*, 1848 ; 2 vol, in-8, br.

143. Opuscule ou Essai tendant à rectifier des préjugés nuisibles et à former des vertueux éclairés, par un ami du génie humain. *Londres*, 1791 ; in-12, pap. vél. v. fil.

144. Essai sur les préjugés par Dumarsais. *Paris, l'an I*, 2 vol. in-8, pap. vergé, mar. viol. tr. dor. (*Bozerian*) *Ex. Pixerécourt*.

145. Synthèse subjective, par Aug. Comte. 1er vol. *Paris*, 1856; in-8, bro. — Discours sur l'ensemble du positivisme, par Aug. Comte. *Paris*, 1848 ; in-8, bro.

146. Auguste Comte et la Philosophie positive, par E. Littré. *Paris*, 1863 ; in-8, br.

147. Notice sur l'œuvre et la vie d'Auguste Comte, par le docteur Robinet. *Paris*, 1864 ; in-8, br.

148. Collection des moralistes anciens, dédiée au roi *Paris, Didot, et de Bure*, 1783; 16 vol. in-18, pap. vergé, br.

> Pensées morales de Cicéron, de Confucius, de divers auteurs chinois; d'Isocrate, Manuel d'Epictète. Pensées morales de Plutarque, 2 vol. — Discours d'introduction à la morale et morale de Senèque, 3 vol. — Sentences de Théognis. — Caractères de Théophraste. — Entretien de Socrate, 2 vol. — Apophthegmes des philosophes grecs et des Lacédémoniens, 2 vol.

149. Collection des Moralistes. Les livres classiques de l'Empire de la Chine, rec. par le père Noël. *Paris, De Bure*, 1784-86; in-18, pap. verg., br. *Tome I à VI*.

150. Nouvelle collection des moralistes anciens, publ. sous la direction de M. Lefebvre. *Paris, V. Lecou*, 1850-51; 17 vol. in-16, pap. vél., br.

151. Moyse considéré comme législateur et comme moraliste, par M. de Pastoret. *Paris*, 1788; in-8, bas. m.

152. Plutarchi Chaeronei de exilio, Angelo Barbato interprete. *Nurenbergae, Fred. Peypus*, 15 juillet 1517 ; petit in-4 de 19 p. dérel.

> Bien conservé.

153. Dictionnaire de morale et de littérature, par Molière. *Paris*, 1838; in-18, pap. vél., br.

154. De la Sagesse, trois livres par P. Charron. *Paris, Chaigneau aîné*, 1797; pet. in-8, port. et front., gr. pap. vél., br.

155. Etienne de la Boétie, étude sur sa vie et ses ouvrages, par L. Feugère. *Paris*, 1845; in-8, br.

156. Les Caractères de Théophaste, trad. du grec; avec les Caractères ou les mœurs de ce siècle, par Labruyère; publ. par le baron de Walckenaer. *Paris, Didot*, 1845; in-8, br.

157. Le premier texte de Labruyère, publ. par Jouaust. *Paris*, 1868; in-12, br.

   Un des douze exemplaires sur papier Whatmann.

158. Les Caractères de Labruyère, avec 18 grav. à l'eau-forte, par V. Foulquier. *Tours*, 1867; gr. in-8, pap. de Holl., br.

   Tiré à 200 exemplaires.

159. OEuvres de Labruyère, publ. par Servois. *Paris, Hachette*, 1865; in-8, gr. pap. vél. fort, br.

   Tome Ier, tiré à 150 exemplaires sur ce papier.

160. Pensées, maximes et réflexions morales de La Rochefoucauld, avec des variantes et notes, par Aimé-Martin. *Paris*, 1855. — OEuvres inédites de La Rochefoucauld, publ. par Barthélemy. *Paris*, 1863; in-8, br.

161. Réflexions ou sentences, et maximes morales de La Rochefoucauld. *Paris, Jouaust*, 1868; in-8, gr. pap. de Holl. *Exempl. de passe* br. en vél.

162. OEuvres de La Rochefoucauld, publ. par Gilbert. *Paris, Hachette*, 1868; in-8, gr. pap. vél. fort, br.

   Tome Ier, tiré à 150 exemplaires sur ce papier.

163. OEuvres de Vauvenargues avec les œuvres posthumes et inédites; édit. nouv. précédée de l'éloge de Vauvenargues, et accomp. de notes, par Gilbert. *Paris, Furne*, 1857; 2 vol. gr. in-8, pap. verg. port., gr., mar. vert, avec encad. et large dent. int., tr.-dor. *Petit*.

164. Journal inédit, d'Arnauld d'Andilly, 1614-20; publ. par A. Halphen. *Paris, Téchener,* 1857; in-8, br.

165. Choix des petits traités de morale de Nicole, édit. publ. par Sil. de Sacy. *Paris, Téchener,* 1857; in-16, pap. vél., br.

166. Port-Royal, par Sainte-Beuve. *Paris,* 1860; 5 vol. in-8, et table, br.

167. Pensées de M. PASCAL sur la religion, et sur quelques autres sujets qui ont été trouvées après sa mort parmy ses papiers. *Paris, Guill. Desprez,* 1670; in-12, mar. br. tr. dor. (*Trautz Bauzonnet.*)
Édition originale.

168. Pensées de M. PASCAL sur la Religion et sur quelques autres sujets qui ont esté trouvées après sa mort, parmy ses papiers; nouv. édit. aug. de plus. pensées du même autheur. *Paris, G. Desprez,* 1678. — Discours sur les pensées de M. Pascal, avec un autre discours sur les preuves des livres de Moyses, attrib. à Filleau de la Chaise. *Paris, Guill. Desprez,* 1672; ensemble 1 vol. in-12, mar. br., tr.-dor. (*Hardy.*).

169. Pensées de Blaise Pascal. *Paris, Renouard,* 1812; 2 vol. in-12, port., pap. vél., cart., n.-rog.

170. Pensées de Blaise Pascal, rétablies suivant le plan de l'auteur, publ. par l'auteur des Annales du moyen âge. *Dijon, Lagier,* 1835; in-8, br.

171. Pensées, Fragments et lettres de Blaise Pascal, publ. par Pr. Faugère. *Paris,* 1844; 2 vol. in-8, pap. vél. f., port. — Lettres opuscules et mémoires de Madame Périer et de Jacqueline, sœurs de Pascal, publ. par Faugère, *Paris,* 1845; in-8, pap. vél., ensemble 3 vol. dos de mar. v., n.-rog.
Avec envoi de M. Faugère.

172. Pensées de Pascal, publiées dans leur texte authentique, avec un commentaire et une étude littéraire, par Er. Havet. *Paris, Desobry,* 1852; gr. in-8, br., n.-rog.

173. Pensées de Pascal, par Havet. *Paris*, 1866; 2 vol. in-8, pap. de Hollande, br.

174. Des pensées de Pascal, par V. Cousin. *Paris*, 1843; in-8, br.

175. Les Provinciales, ou lettres écrites par Louis de Montalte à un provincial de ses amis et aux RR. PP. Jésuites, sur le sujet de la morale et de la politique de ces pères (par BLAISE PASCAL). *Cologne, Pierre de la Vallée*, 1657; in-4, v., br.

> Les dix-huit lettres qui composent ce volume ont chacune leur pagination particulière et sont datées depuis le 23 janvier 1656 au 23 mars 1657. A la suite de la 18e, se trouve une lettre de 8 pages au R. P. Annet, sur son escrit qui a pour titre : *La Bonne foy des Jansénistes*, et 4 pièces portant la suscription de *Paris*, 1656, intitu lées : *Advis à MM. les Curez de Paris*, etc.. par Ant. Arnauld et Pierre Nicolle, *Paris*, 1656. — Suite de l'extrait de plusieurs mauvaises propositions des nouveaux casuistes. — Traduction d'une lettre de Messire Jacques Boonen. — Léttre d'un curez de Rouen. Ce dernier opuscule est taché; Ce livre paraît être l'ÉDITION ORIGINALE. On aurait réimprimé, après coup, le titre et les feuillets liminaires.

176. Les Provinciales (de BL. PASCAL), ou les lettres escrites par Louis de Montalte, à un provincial de ses amis, et aux R.-P. Jésuites, avec la morale desdits pères et nouveaux casuistes représentée par leur pratique et par leurs livres; divisée en cinq parties. *Cologne, chez Nicolas Schoute*, 1659; pet. in-8, rel. en vél. *Lettres peintes sur le dos.*

177. Les Provinciales, ou les lettres écrites, par L. de Montalte, avec leur réfutation par l'abbé Maynard. *Paris, Didot*, 1851; 2 vol. in-8, br.

178. Texte primitif des lettres provinciales de Blaise Pascal, d'après un ex. in-4, 1656-57, avec toutes les variantes. *Paris, Hachette*, 1867; in-4, texte encad., pap. vél. fort, teinté, br.

179. Les Provinciales, et les Pensées de Pascal. *Paris, Lefèvre*, 1844-47; 2 vol. in-12; dos de veau fau.; n. rog.

180. OEuvres de Blaise Pascal. *Paris, Lefèvre*, 1819; 5 vol. in-8, pap. caval. vél., port., cart.

181. Discours sur la vie et les ouvrages de Pascal. *Paris,
Nyon*, 1781 ; in-8, dos de v.

182. Éloge de Pascal, par Bélime. *Paris, Didot,* 1816 ; br.
in-8.

183. Études sur Pascal, par l'abbé Flottes. *Montpellier,*
1846 ; in-8, br.

184. Pascal, sa vie et son caractère, ses écrits et son
génie, par l'abbé Maynard. *Paris,* 1850 ; 2 vol. in-8, br.

185 Études sur Blaise Pascal, par Vinet. *Paris,* 1856 ; in-8,
br.

186. Traité de l'amitié, par M. de Sacy. *Paris, Barbou,*
1774 ; pet. in-12, v. m.

187. Essai sur l'emploi du temps, par Ant. Jullien. *Par's,*
1829 ; in-8, fig., br.

Politique. — Economie politique. — Sciences sociales.

188. M. Tulli Ciceronis de republica, quæ supersunt ex
primaria editione Angeli Maii, vaticanæ bibliothecæ
præfecti. *Parisiis, Renouard,* 1823 ; in-8, pap. verg., dos
de mar. rouge, dor. en tête.

189. Du contrat social, ou principes du droit politique,
par J.-J. Rousseau. *Paris, Didot jeune,* 1795 ; in-fol., pap.
vél., veau granit, fil., tr. dor.

190. L'Utopie de Thomas Morus, trad. nouvelle, par Vict.
Stouvenel. *Paris,* 1842 ; in-8, br.

191. De la démocratie chez les prédicateurs de la Ligue,
par Ch. Labitte. *Paris,* 1841 ; in-8, br.

192. Système de politique positive, par Auguste Comte.
Paris, 1851-54 ; 4 vol. in-8, br.

193. Essai sur les œuvres et la doctrine de Machiavel, avec
la trad. littérale du Prince, et quelques fragments, par
Paul Deltuf. *Paris,* 1867 ; in-8, br.

194. Essai sur les écrits politiques, de Christine de Pisan, suivi d'une notice, par Raimond Thomassy. *Paris*, 1838; in-8, br.
> Envoi d'auteur.

195. Projet d'une dixme royale qui supprimerait la taille, les douanes d'une province à une autre, les impôts onéreux et extraordinaires, etc., etc.; par le maréchal de Vauban. *S. L., à la Sphère*, 1707; in-12, v. br. — Nouveau Traité de la dixme royale, ou l'on fait voir les erreurs et omissions qui se trouvent dans le livre de Mr de Vauban, par Gueuvin de Rademont. *Liège*, 1715; in-12, v. br.

196. OEuvres de Louis-Napoléon-Bonaparte, publ. par Temblaire. *Paris*, 1848; 3 vol. in-8, br.
> Première édition des œuvres complètes.

197. L'État et ses limites, suivi d'essais politiques, par Ed. Laboulaye. *Paris*, 1863; in-8, br.

198. OEuvres de Saint-Simon, contenant : Catéchisme politique des industriels; Vue sur la propriété et la législation, etc., etc.; publ. en 1832, par Olinde Rodrigues. *Paris, Capelle*, 1841; in-8, dos de v. fauv.

199. La fausse Industrie morcelée, répugnante, mensongère, et l'antidote, l'industrie naturelle, combinée, attrayante et véridique, donnant un quadruple produit par Ch. Fourier. *Paris*, 1835 et 1836; 2 vol. in-8, br.

200. Philosophie du Socialisme, ou étude sur les transformations dans le monde et l'humanité, par Guépin. *Paris*, 1850; in-12, br. — *Du même*, Philosophie du xixe siècle; étude encyclopédique sur le monde et l'humanité. *Paris*, 1854; in-8, br.

201. De l'Égalité, par Pierre Leroux, suivi d'aphorismes sur la doctrine de l'humanité. *Boussac*, 1848; — Projet d'une constitution démocratique et sociale, fondée sur la loi même de la vie. *Paris*, 1848; 1 vol., ens. 2 vol. in-8, br.

202. OEuvres de P.-J. Proudhon, contenant : La Guerre et
la Paix. — Système des contradictions économiques.
Les Majorats littéraires. — Les Évangiles. — Théorie de
l'impôt. — Du principe de l'art. —Du principe fédératif.
— De la capacité des classes ouvrières, etc., etc. *Paris et
Besançon*, 1839 à 1866; 40 vol. in-12, br.

203. Dictionnaire de l'Economie politique, par F. Bastiat,
Blanqui, M. Chevalier, J. Garnier, H. Say., etc. etc.
Paris, 1854; 2 vol. gr. in-8, br.

204. Nouveaux principes d'Economie politique, par Simonde de Sismondi. *Paris*, 1827; 2 vol. in-8, d.-rel. v.

205. Dictionnaire universel, théorique et pratique du
commerce et de la navigation, par Baudement, Mangin,
Jos. Garnier, Baudrillart, etc., etc. *Paris*, 1858; 2 vol.
gr. in-8, br.

    Le premier volume est en livraisons.

206. Lettres, Instructions et Mémoires de Colbert, publ.
d'après les ordres de l'Empereur, par P. Clément. *Paris,
Imp. imp.*, 1861-68; gr. in-8, pap. vél., br. *Tome I
à V.*

207. Histoire de la Vie et de l'Administration de Colbert,
précédée d'une Etude historique sur Nic. Fouquet, par
P. Clément. *Paris*, 1846; in-8, dos de veau fauv.

208. Histoire du Système protecteur en France, depuis
Colbert jusqu'à la Révolution de 1848. *Paris*, 1854; in-8, br.

209. Mémoires sur la vie et les ouvrages de Turgot, par
Dupont de Nemours. *Philadelphie*, 1788; 2 part. en 1 vol.
in-8, v. gr., fil.

210. Turgot, sa vie et sa doctrine, par Mastier. *Paris*,
1862; in-8, br.

211. Histoire de l'instruction publique en Europe, et principalement en France, par Vallet de Viriville, avec des
illustrations archéologiques de Ferd. Séré. *Paris*, 1849
in-4, pap. vel. fig. en bois et blasons en coul. dos en
mar. br. dor. en tête.

212. De l'Enseignement secondaire en Angleterre et en Ecosse; rapport au min. de l'Instruction publique, par Demogeot et Montucci, *Paris, Imp., Imp.,* 1868; gros in-8, pap. vél. br.

213. Études financières et d'économie sociale, par Pierre Clément. *Paris,* 1859; in-8, br.

214. La Banque de France et l'organisation du crédit en France, par Isaac Pereire, — Principes des banques, par le même. *Paris,* 1864-65, 2 vol. in-8, br.

215. Traité des opérations de banque, par Courcelle-Seneuil. *Paris,* 1857; in-8, br.

216. Théorie des changes étrangers par Goschen, avec une intr. par Léon Say. — De la Monnaie de papier et des banques d'émission, par Ad. d'Eichthal. *Paris, Guillaumin,* 1864; 2 vol. in-8, br.

217. La Vérité sur les institutions de crédit privilégiées en France par Raoul Boudon. *Paris,* 1862 ; in-8. br.

218. Nouveau manuel des monnaies, poids et mesures. cours des changes. fonds publics, etc., par Deschamps. *Paris,* 1862; in-8, br.

219. Discussion sur l'usure par Mastrolini, 1834 ; — Défense de l'usure par Bentham et Mém. sur les prêts par Turgot, 1828 ; — Essai sur le prêt par Poulain-Corbion, 1853. — De l'Usure par Chardon, 1823; — ens. 2 vol. in-8 et 2 br.

220. Essai sur l'appréciation de la fortune privée au moyen âge, par C. Leber. *Paris,* 1847; in-8, dem. rel. Ch. Laval.

221. Mémoire sur les vagabonds et sur les *Mendiants Soissons,* 1764 ; br. in-8, 76 p. *Derel.*

222. Les Voleurs, physiologie de leurs mœurs et langage par Vidocq. *Paris,* 1837; 2 vol. in-8, br.

223. Rapport des membres de la section française du jury international sur l'ensemble de l'exposition de Londres

en 1862, publ. par Michel Chevalier. *Paris, Chaix,* 1862 ;
7 vol. in-8, pap. fin br.

224. Rapport des délégués des ouvriers parisiens à l'expo-
position de Londres en 1862, publ. par la commission
ouvrière. *Paris,* 1862-64 ; gr. in-8, br.

225. Etudes sur l'exposition de 1867, par les rédacteurs des
Annales du génie civil. *Paris, Lacroix,* fascicules 1 à 37
et 4 atlas de planches pour les fasc. 12, 13, 15, 16 à 20;
in-8, br. En tout 28 br.

226. Visites d'un ingénieur à l'exposition universelle par
Oppermann. *Paris,* 1867, 2 vol. in-8, cart. texte et
planche.

227. L'Art industriel à l'exposition de 1867, par A. Luchet.
Paris, 1868. gr. in-8, br.[(Mobiliers, vêtements, aliments.)

228. Rapport du jury international de l'exposition de
1867, publ. sous la direction de M. Michel Chévalier.
Paris, 1862; 13 vol. in-8, br.

**Physique et Chimie. — Sciences naturelles. — Géologie. —
Botanique. — Zoologie- — Médecine. — Hygiène. — Astronomie. — Marine et art militaire.**

229. Traité de physique et de météorologie, par Ganot,
illustr. de 586 grav. *Paris,* 1860, in-12, br.

230. Les Phénomènes de la physique, par Amédée Guillemin, illust. de 450 fig. et de 11 pl. imp. en couleurs.
Paris, Hachette, gr. in-8, pap. vél. br.

231. Lettre à M. Humboldt, sur l'invention de la boussole,
par Klaproth. *Paris,* 1834 ; in-8, pap. de Holl. br.

232. Origine française de la boussole et des cartes à jouer,
fragments par Rey. *Paris,* 1836 ; br. in-8, cart.

233. Lettres à Sophie sur la physique, la chimie et l'hist.
naturelle par Aimé Martin, *Paris,* 1822, 2 vol. in-8, dem.
rel. v. viol.

234. Premiers Éléments de chimie par V. Regnault. *Paris,*
1855, fig. in-12, br.

235. Instruction sur l'essai de matières d'argent, par la voie humide, par Gay-Lussac. *Paris*, 1832, in-4, br. *6 planches.*

236. L'Univers, les infiniment grands et les infiniment petits par Pouchet, illust. de 343 vig. sur bois. *Paris, Hachette,* 1868, gr. in-8, br.

237. Le Ciel, notions d'astronomie par Am. Guillemin, illust. de 11 planches tir. en coul. et de 216 vign. grav. sur bois. *Paris, Hachette,* 1864; gr. in-8, pap. vel. br.

238. Cours de météorologie de Kaemtz, trad. par Martins avec un appendice par Lalanne. *Paris,* 1858; in-12, fig. br.

239. Tableaux de la nature accomp. de cartes, par M. de Humboldt, trad. par Galusky. *Paris,* 1851, 2 vol. in-12, pap. vel. br.

240. Les Singularités de la nature, par Voltaire, *Imp. au château de Ferncy, s. d.* in-12 br.

241. Les Singularités de la nature, par Voltaire, *Imp. au château de Ferney,* 1769, in-12. — Essai philosophique sur le mécanisme de l'univers, par Lansac. *Paris,* 1770, avec des notes marg. ms. in-12, dem. rel.

242. Discours sur les révolutions de la surface du globe. — Rapport sur les progrès des sciences naturelles depuis 1789, par le baron Cuvier. *Paris,* 1825-27; 2 vol. in-8, br.

243. Lettres sur les révolutions du globe, par Alex. Bertrand. *Paris,* 1839; in-8, fig. br.

244. Recherches sur les volcans éteints du Vivarrais et du Véley, par Faujas de Saint-Fond. *Paris,* 1778; gr. in-folio nombr. fig. grav. cart.

245. La Vie souterraine ou les Mines et les mineurs par Simonin, ill. de 160 gr. sur bois 30 cart. en couleurs et 10 pl. en chromo-lith. *Paris ; Hachette,* 1867; gr. in-8. br.

246. Le Moyen de devenir riche et la manière véritable d'apprendre à multiplier et augmenter les trésors avec plusieurs excellents secrets des choses naturelles par Maistre Bernard Palissy de Xaintes, ouvrier de terre et inventeur des rustiques figulines du Roy. *Paris, Rob. Fouët*, 1636; pet. in-8, mar. n. fleuron, fil. et dent. tr. dor.

247. Histoire naturelle; zoologie, par Milnes Edwards, avec 473 figures. *Paris*, 1858; in-12, br.

248 De l'Homme considéré moralement; de ses mœurs et de celles des animaux, par Delametherie. *Paris*, 1802; 2 vol. in-8, dos de v. rose non rog.

249. L'Oiseau par Michelet, édit. illust. de 210 vign. sur bois dess. par Giacometti. *Paris, Hachette*, 1867, gr. in-8, pap. vél. teinté avec encad. en coul. br.

250. Amusements des Dames, dans les oiseaux de volière, par Buchoz. *Paris*, 1782; in-12, rel. en vel. n. rog.

251. Le Monde de la mer, par Alf. Fredol, illust. de 21 pl. tirées en coul. et de 200 vign. sur bois. *Paris, Hachette*, 1865; gr. in-8, papier vel. br.

252. Le Monde des papillons, par Maurice Sand. *Paris, Rothchild*, 1867; in-4, br.

    Dessin de M. de Sand, 50 pl. coloriées.

253. Le Monde des Bois, Plantes et Animaux, par Ferd. Hofer, dessins de Raffet, Daubigny, Freeman, etc. *Paris, Rothschild*, 1868; gr. in-8, pap. vél. teinté, br.

254. Les Fougères les plus remarquables pour la décoration des parcs, jardins, etc., suivi des Sélaginelles par Roze, ouv. orné de 80 pl. en coul. et de 127 grav. sur bois. *Paris, Rothschild*, 1867-68; 2 vol. gr. in-8, br.

255. Monographie du thé, par Houssaye, avec 18 grav. sur bois. *Paris*, 1843; in-8, cart. en toile.

256. Examen chymique des pommes de terre, dans lequel on traite des parties constituantes du bled, par Parmentier. *Paris, Didot*, 1773; in-12, v. m.

257. Coup d'œil sur Bel œil et sur une grande partie des jardins de l'Europe (par le prince Ch. de Ligne). *Bel œil et Bruxelles*, 1786; in-8, br.

258. Histoire naturelle de la santé et de la maladie chez les végétaux et les animaux et en particulier chez l'homme par Raspail. *Paris*, 1860; 3 vol. gr. in-8, fig. col. dos de mar. vert, n. rog.

259. Du Degré de certitude dans la médecine, par Cabanis. *Paris*, 1803; in-8, dos de mar. rou. n. rog.

260. Le Chirurgien (médecin) des pauvres, par un D^r en médecine. *Paris*, 1669; in-12, vel.

261. De la santé des gens de lettres, suivi de l'essai sur les maladies des gens du monde, par Tissot, revue et publ. par le Dr Bert. de Saint-Germain. *Paris, Techener*, 1859; in-12, pap. vél. br.

262. Singularités philosophiques. Lucina sine concubitu par Ab. Johnson. — L'homme-Machine, par La Mettrie; avec l'éloge de l'auteur par Frédéric-le-Grand, publ. par Assézat. *Paris, Fr. Henry*, 1865; 2 vol. in-16, pap. verg. tir. a pet. nomb.

263. La Génération de l'homme considérée dans l'état du mariage par le Dr Venette. *Londres*, 1779, 2 vol. in-12, fig. v. m.

264. De l'Utilité de la flagellation dans les plaisirs du mariage, par Meibomius. texte et trad. *Paris*, 1792; in-16, fig. dos de mar. rou.

265. L'Onanisme, dissertation sur les maladies produites par la masturbation, par Tissot. *Avignon*, 1792; in-12, dem. rel.

266. Physiologie ou l'Art de connaître les hommes par leur physionomie, extrait de Lavater, par Plane. *Meudon*, 1797; 2 vol. in-8, dem. rel. fig. au trait.

267. De la Physionomie, texte, dessin, gravure par Delestre. *Paris, Renouard*, 1866; gr. in-8, fig. br.

268. De la solitude, de ses inconvénients et de ses avan-
tages, par Zimmermann, trad. de Jourdan. *Paris*, 1840;
in-8, br.

269. Mémoire sur le danger des inhumations précipitées
par Pineau, médecin. *Niort*, 1776. in-8, anc. rel. m.
rou.

   Ouvrage curieux.

270. Une Question historique, 1720-1868; (*de l'usage de la
viande de cheval comme aliment*, par l'abbé Val. Dufour.
Paris, 1868; in-18, pap. verg. br. en vel.

271. Dissertations sur l'utilité, les bons et les mauvais
effets du tabac, café, cacao et du thé par Buchoz.
Paris, 1788 ; in-8, fig. br.

272. Histoire de la prostitution chez tous les peuples du
monde, depuis l'antiquité jusqu'à nos jours, par Pierre
Dufour. *Bruxelles*, 1861 ; 8 vol. in-12, fig. br.

273. De la Prostitution en Europe depuis l'antiquité jusqu'à
la fin du xvie siècle, par Rabutaux. *Paris*, 1851;
in-4, br., fig.

274. De la Prostitution dans la ville de Paris, par Parent-
Duchâtelet, avec des notes de Trébuchet et Poiret-Duval.
Paris, 1857 ; 2 vol. in-8, port. et cart., dos de mar. v. n.

275. De la Prostitution et de ses conséquences dans les
grandes villes, dans Lyon en particulier, des moyens
d'y remédier, par Potton. *Paris*, 1842 ; in-8, br.

276. Etudes sur la marine, (par le prince de Joinville).
Paris, Lévy, 1859 ; in-8, pap. vel. br.

277. Essai sur l'histoire de la tactique-navale et des évo-
lutions de mer, par E. Lullier. *Paris*, 1867, in-8, br.

278. Histoire militaire des éléphants depuis les temps les
plus reculés jusqu'à l'introduction des armes à feu
par Armandi. *Paris*, 1843; in-8, br.

279. History of chivalry and ancient armour, by the Rev.
A. Lowy. *London*, 1857 ; in-4 oblong, 62 pl. col. cart.
n. rog.

280. Les Institutions militaires de la France, par M. le duc d'Aumale. *Bruxelles*, 1867 ; gr. in-8 , édit. encad. pap. vel.

    Tiré à 115 exempl.

281. Les institutions militaires de la France; Louvois, carnot, Saint-Cyr. *Paris*, 1867 ; in-8, br.

282. Recherches hit. sur les corporations des archers, arbalétriers et des arquebusiers, par V. Fouque. *Paris*, 1852 ; in-8, br.

283. L'Armée française en 1867. *Paris, Amyot*, in-8, br.

284. Les Zouaves et les Chasseurs à pied (par le duc d'Aumale). *Paris*, 1855 ; in-12, br.

285. Mémoires relatifs à l'expédition anglaise, partie du Bengale en 1800 pour aller combattre en Egypte l'armée d'Orient, par le comte de Noé. *Paris*, 1826 ; in-8, dem. rel. v. jonq. 19 lith. col. et 2 cartes.

286. Episodes militaires et politiques, par le baron Paul de Bourgoing. *Paris*, 1864 ; in-8, br.

287. Siége de Rome en 1849, par l'armée française, journal des opérations de l'artillerie et du génie. *Paris, imp. nationale*, 1851 ; in-4, cart. et plans, dos de v. fau.

288. Relation de l'expédition de Chine en 1860; redigée par le lieutenant de vaisseau Pallu. *Paris, imp. imp.*, 1863; in-4, br. avec un atlas gr. in-fol. cart.

289. Histoire de l'expédition de Cochinchine en 1861; par L. Pallu. *Paris*, 1864; in-8, br.

Sciences occultes. — Magie. — Démonologie. — Sorcellerie. — Alchimie. — Astrologie. — Prédictions.

290. Dictionnaire infernal, ou Bibliothèque universelle sur les êtres, les personnages, les livres, etc., qui tiennent aux apparitions à la magie, etc., par Collin de Plancy, 2ᵉ édition ornée de doubles fig. en noir sur pap. de

Chine et col. *Paris*, 1825-26; 4 vol. in-8, pap. vél. cart.
n. rog.

Exempl. du comte de la Bédoyère.

291. De la Démonomanie des Sorciers, par J. Bodin, Angevin. *Paris, Jacq. du Puys*, 1581; pet. in-4, v. m.

292. De l'Astrologie judiciaire, par M. Bordelon. *Bruxelles*, 1710; in-16, v. fil. — Le triomphe hermétique ou la Pierre philosophale victorieuse. *Amsterdam*, 1770; in-12, v. br.

293. Histoire de la philosophie hermétique avec le catalogue raisonné des écrivains de cette science. *Paris, Coustelier*, 1742; 3 vol. in-12, v. m.

294. Les Fées du moyen âge, recherches sur leur origine, leur histoires et attributs par Al. Maury. *Paris*, 1843; in-12, dos de mar. rou.

295. Histoire des Vampires et des Spectres malfaisans, avec un examen du vampirisme. *Paris*, 1820; in-12, fig. br. — Infernalia. *Paris*, 1822; in-12, fig. br.

296. Mémoires phil. d'Henrion, où l'on trouve l'origine des Sylphes, des gnomes la possibilité des charmes; des vers, des bêtises, etc. *Paris*, (1798); in-8, dem. rel. m. n.

297. Discours et histoires des spectres, visions et apparitions des esprits, anges démons et âmes se monstrans visibles aux hommes par P. Le Loyer. *Paris, N. Buon*, 1505; in-4, v. br.

298. Le Diable peint par lui-même ou galerie de petits romans et de contes merveilleux, trad. par Collin de Plancy. *Paris*, 1825; in-8, br. fig.

299. La Diablerie de Chaumont ou Recherches hist. sur le grand pardon de cette ville, par Jolibois, 1838 ; Miracle arrivé à Genève, d'une femme qui a fait un veau à cause du mépris de la puissance de Dieu, 1609 (réimpression mod.) Notice sur le tombeau des ennervés de Jumiéges, par Langlois, 1825, fig. ens. 3 br. in-8.

300. La Diablerie de Chaumont ou Recherches hist. sur le grand pardon de cette ville et les bizarres cérémonies à personnages auxquelles cette solennité a donné lieu depuis le xvᵉ siècle, par Em. Jolibois. *Chaumont*, 1838; in-8, br.

301. La Sorcière, par Michelet. *Paris, novembre* 1862; in-12, br.

Edition originale.

302. Des Marques des sorciers et de la réelle possession que le diable prend sur le corps des hommes. Suyt le Procès de l'abominable et détestable sorcier Louys Gaufridy, qui naguières a esté exécuté à Aix, par J. Fontaine. *Lyon*, 1611 ; in-8, pap. de Holl. br.

Réimprimé à Arras, chez Rousseau Leroy. Tiré à petit nombre.

303. Chiromancie nouvelle. Les Mystères de la main révélés et expliqués par Desbarolles. *Paris*, 1859; in-12, fig, rel. en vél.

Une photographie sur les plats.

304. Les Prophéties de Michel Nostradamus avec les prédictions de Vincent Sève de Beaucaire, revues et corrigées sur la copie imp. à *Lyon, par B. Rigaud*, 1568; *S. L. N. D.* 1605;—Recueil des prophéties et révélations anciennes et modernes de Saincte Brigide, Saint-Cyrille, etc. etc. *Troyes, P. du Ruau, S. D.* in-12, v. br.

305. Les 21 chapitres de la prophétie de G. J. N. F. de Paula Waldstorgh dit Waldstoerchel qu'il appelle sa vision. *Imp. à Prague*, 1752-53; in-12, cart.

306. Le Livre admirable renfermant des prophéties, des révélations et une foule de choses étonnantes. *Paris*, 1831 ; in-12, br.

307. Nostradamus, par Eug. Bareste, avec les centuries et quatrains prophétiques. *Paris*, 1840; in-8, port. br.

308. Légendes du calendrier, par Collin de Plancy. *Paris, Plon*, in-8, fig. en coul. br.

BEAUX-ARTS

Peinture. — Sculpture et Architecture. — Vies des peintres, sculpteurs et architectes.

309. Dictionnaire des Beaux-Arts. *Paris, Didot*, 1858-68; tom. 1 et 2 en livr., br.

310. Grammaire des Arts du dessin, architecture, sculpture, peinture, etc., par Ch. Blanc. *Paris, Renouard*, 1867; in-4., pap. vél., nomb. fig. sur bois, br.

311. Histoire de l'Art grec avant Périclès, par Beulé. *Paris*, 1868; in-8, br.

312. Histoire des Beaux-Arts, depuis l'antiquité jusqu'à nos jours, par Menzel; traduit de l'allemand par Paulin Niboyet. *Leipsig*, 1856; in-4., br.

    Tome Ier, figure sur acier.

313. Lettres sur l'Enlèvement des ouvrages de l'art antique à Athènes et à Rome, par Quatremère de Quincy. *Paris*, 1836; in-8., br.

314. OEuvres complètes de Winkelmann, publié par Jansen. *Paris*, 1790; 2 part. en 3 vol. in-4, pap. vergé, d.-rel., dos et c. v. fau., vign. et pl.

    Bel exemplaire. Histoire de l'art, observation sur l'arch. des anciens; de la peinture, etc.

315. Histoire des Arts du dessin depuis l'époque romaine jusqu'à la fin du XVIe siècle, par M. Rigollot. *Paris*, 1863; 2 vol. in-8, pap. vergé et atlas br.

316. Emeric-David; Histoire de la Peinture au moyen-âge, 1852. — Notices historiques sur les chefs-d'œuvre de la peinture moderne, 1854. Histoire de la sculpture antique, 1853. — Histoire de la sculpture française, 1853. — Vies des artistes anciens et modernes. *Paris, Charpentier*, 1853; ensemble, 5 vol. in-12, br.

317. Histoire de l'art en France, 1re série. *Paris, Sartorius,*
in-8, br.

318. Bulletin de l'alliance des Arts, juin 1842 au 10 mars
1848. *Paris,* 6 vol. in-8, d.-rel., v. fau.
    Publié par P. Lacroix ; autographe de Thoré.

319. L'Ami des Arts, livre des salons, par Brunet, Desbarolles, J. Janin, Nodier, etc. *Paris,* 1843-45 ; 3 vol.
in-8, br.
    Dessins et atlas.

320. Archives de l'Art français, publié sous la direction
de Ph. de Chennevières. *Paris,* 1852 ; 12 vol. in-8, br.
    Abécédaire de Mariette et documents.

321. La Gazette des Beaux-Arts, 1859-68 ; 9 années en
19 vol. br. et 6 vol. en livr.
    Collection en très-bel état.

322. Réflexions et menus-propos d'un peintre genevois,
ou Essai sur le beau dans les arts, par Topffer. *Paris,*
1848 ; 2 vol. in-12, dos de mar. v.

323. Recueil de lettres sur la peinture, la sculpture et l'architecture, par E. Jay. *Paris,* 1817 ; in-8, d.-rel., v. fau.

324. Quelques idées sur la direction des arts et sur le
maintien du goût public, par le comte de Laborde. *Paris,*
1856 ; in-8, gr. pap. vergé, fort. br.

325. Mélanges sur l'Art contemporain, par le vicomte
H. Delaborde. *Paris,* 1866 ; in-8, br.

326. Métaphysique de l'Art, par Ant. Mollière. *Lyon, imp.*
par Perrin sur pap. de Holl., teinté ; gr. in-8, br.

327. Causeries sur l'Art, par M. Beulé. *Paris,* 1867 ;
in-8, br.

328. L'Artistaire, livre des principales initiations aux
beaux-arts, par Paillot de Montabert. *Paris,* 1855 ;
in-8, br.

329. L'Académie royale de peinture et sculpture, étude
historique, par Vitet. *Paris,* 1861 ; in-8, br.

330. Etudes sur les Beaux-Arts en France et en Italie, par Henri Delaborde. *Paris, Renouard,* 1864; 2 vol. in-8, br.

331. De Paris à Sybaris, études artistiques sur Rome et l'Italie méridionale, 1866-1867. *Paris,* 1868; in-8, br.

332. L'Art et les Artistes modernes en France et en Angleterre. — Les Chefs d'école, par Ernest Chesneau. *Paris, Didier,* 1862; 2 vol. in-12, pap. vél., br.

333. De l'Art en Allemagne, par Hippolyte Fortoul. *Paris,* 1842; 2 vol. in-8, br.

334. Salon de 1822, par A. Thiers. *Paris,* 1822; in-8, pap. vél. br.
>Exemplaire neuf; cinq lithographies.

335. Salon de 1831, par Gust. Planche. *Paris, Pinard,* 1831; in-8, pap. verg., fig. de Deveria, Babey, etc., br.

336. Les Artistes contemporains, Salons de 1831 et 1833, par Ch. Lenormant. *Paris,* 1833; 2 vol. in-8., br.

337. Le Salon de 1833, par Laviron et B. Galbacio. *Paris,* 1833; in-8, d.-rel., v.
>Douze vignettes à l'eau-forte.

338. Le Salon de 1833, par Gab. Laviron et Bruno Galbacio, orné de 12 vign. à l'eau-forte, sur papier de Chine, par Alf. et Tony Johannot, Gigoux, etc. *Paris,* 1833; in-8, br.

339. Le Musée, revue du Salon de 1834, par Alexandre D***. *Paris,* 1834; in-4, lith. de Cel. Nanteuil et autres, cart.

340. Souvenirs de l'Exposition de peinture et de sculpture ancienne en 1839, à Angers. *Angers,* 1840; gr. in-8, cart.
>Soixante planches par Hawke.

341. Salons de Thoré, 1844 à 1848. avec une préface de Burger. *Paris,* 1868; in-12, br.

342. De la Conservation et de la Restauration des tableaux, par Horsin Déon. *Paris,* 1851; in-12, br.

343. Catalogue raisonné des diff. objets de curiosités dans les sciences et les arts du cabinet de Mariette, par Basan. *Paris*, 1775; in-8, bas.

Frontispice de Cochin, avec prix.

344. Catalogue des objets d'arts et de curiosités exposés au Musée rétrospectif, ouvert au Palais de l'Industrie en 1865. *Paris, Lemer*, 1866; gr. in-8, pap. de Holl. br.

345. Les Collectionneurs de l'ancienne Rome, notes d'un amateur. *Paris, Aubry*, 1847; in-8, pap. de coul. vél. fort. br.

346. Histoire des plus célèbres amateurs français, par Dumesnil; Pierre-Jean Mariette, 1694-1774. *Paris*, 1856; in-8, dos de mar., v.— Tome IIe, J.-B. Colbert; Tome IIIe, Seroux d'Agincourt, etc. —Histoire des Amateurs étrangers : Italiens, Espagnols, Anglais, Hollandais et Allemands. Ensemble, 1 vol. rel. et 4 br.

Avec un envoi d'auteur.

347. Le Cabinet de l'amateur et de l'antiquaire. *Paris*, 1842 à 1846; 4 vol. gr. in-8, fig., br.

348. Le Trésor de la Curiosité, tiré des catalogues de vente de tableaux, dessins, estampes, livres, etc., etc., par Ch. Blanc. *Paris, Renouard*, 1858; 2 vol. in-8, fig., gr. pap. de Holl., br.

349. Le Cabinet de l'amateur, par Eug. Piot, 1861-63. *Paris, Didot;* 2 vol. in-4, br., fig.

350. Causeries d'un Curieux, variétés d'histoire et d'art, tirées d'un cabinet d'autographes et de dessins, par M. Feuillet de Conches, avec de nombreux fac-simile. *Paris, Plon*, 1862-68, 4 vol. gr. in-8, br.

351. Mélanges curieux et anecdotiques, tirés d'une collection de lettres autographes et de documents ayant appartenu à M. Fossé-Darcosse, publ. par Ch. Asselineau. *Paris, Téchener*, 1861; in-8, pap. vél., cart., n. rog.

352. Les Autographes en France et à l'étranger, par M. de
Lescure. *Paris*, 1865; gr. in-8, pap. verg., br.
     Tiré à cinquante exemplaires.

353. Lettres d'un Antiquaire à un artiste sur l'emploi de
la peinture historique murale dans la décoration des
édifices chez les Grecs et les Romains, avec un Appendice, par Letronne. *Paris*, 1836-37; 2 vol. in-8, br.

354. L'Art flamand. Genre, paysage, histoire, par Potvin.
Paris, 1868; in-8, br.
     Photolithographies.

355. Recueil de Secrets sûrs et expérimentés, à l'usage des
artistes, par Buchoz. *Paris*, 1783; 2 vol. in-12, br.

356. Caractères des Passions, grav. par Bernard Picart,
sur les dessins de M. Lebrun, avec ses Conférences sur
l'expression générale et particulière des passions. *Amsterdam*, 1711; in-12, dos et coins v.

357. Dissertation sur les attributs de Vénus, par l'abbé de
la Chau. *Paris*, 1776; in-4, fig. grav. par Saint-Aubin et
autres, bas. rac.

358. Les Furies, d'après les poëtes et les artistes anciens,
par Boettiger, trad. de l'allemand par Winckler, avec
4 grav., dont 2 col. *Paris*, 1802; in-8, br.

359. La Vierge, type de l'art chrétien, par Ed. Laforge.
Lyon, Scheuring, 1864; in-4, pap. vergé, br., fig.

360. La Philosophie des images énigmatiques, par le P.
Ménestrier. *Lyon*, 1694; in-12, fig., v., ant. fil.

361. Traité de la Peinture, par Léonard de Vinci, aug. de la
vie de l'auteur. *Paris*, 1716; in-12, port. et fig. grav. v. br.

362. Œuvres diverses de M. de Piles sur la peinture.
Amsterdam, 1767; 5 vol. in-12, fig., v. marb.

363. De la Peinture et des Peintres des duchés italiens du
xiiie au xviie siècle, par Ed. de Laforge. — Du même,
des Arts et des Artistes en Espagne jusqu'à la fin du
xviiie siècle. *Lyon, imp. de Perrin*, 1857-59; 2 vol. gr. in-8,
pap. verg. teinté, br.

364. Histoire de la Peinture flamande et hollandaise, par Alf. Michiels. *Paris, Renouard*, 1847, avec le compl. *Bruxelles*, 1849; 4 vol. in-8, dos de v., ant. n. rog.

365. Le Paysagiste aux champs, croquis d'après nature, par Fr. Henriet. *Paris*, 1866; in-8, gr. pap. vergé, br.
    Douze eaux fortes par Corot, Daubigny, L. Desbrosses, etc., tiré à vingt-cinq exemplaires sur ce papier.

366. Peintres primitifs, collection de tableaux rapportée d'Italie et publ. par de Montor. *Paris*, 1843; in-4. d.-rel. et c., m. vert. tr. d.
    Soixante planches.

367. Abrégé de la Vie des plus fameux peintres avec leurs portraits, grav. par Dargenville. *Paris, Debure*, 1762; 4 vol. in-8, fig., v. m.

368. Extrait des différents ouvrages publ. sur la vie des peintres, par M. P. D. L. F. (Papillon de La Ferté.) *Paris*, 1776; 2 vol. in-8, fig., bas.

369. Mosaïques, peintres, musiciens, littérateurs, depuis le xv° siècle jusqu'à nos jours, par Hédoin. *Valenciennes*, 1856; in-8, br. *port. à l'eau-forte.*— Dussieux, les Artistes français à l'étranger. *Paris*, 1852; in-12, d.-rel.

370. Histoire de la Vie et des ouvrages de Raphaël, par Quatremère de Quincy, avec port. et fac-simile. *Paris*, 1824; in-8, br. — Boucher Desnoyers, Appendice à la vie de Raphaël. *Paris*, 1853; gr. in-8, fig., br.

371. Raphaël et l'Antiquité, par Gruyer. *Paris, Renouard*, 1864; 2 vol. in-8, br.

372. Essai sur les fresques de Raphaël au Vatican (plus les Loges), par Gruyer. *Paris*, 1858-59; 2 vol. in-8, br.

373. Raphaël d'Urbin et son père Giovanni Santi, par Passavent, édit. française, annotée par Paul Lacroix. *Paris, Renouard*, 1860; 2 vol. in-8, fac simile, br.

374. Michel-Ange et Raphaël, avec un supplément sur la décadence de l'Ecole romaine, par Rio. *Paris*, 1867; in-8, br.

375. Histoire de la Vie et des ouvrages de Michel-Ange Bonarroti, par Quatremère de Quincy, *Paris, Didot,* 1855; gr. in-8, fig., br.

376. Histoire de la peinture flamande et hollandaise, par Ars. Houssaye. *Paris,* 1848; 2 vol. in-8, br.

377. Les anciens Peintres flamands, leur vie et leurs œuvres; par Crowe et Cavalcaselle, trad. par Delapierre. *Bruxelles,* 1862-63; 2 vol. gr. in-8, nomb. fig. en bois, br.

378. La Vie des peintres flamands, allemands et hollandais, avec des port. grav. par Descamps. *Paris,* 1753; 4 vol. in-8, fig., v. m. — Voyage pittoresque de la Flandre et du Brabant. *Paris,* 1769; in-8, fig., v. m. fil.

379. Histoire de P. P. Rubens, suivi du catalogue raisonné de ses ouvrages, par A. Van Hasselt. *Bruxelles,* 1840; in-8, fig., br.

380. Les Rubens à Siegen, par Bakhuïzen van den Brink. — Rembrandt ses précurseurs, et ses années d'apprentissage, par Vosmær. *Lahaye, Nijhoff*; 2 vol. in-8, fig. br.

381. Rubens et l'école d'Anvers, avec le catalogue des tableaux et dessins de Rubens, par Al. Michiels. *Paris,* 1854; 2 vol. in-8, br.
   Avec des notes marginales.

382. Rembrandt, discours sur sa vie et son génie, par Scheltema, annotée par Burger. *Paris, Renouard,* 1866; port. in-8, br.

383. Mémoires et documents inédits sur Ant. van Dyck, Rubens et autres, publ. par W. Hookham Carpentier. *Anvers,* 1845; in-8, br., port., fac.-sim.

384. Paulus Potter, sa vie et ses œuvres, par van Westrhenne. *Lahaye, Nijhoff,* 1867; in-8, br.

385. Velasquez et ses œuvres, par William Stirling, trad. par Ch. Brunet, avec un catalogue de ses tableaux. *Paris, Renouard,* 1865; in-8, port., br.

386. Les Artistes et les Ouvriers du nord de la France
(Picardie, Artois, Flandre), et du midi de la Belgique,
aux XIV, XV et XVIe siècles, par de la Fons-Mélicocq.
Béthune, 1848; in-8, br.

387. Recherches sur la vie et les ouvrages de quelques
peintres provinciaux de l'ancienne France, par Ché-
nevières-Pointel. *Paris*, 1847-50; 4 vol. in-8, br.

388. Notice sur quelques artistes français, architectes,
dessinateurs, graveurs du XVI au XVIIIe siècle, par H.
Destailleur, architecte. *Paris*, 1863; in-8, pap. ver., br.
Imprimé par L. Perrin, de Lyon.

389. Les Peintres de la réalité, sous Louis XIII; les Frères
Lenain, par Champfleury. *Paris, Renouard,* 1863; in-8,
pap. vél., br.

390. Essai sur la Vie et sur les Tableaux de Poussin, par
le comte de Cambry. *Paris, Didot,* an VII; br. in-8.

391. Eloge biographique de Maurice Quentin de la Tour,
peintre du roi Louis XV, par Er. Dréolles. *Paris,* 1856;
in-8, port. br. — Les Peintres de Laon et de Saint-Quen-
tin; de la Tour, par Champfleury. *Paris,* 1855; in-8, br.

392. Les Vernet; Jos. Vernet et la peinture au XVIIIe siècle, par L. Lagrange. *Paris, Didier,* in-8, br.

393. Mémoires de David, peintre, et député à la convention; par M. de Villars. *Paris,* 1850; in-8, br.
Avec envoi de l'auteur. Signé.

394. Gros, et ses ouvrages, par Delestre. *Paris,* 1845; in-8,
br.

395. Gros sa vie et ses ouvrages, par Delestre, avec 55
grav. *Paris, Renouard,* 1867; gr. in-8, pap. vél., br.

396. François Gérard, peintre d'histoire. Essai de biographie et de critique, par Lenormant. *Paris,* 1847; in-8,
pap. verg., br.

397. Géricault. Étude biographique et critique, avec le
catalogue raisonné de l'œuvre du maître, par Charles
Clément. *Paris,* 1868; in-8, br.

398. Notice sur la vie et les ouvrages de Léopold Robert, par Delécluze, avec les quatre tableaux grav. par Prévost. *Paris*, 1838; in-8, br.

399. Eugène Delacroix, l'homme et l'artiste, par Am. Cantaloube, port. gr. *Paris, Dentu*, 1864. — Eugène Delacroix, documents nouveaux, par Th. Silvestre. *Paris, Lévy*, 1864; 2 vol. in-12, br. — Les Doctrines de Gust. Courbet, par M. Guichard. *Paris*, 1862; in-12, br.

400. Lettres et pensées d'Hipp. Flandrin, avec une notice biographique et un catalogue des œuvres du maître, publ. par le vicomte Henri Delaborde, avec port. grav. et fac-simile. *Paris, Plon*, 1865; in-8, br.

401. Histoire des artistes vivants, français et étrangers; études d'après nature, par Th. Silvestre, 1re série. *Paris*, 1856; gr. in-8, br. *10 Portraits.*

402. Mémoires sur les ouvrages de sculpture du Parthénon, par Visconti. *Paris*, 1818; in-8, br.

403. Du Laocoon, ou des limites respectives de la poésie et de la peinture; trad. de Lessing, par Ch. Vanderbourg. *Paris, Renouard*, 1802; fig. cart., n. rog.

404. Praxitèle. Essai sur l'Histoire de l'art et du génie des Grecs, depuis l'époque de Périclès jusqu'à Alexandre, par Geb Hart. *Paris*, 1864, in-8, br.

405. Phidias, sa vie et ses ouvrages, par L. de Ronchaud. *Paris*, 1861; in-8, br.

406. Recherches sur l'Art statuaire, par Eméric David. *Paris*, 1805; in-8, dem.-rel.

407. Le même ouvrage; in-8, pap. vél., br.

408. Pierre Puget, peintre et sculpteur, architecte et décorateur de vaisseau, par L. Lagrange. *Paris*, 1868; in-8, br. — Essai sur la vie et les ouvrages de P. Puget, par Pons. *Paris*, 1812; br. in-8.

409 La Vie et les Œuvres de J.-B. Pigalle, sculpteur; par Tarbé. *Paris, Renouard*, 1859; gr. in-8, pap. de Holl., br.

410. OEuvre de David d'Angers ; Portraits des contemporains d'après ses médaillons, publ. par la Soc. du Trésor
de glyptique et de numismatique ; procédés d'A. Colas.
Paris, 1838 ; in-4 en feuilles. *125 Portraits.*

411. Rude, sa vie et ses œuvres. *Paris*, 1856 ; in-8, fig. br.
Essai sur David, par Coupin, 1827 ; br. in-8. — Mémoires
de David, par Miette de Villars. *Paris*, 1850 ; in-8, br. —
Le Raphaël de M. Morris, Apollon et Marsyas, par
Léon Batté, 1859 ; in-8, br.

412. Simart, statuaire, étude sur sa vie et sur son œuvre,
par G. Eyriès. *Troyes* 1860 ; in-8, br.

413. Canova et ses ouvrages, par Quatremère de Quincy.
Paris, 1834 ; gr. in-8, pap. vél. fort, port., br.

414. Thorvaldsen, sa vie et son œuvre, par Eugène Plon,
avec deux grav. de Gaillard, et 35 compositions du
maître, grav. par Charbonneau. *Paris*, 1867 ; gr. in-8,
br.

> Exemplaire de choix sur papier vélin, tiré à deux cents exemplaires
> renfermant les deux grandes gravures avant la lettre, et les trente
> cinq bois tirés à part sur papier de Chine.

415. Histoire de l'Art monumental dans l'antiquité et le
moyen âge, par Batissier. *Paris*, 1846 ; gr. in-8, pap. vél.

416. Manuel de l'Histoire générale de l'architecture chez
tous les peuples, antiquité et moyen âge, par Daniel
Ramée. *Paris*, 1843 ; 2 vol. in-12, fig. dos de mar. n.

417. Entretiens sur l'architecture, par Viollet-Leduc.
Paris, 1858 ; 4 liv. gr. in-8, et 7 planches in-4, obl.

418. Recherches sur les monuments cyclopéens, par
Petit-Radel. *Paris, impr. roy.*, 1841 ; in-8, pap. ver. de
Holl., br.

419. Remarques sur l'architecture des anciens, et celle du
Temple de Girgenti, par Winckelman. *Paris*, 1783 ; in-8,
br. *Figures.*

420. Le Palais de Scaurus, ou description d'une maison romaine, par Mazois. *Paris*, 1822; in-8, dem.-rel. m. citr. *Figures*.

421. Mémoire sur l'architecture ogivale en Belgique, par Schayes. *Bruxelles*, 1840; in-4, br. *Planches*.

422. Histoire de l'Architecture en Belgique, par Schayes. *Bruxelles, s. d.*, 2 vol. in-12, gr- nomb. de fig. br.

423. Eléments d'Archéologie nationale, précédés d'une histoire de l'art monumental chez les anciens, par L. Batissier. *Paris, Leleux*, 1843; fig. br.

424. Cours d'antiquités monumentales, professé à Caen, en 1830; par M. de Caumont, avec l'histoire, sommaire de l'architecture au moyen âge. *Caen*, 1830-1837; 6 vol. in-8, et 6 atlas oblongs., br.

425. Notice hist. sur la vie artistique et les ouvrages de quelques architectes français du xvie siècle, par Callet père. *Paris*, 1842; in-4, br. *Figures*.

426. Instructions du Comité historique des arts et des monuments, publ. par ordre du Minstre de l'Instruction publique, avec le Rapport au Ministre de M. Prosper Mérimée, etc. *Paris, imp. Roy*, 1840; in-4, fig. sur bois, dos de v.

Gravures. — Lithographies. — Ouvrages à figures. — Vies des graveurs. — Portraits. — Costumes. — Estampes.

427. Essai sur l'origine de la gravure en bois et en taille-douce, et sur la connaissance des Estampes, des xve et xvie siècles, où il est parlé de l'origine des cartes à jouer, et des cartes géographiques, par Janson; avec 20 pl. grav. *Paris*, 1808; 2 vol. in-8, cart., n.-rog.

428. Essai sur les Nielles, gravures des orfévres Florentins du xve siècle, par Duchesne aîné. *Paris, Merlin*, 1826; in-8, fig. br.

429. Essai sur les Nielles, gravures des orfèvres florentins du xvᵉ siècle, par Duchesne aîné. *Paris*, 1826;
in-8, pap. fil., dem.-rel., v. vert.

Bel exemplaire.

430. Histoire de l'Art pendant la révolution, considérée
principalement dans les estampes, par Jules Renouvier.
Publ. par A. de Montaiglon. *Paris, Renouard*, 1853; 2
vol. in-8, br.

431. Histoire de l'origine et des progrès de la gravure
dans les Pays-Bas jusqu'à la fin du xvᵉ siècle, par Jules
Renouvier. *Paris*, 1859; in-8, fig., cart.

432. De la manière de graver à l'eau-forte et au burin, et
de la gravure en manière noire, par Ab. Bosse. *Paris*,
1745; in-8, v. m.

Figures à mi-page des trois parties et dix-neuf grandes planches.

433. Traité de la gravure à l'eau-forte, texte et planches,
par Max. Lalanne. *Paris, Cadart et Luquet*, 1866; in-8,
pap. de Holl. Couv. vél.

434. Description des Estampes exposées à la bibliothèque
impériale, par Duchesne. *Paris*, 1855; in-8, cart.

435. Histoire de la caricature ancienne et moderne, par
Champfleury. *Paris, Dentu*, 2 vol. in-12, fig. br.

436. Histoire de la caricature, et du grotesque dans la
littérature et dans l'art, par Th. Wright, trad. par
Oct. Lachot, et publ. par Am. Pichot; édit. illust. de
238 vign. en bois. *Paris*, 1867; gr. in-8, br.

437. Musée de la Caricature ou Recueil des caricatures les
plus remarquables, publ. en France, depuis le xivᵉ siècle jusqu'à ce jour, grav. à l'eau-forte, par Jaime, avec
un texte, par Brazier, Ch. Nodier, J. Janin, Reybaud, etc.
Paris, Delloye, 1838; 2 vol. in-4, fig. noires et col., cart.
en toile.

438. Voyage d'un iconophile. Revue des principaux cabinets d'Estampes, et c., d'Allemagne, de Hollande et
  d'Angleterre. *Paris*, 1834; in-8, br.

439. Notice sur la lithographie, suivie d'un essai sur la
  reliure et le blanchiment des livres et des gravures, par
  Mairet. *Châtillon-sur-Seine*, 1824; in-12, fig., br.

440. Essai sur l'art de restaurer les estampes et les livres,
  par Bonnardot. *Paris*, 1858; in-12, pap. verg. br.

441. Eloge de Callot, par le père Husson. *Bruxelles*, 1766;
  in-8, gr. pap. vergé, dem.-rel. ch. vert.
  Bon ouvrage, notes curieuses.

442. Catalogue raisonné de toutes les Estampes qui forment
  les œuvres gravées d'Etienne Ficquet, Pierre Savart, J.-B.
  de Grateloup, par Faucheux. *Paris*, 1864; in-8, pap. de
  Holl. br.
  Tiré à cent exemplaires.

443. Catalogue raisonné de l'œuvre de Claude Mellan,
  d'Abbeville, par Anat. de Montaiglon, avec une notice de
  Mariette. *Abbeville*, 1856; in-8, br.

444. Mémoires et Journal de J.-G. Wille, graveur du roi,
  publ. par Duplessis, avec une préface de MM. de Goncourt. *Paris*, 1857; 2 vol. in-8, br.

445. OEuvres posthumes de Girodet-Trioson, peintre d'histoire, suivies de sa correspondance, publ. par Coupin.
  Paris, 1829; 2 vol. gr. in-8, fig. pap. vél., br.

446. Charlet, sa vie et ses œuvres, suivie d'une description
  raisonnée de son œuvre lithographique, par M. Dela-
  combe. *Paris*, 1856; in-8, port. br.

447. Raffet, son œuvre lithographique et ses eaux-fortes,
  suivie de la Bibliographie complète des ouvrages illust.
  d'après ses dessins, par Giacomelli. *Paris*, 1862; gr.
  in-8, fig. br., imp. sur pap. de Holl. tein., br.
  Exemplaire avec un carton pour la feuille 3.

448. Raffet, son œuvre lithographique et ses Eaux-fortes, suivi de la bibliographie complète des ouvrages illust. de vignettes, d'après ses dessins, par Giacomelli, orné d'eaux-fortes inédites de Raffet et de son portr. *Paris,* 1862; gr. in-8, tiré sur gr. pap. ver. de Holl., br.

449. L'Œuvre de Ch. Jacque; catal. de ses eaux-fortes et pointes sèches, dressé par J.-J. Guiffrey. *Paris,* 1866; in-8, pap. vél., br.

Eau-forte.

450. Biographie et Catalogue de l'œuvre du graveur Miger, avec port. et fac-simile, par E. Bellier de la Chavignerie. — Du même, recherches sur Lantara, avec la liste de ses ouvrages. *Paris,* 1852-56; 2 vol in-8, br.

451. Albert Durer à Venise et dans les Pays-Bas, par Ch. Narrey, orné de 27 grav. sur pap. de Chine. *Paris, Renouard,* 1866; gr. in-8, pap. de Holl., br.

452. Goya, par Ch. Yriarte, sa Biographie et le Catalogue de l'œuvre, avec 50 planches inédites, d'après les copies de Tabar, Bocourt, etc. *Paris, Plon,* 1807, in-4, pap. vél., fort. br,

453. Icones Biblica veteris et N. Testamenti; figures du Vieux et du Nouveau-Testament, dess. et grav. par J. Luyken. *Amsterdam, Covens et Mortier,* 1729; gr. in-fol., rel. en vél.

Le texte est en hollandais, mais les légendes des gravures sont aussi en français; l'exemplaire est en grand papier et très-beau d'épreuve.

454. La Passion de Notre Seigneur, gravée d'après les dessins originaux de Jean Holbein, publ. par Christian, de Méchel, graveur. *Basle,* 1784; 12 pl. in-fol., rel. en mar., br., avec encad., fil. fers à froid., dent. int., tr. dor.

455. Vita, passio resurrectio Jesu Chisti, expressa Iconibus à Mart. de Vos; Galle et Collard, sculp., et exud. *s. l. n. d.*; in-4 obl. m. bleu du Levant, fil., dent. int., tr. dor. (*Petit.*)

Collection des 51 belles épreuves. Une éraillure légère à la planche 6.

456. Les Images de tous les saincts et saintes de l'année, suivant le martyrologe romain, faictes par Jac. Calot et grav. par Israël Henriet. *Paris*, 1636; pet. in-4, bas., rac.

457. Renversement de la morale chrétienne par les désordres du Monachisme, en holl. et en français, *imp. en Hollande* vers la fin du XVIIᵉ siècle. In-4, mar. rouge, fil., anc. rel.

> Ce volume RARE est divisé en 2 parties contenant ensemble 50 portraits en manière noire, plus un grand frontispice intitulé : *La Banque du Saint-Esprit.*

458. Galerie de saint Bruno, peinte par Lesueur; dess. et grav. par Villercy. *Paris,* 1816; pet. in-8, dos de v.

459. Le même ouvrage, sur gr. pap. vél, dos et coins mar. rou., n. rog.

460. Figures de l'Eloge de la folie d'Erasme, dess. à la plumes par Jean Holbein sur les marges d'un exempl. qui se trouve à la bibliot. de Basle, soigneusement calquées sur l'original et grav. en bois; 12 pl. réunies en collection, et publ. par Guill. Hass, 1829; in-fol., pap. vél., cart.

461. La Manière de se bien préparer à la Mort, par des considérations sur la Cène; la Passion et la mort de Jésus-Christ avec 42 estampes emblématiques, grav. par Romain de Hooge, expliquées par M. de Chertablon. *Anvers*, 1700; pet. in-4, br.

462. Holbenii pictoris Alphabetum mortis. Des malers Hans Holbein tod tentaus alphabet. *Koln*, 1847; pet. in-8, d.-rel., mar. vert, tête dor.

> Figures d'encadrement imprimées en bistre.

463. Le Triomphe de la Mort, d'après les dessins orig. de Holbein, par Chr. de Méchel, graveur à Bâle (en 1780). *Paris, imp. S. Raçon.* In-12, gr. pap. vergé, br.

> Quarante-sept figures tirées à part.

464. La Danse des Morts, gravée d'après les tableaux à fresque qui se trouvaient sur le mur du cimetière de l'église Saint-Jean à Bâle. *Basel, Tuchs et C°*; pet. in-4, br.

Cent soixante-cinq figures, texte français, anglais et allemand.

465. L'Alphabet de la Mort, par Hans Holbein. *Paris, Tross,* 1856; in-8, pap. vergé, br., *figures*.

466. Le même, br., pap. ordinaire; texte italien.

467. La Grande Danse macabée des hommes et des femmes. *Troyes, V° J. Audot,* 1729; pet. in-4, br.

Soixante-deux figures (légère déchirure au bas de la page, G. iiii), avec le Débat du corps et de l'âme. — La Complainte de l'âme damnée. — L'Exortation de bien vivre. — La Vie du mauvais Anté-Christ. — Les quinze Signes. — Le Jugement.

468. La même. *Troyes, Garnier,* 1728; pet. in-4, dos et coins mar. noir, tête dorée.

469. Todten-tanz, wie derselbe in der lobl. und Weitberühmten Stadt Basel..., etc, La première édit. de la Danse des Morts, de Mathieu Mérian, publ. à Francfort en 1649; pet. in 4, 44 plan. grav., v. br.

470. Frund Heins Erscheinnungen in holbeins manier. *Von Schellenberg Winterthur,* 1785; in-8, pap. de Holl., cart., ornée de 25 grav. sur acier.

Danse des morts à la manière d'Holbein, par Schellemberg.

471. Essai historique sur les Danses des Morts, par Langlois, accompagné de 54 pl. gr., avec une lettre de M. Leber et des notes de Depping. *Rouen,* 1852; 2 vol. gr. in-8, dos et coins, mar. n., dor. en tête,

472. Les Métamorphoses d'Ovide en latin et en français, de la trad. de l'abbé Banier, enrichie de dessins de Lemire et Basan, de Gravelot, d'Eisen, Boucher, Choffard, etc., grav. par de Longueil, de Launay, de Ghendt, Ponce, etc., etc. *Paris,* 1767; 4 vol. in-4, pap. de Holl., v. ec., fil.

473. Collection originale des tableaux les plus intéressants des Métamorphoses d'Ovide. publ. en 1655 par l'abbé de Marolles; 58 planches dess. par Diepenbeck, et grav. par Bloemaërt; 2 port. de Poilly et deux frontispice de Sim. Vouët, grav. par Audran. *Paris*, 1768; in-fol., v., m.

474. Les Amours de Psyché et de Cupidon, par Apulée, trad. nouvelle, ornée des fig. de Raphaël, publ. par Landon. *Paris, Didot*, 1861; 32 pl. in-4.

475. Elaine, poème par Al. Tennyson, trad. par F. Michel, avec 9 grav. sur acier, d'après les dess. de Gust. Doré. *Paris, Hachette*, 1867; in-fol., pap. vél., cart. en toile gauff.

476. Les Héros de la Ligue ou Procession monacale cond. par Louis XIV, pour la conversion des protestants. *Paris*, 1691; pet. in-4. cart., 27 *figures*.

> L'ouvrage comprend 24 figures-caricatures de Louis XIV et de sa cour, avec quatrains. On a ajouté trois pièces signées Pieter Perfoy, que l'on peut appeler débauche, recommandation et bataille mo nacales.

477. Advis fidèle aux véritables Hollandais, touchant ce qui s'est passé dans les villages de Bodegrave et Swammerdam et les cruautés inouies que les François y ont exercées, par de Wicquefort, avec les fig. de Romajn de Hooghe. *A la Sphère*, 1673; in-4, pap. de Holl., v. br.

478. Het Groote tafereel der Dwaasheid; recueil de 99 fig. satyriques, comiques et bouffonnes, sur la Banque de Law et la rue Quinquampoix en 1720; texte en hollandais, impr. en Hollande, 1720; in-fol., d.-rel.

> A la fin du livre se trouve une Danse des Morts gravée en 8 feuilles. Texte également en hollandais.

479. Tafereelen van de Staatsomwenteling in Frankrijk. *Amsterdam*, 1771 à 1806; collection de 345 pl. grav., front., etc.; sur la Révolution française, extraite de l'ouvrage indiqué ci-deesus.

> Cette curieuse collection, très-rare en France, intéresse aussi pour les rues de l'ancien Paris, et la collection de portraits des hommes de la Révolution.

480. Collection complète des tableaux historique de la Révolution française, avec des discours par l'abbé Fauchet, Chamfort, Ginguené et Pagès, ouvrage illust. de 3 front., 144 tableaux, et 66 port. grav. et dess. par Fragonard, Duplessis-Bertaux, Girardet, Vény, etc. *Paris, Auber*, 1802; 3 vol. in-fol, gr. pap. vél., veau rac. fil. (*Dérome*).

481. Les Journées mémorables de 1830, tableaux historiques, dessinés par Victor Adam, avec un texte français et anglais, par Charrin. *Paris*, 1830; in-fol. en feuilles, 21 pl. et 13 cartes lithog.

482. La Cassette de Saint-Louis, roy de France, donnée par Philippe-le-Bel à l'abbaye du Lys, reproduction en or et en couleurs, avec une Notice historique et archéologique, par Ed. Ganneron. *Paris, Claye*, 1858; in-fol., fig. en coul., pap. vél., br.

483. Recueil de 14 eaux-fortes sur le vieux Paris, par Meryon, 1852; in-fol., dans un cart.

484. Paris qui s'en va, 25 eaux-fortes de Léopold Flameng, texte par Al. Delveau, Th. Gauthier, Houssaye, etc. *Paris, Taride*; in-4, dans un cart.

485. Collections de 45 pièces grav. et lithog. sur le vieux Paris, par Callot, Israël, Martinet, Regnier, Champin, etc., etc., en feuilles.

486. L'ancien Paris, 300 eaux-fortes, pas Martial, publ. par Cadart et Luquet, en feuilles.

487. Suite d'estampes grav. par Mme la marquise de Pompadour, d'après les pierres grav. de Guay, avec un beau port. de Boucher. *Paris*, 1751; in-4, pap. de Holl., dos de mar. rouge.

488. Cabinet de l'art sculpture, par le fameux sculpteur Francis van Bassuit, grav. d'après les dess. de Barent Graat, par Mattys Pool. *Amsterdam*, 1727; in-4, pap. vél. de Holl., d.-rel., n. rog.

489. OEuvres grav. de Salomon Gessner, comp. de 194 pl.
Zurich; 2 vol. in-fol., br.

490. Duplessi-Bertaux. Recueil de cent sujets, dess. et grav.
à l'eau-forte. *Paris,* 1846; in-8, oblong, d.-rel. *Bonnes
épreuves.*

> Portrait de l'auteur. scènes de comédies populaires. Mendians,
> militaires, cavaliers, danses de village, etc.

491. Peintures, bronzes et statues, formant la collection
du cabinet secret de Naples, avec leur explication, par
Famin. *Paris,* 1832; gr. in-4, pap. vél., fig. noire, br.

492. Le comic Almanach pour 1842, par MM. de Balzac,
F. Soulié, P. de Kock, P. Durand, H. Monnier, etc., etc.,
orné de 12 grav. à l'eau forte, par Trimolet, et de dessins
de Vernier. *Paris, Aubert;* in-12, pap. vél., cart., tr. dor.

493. Scènes populaires dessinées à la plume, par Henri
Monnier, ornés de fig. col. et d'un port. de M. Prudhomme. *Paris,* 1830; d.-rel., n. rog.

494. Les Fleurs animées, par J.-J. Grandville; introduc-
tions par Al. Karr, texte par Taxile Delord. *Paris,* 1846-
47; 2 vol. gr. in-8, fig. col., br.
> Premier tirage.

495. Cent Proverbes, par Grandville. *Paris, Fournier,* 1845;
gr. in-8, fig., cart., n. rog.
> Taché.

496. Scènes de la vie privée et publique des animaux;
Études de mœurs contemporaines, publ. sous la direction de Stahl, avec la collaboration de MM. de Balzac,
J. Janin, Ch. Nodier, Georges Sand, etc., etc., avec les
vignettes de Grandville. *Paris, Hetzel et Paulin,* 1842;
2 vol. g.. in-8, cart., n. rog.
> Premier tirage.

497. Voyage où il vous plaira, livre écrit à la plume et au
crayon, avec vignettes, par Tony Johannot, Alf. de
Musset et Stahl. *Poris,* 1843; gr. in-8, pap. vél., br.

498. Un autre Monde; Visions, Incarnations, Ascensions, Fantasmagories, Facéties, Lubies, Métamorphoses, Métempsicoses, Apothéoses et encore autre choses, par J.-J. Grandville. *Paris, Fournier*, 1844; gr. in-8, pap. vél., fig. col., br.

499. Petites misères de la Vie humaine, par Oldnick et Grandville. *Paris, Fouruier*, 1846; gr. in-8, pap. vél., br.
Bel exemplaire illustré.

500. Album de 82 charges, par Dantan. *Paris;* imp. sur pap. vél., gr. in-8, rel. en vél.

501. La Légende de Malboroulh illust., par Le Borel. 24 pl. eaux-fortes, in-fol., *publ. par Cadart.*

502. Cendrillon illust., par Leborel. 24 pl. in-fol., eaux-fortes, *publ. par Cadart.*

503. Gavarni; 40 lithographies d'après nature, et 6 aut. pièces Jocelyn.

504. Gavarni; 26 pièces lithog., physionomies des chanteurs, et 52 pièces lithog., fourberies des femmes. Ensemble, 78 feuilles.

505. Gavarni; les Enfans terribles, 50 sujets lithographié, *Paris, Beauger;* in-4, dos et coins mar. v.

506. OEuvres choisies de Gavarni. Études de mœurs contemporaines avec des Notices en tête de chaque série, par Th. Gautier et Laurent-Jan. *Paris, Hetzel*, 1846; 4 vol. gr. in-8, pap, vél., fig., br.

507. Gavarni. Masques et visages. *Paris*, 1857; in-8, d.-rel., ch. viol. — Bertal, Cahier des charges de chemins de fer, 1847. — Le Coin du feu, par Avenel, 1849. — Les Nains célèbres, par d'Albanès, 1846. — 100 vign., par de Beaumont. 3 vol. pet. in-8, br.

508. Les Cent et un Robert Macaire, dess. par Daumier. *Paris, Aubert;* pet. in-4, br.

509. Daumier. Mœurs conjugales; Recueil de caricatures.
In-fol., d.-rel., ch. rou.
  Soixante pièces. Raccommodage à la première.

510. Album d'un soldat pendant la campagne d'Espagne
en 1823. *Paris, Cosson,* 1829; in-8, d.-rel., v. fauv.
  Quarante costumes coloriés.

511. Histoire lithographiée du Palais-Royal, publ. par
M. Vatout. *Paris, Motte;* gr. in-fol., pap. vél., 45 pl. sur
pap. de Chine, dos de mar. rou., n. rog.

512. OEuvre de J.-J. de Boissieu; 99 planches in-folio sur
pap. de Chine, dans un carton.

513. Album du chemin de fer de Rouen, Havre et Dieppe,
37 pl. en coul., dess. par Maugendre. *Paris, Aug. Bry,*
1851; in-fol. en feuil.

514. Souvenirs de la Roche-Guyon, 20 pl. dess. et lithog.
à deux teintes, par Maugendre, avec un Texte par Aug.
Bry. *Paris;* gr. in-fol. en feuil.

515. Les Artistes anciens et modernes, par Baron, Nanteuil, Jacques, etc; publication moderne de gravures
avec texte explicatif. *Paris, Bertauts;* 7 vol. in-fol., cart.,
toile v.

516. Les mêmes. 160 pl. en feuilles dans un canton.

517. Les mêmes. Tom. III, cart., gravures 49 à 72.

518. La Silhouette, Album lithographiques, journal des
caricatures, beaux-arts, dessins, mœurs, théâtres, etc.,
avec des lithographies noires et coloriés, dess. par
Charlet, Grandville, Henry Monnier, Victor Adam, etc.,
publ. sous la direction de Ratier. *Paris,* 1829 et 1830;
39 livr. formant 3 vol. in-4.

519. Etudes à l'eau-forte, par Eug. Verboeckhoven,
22 planches. *Bruxelles,* 1839; in-4 oblong, dos de mar.
v., fil.

520. Eaux-fortes modernes, publ. par la Société des Aqua-
Fortistes, années 1862 à 1867, 300 planches, 5 années,
formant 60 liv., gr. in-fol.

521. Almanach de la Société des Aqua-Fortistes, pour 1865
et 66, grav. par Boret et Ulm, avec odelettes et versiculet
de Th. de Banville. *Paris, Cadart et Luquet;* in-4, cart.

522. Sur Terre et sur Mer, 12 eaux-fortes, par Longueville.
Paris, Cadart; in-fol.

523. Illustration nouvelle, Recueil de 24 eaux-fortes, *publ.
par Cadart, 1868;* 8 liv. in-fol.

524. La Lettre illustrée, 20 pièces in-folio, eaux-fortes,
publ. par Cadart.

525. Recueil d'eaux-fortes (5 pièces), par Armand Gauthier, *publ. par Cadart;* en liv.

526. Improvisations sur cuivre, par Chifflart, *publ. par
Cadart;* 15 pl. in-fol.

527. Souvenirs d'Egypte, dédiés à Son Altesse Ismail-
Pacha, vice-roi d'Egypte; 14 eaux-fortes, par Dufeu.
In-fol., *publ. par Cadart.*

528. Collection d'eaux-fortes anglaises sur papier de Chine
et fixées sur gr. pap. vél. fort., gr. in-fol., 50 planches
renfermées dans un cart.-étui, dos et coins mar. rouge.

529. Alphabet moral et philosophique à l'usage des petits
et gr. enfants, 26 pl. lithog. par Charlet. *Paris, Gihaut,*
1835; in-4 oblong, en feuill.

530. Vie civile, militaire et politique du caporal Valentin,
mise au jour par son ami Charlet. *Paris, Gihaut frère;*
51 plan.-litho., in-4 oblong, dos de mar.

531. Charlet. 12 grande lithog.: Colonne d'infanterie en
marche; la Bienfaisance; Appel du Contingent com-
munal; Infanterie légère montant à l'assaut; Courage et
Résignation; Napoléon à Iéna; au Commandement de
pas d'observation, on dit (*prem. tirage*); Jeune Soldat se
découvrant devant un invalide; l'Empereur et le Grenadier; les deux Grenadiers de Waterloo; cette dernière
pièce porte écrit à la main Eug. Leroux, d'après Charlet. — Vieillard montrant le portrait de Cambronne à
des enfants.

532. Charlet. 18 pièces lithog. : Les quatre Mendians;
l'Hospitalité; Lancier polonais au repós; la Mort du cui-
rassier: le Second Coup de feu; au maréchal Brune;
Napoléon à l'Ecole-Militaire, en coul.; la Conversation;
Déroute de Cosaques; elle a le cœur Français, l'ancienne;
Jeune femme; la Bienfaisance; Triomphe de la Religion; Piété et impiété; il m'en reste encore un pour la
Patrie; ils sont les Enfants de la France; le Drapeau
défendu; le Laboureur nourrit le soldat, etc.

533. Suites de dessins à la plume à l'usage des élèves des
Ecoles polytechniques, militaires et autres, par Charlet.
Paris, Gihaut fr.; 1842; in-fol., 56 pl. lithog.. y comp.
les 4 pièces r. supplémentaire.

534. Charlet. 24 pièces lithog. par Charlet, dont: le Hus-
sard surpris par son officier; l'Allocution sur la barri-
cade; Lamputé, farceur; Chant funèbre; un Vieu soldat;
ma Femme est morte, etc., etc.

535. Croquis à la manière noire, lithog. par Charlet;
12 pièces numérotées tirées sur pap. teinté, à la suite de
ces 12 pièces: La Vieille aristocratie; je crains la Salle
de Police; aux Armes citoyens; Gras nous vivrons; les
Paroles sont des femelles; le plus délicieux et le plus
ailé des Bizets. Ensemble, 18 pièces.

536. Charlet. 10 pièces lithog., dont le Beau bras, l'Ecole
du village, Adieu fils, Garde nationale de Paris, 1re et
2e idée; garde nationale, grenadier, 1805, etc.

537. L'Empereur et la garde impériale, dess. par Charlet;
46 pl. lithog. col. *Paris, Perrotin;* gr. in-fol., dos de mar.
vert.

538. Recueil de costume de l'ex-garde impériale, lithog.
par Charlet. *Paris, Delpech,* 1819-20; in-4, cart., 29 pl.

539. Charlet. 407 pièces diverses lithographies; in-4, en
feuille.

540. Siége de la citadelle d'Anvers, 25 pl. dess. et lith. par
Raffet, *imp. par Bertaut;* in-fol. en feuill.

541. Raffet. Retraite de Constantine, six sujets. — Prise de Constantine, 12 sujets. — Le colonel du 17e léger. — Le duc d'Aumale. — Le Drapeau du 17e léger. — Combat d'Oued-Alleg. Ensemble, 22 pièces dans un vol., gr. in-fol., dos et coins mar. rou.

542. Souvenirs d'Italie, expéditions de Rome en 1849, dess. par Raffet. *Paris, Gihaut;* 36 plan. gr. in-fol., dos demar.

543. Feuilles de Croquis, par Raffet; 20 pl. lithog., in-fol. oblong, en feuill.

544. Raffet. 5 pièces lithog. : C'est la grande Revue; le Réveil; Infanterie polonaise marchant à l'ennemi; Retraite du bataillon sacré à Waterloo, et le Rêve.

545. Raffet. 25 pl. inédites, costumes militaires français et étrangers; portraits et sujets divers lithographiés par Aug. Bry. *Paris,* 1860; gr. in-fol.

546. Raffet. 139 pièces lithographiées; in-4; en feuill.

547. Collection des Uniformes des armées françaises de 1791 à 1830, dess. par Horace Vernet et Eug. Lami; figures col. *Paris, Gide,* 1822; 2 vol. pet. in-4, dos de mar. n., n. rog.

548. Uniformes de l'armée française, depuis 1815 jusqu'à ce jour, par H. Bellangé. *Paris,* 1824; 107 pl. lithog. col., en feuill.

549. Collections de costumes pour le Théâtre-Français, dessinés par Geffroy et Maurice Sand; 20 pl. gr. in-8, sur pap. de Chine, et une autre suite col.

550. Modes et costumes historiques, dess. et grav. par Pauquet fr. *Paris,* 1864-65; in-4, pap. vél., 96 planches col., rel. en toile angl., tit. dor. sur le plat,, tr. dor.

551. TAUNAY. Un dessin original pour les Œuvres de Racine, encadré.

552. Sept pièces grav. sur Béranger, port. avant la lettre, de Sandoz; le Masque de Geoffroy Dechaume; la Chambre mortuaire de L. Normand; la Mort de Charlemagne sur Chine, de Granville, etc.

553 Louis XIV, et Molière de Jérôme, grav. par Ed. Girardet. *Paris, Goupil*; gr. aigle sur pap. de Chine, avant la
lettre.

554. La Ronde de nuit de Rembrandt; lithog., par Mouilleron, imp. sur pap. de Chine par Bertauls, gr. colom-
bier.

    Avec la lettre.

555. Collection de 60 pièces sur Jeanne d'Arc, port. et vign.
anciennes et modernes.

556. Les Hommes illustres qui ont paru en France, pendant ce siècle, par Perrault, avec leurs portr. au naturel., grav. par Edelinck, Duflot, Jacq. Lubin, Van Schup-
pen. *Paris*, 1696-1700; 2 tom. en un vol. in-fol., gr. pap.
v., br.

    D'après Brunet, cet exemplaire est du premier tirage et serait un
exemplaire d'amateur, car il contient les portraits de Thomassins et
Ducange, en même temps que les portraits d'Arnault et de Pascal
qui avaient été supprimès par la censure, ainsi que les pages 15 et 16,
65 et 66 du tome 1er qui sont doubles.

557. Portraits des Peintres flamands, provenant de la Vie
des Peintres Flamands et Hollandais, de Houbraken,
pub. à *Amsterdam*, 1718; ensemble, 71 plan. grav.,
très-bonnes épreuves, dans 1 vol. in-8, cart., n. rog.

558. Galerie des Femmes de Georges Sand, par le Bibliophile Jacob. Illustr. de 24 gr. sur acier, par Robinson.
Paris, Aubert, 1843 ; gr. in-8, pap. vél., br.

559. Galerie des Dames Françaises qui se sont distinguées
dans les lettres et dans les arts., collection de 40 portraits grav. par nos meilleurs artistes. *Paris,* s. d., in-8,
cart. tr. dor.

560. Collection de 25 port. pour les Lettres de madame de
Sevigné, édit. Dalibon, dess. par Deveria et autres. Gr.
in-8.

561. Collection de 10 portraits de Boileau, par Rigaud,
Deveria, Massard, etc., in-8, en feuille.

562. Voltaire, collections de 55 portr. de Largillière, Moreau, Marillier, etc., etc., in-4, et in-8, en feuille.

563. Portraits d'acteurs et d'actrices, et vignettes sur le théâtre, par Deveria et autres (60 pièces dans un cart).

564. Six portraits avant la lettre, etc. Erasme, par Thevenin; Mme Vigée-Lebrun, par Nargeot; Le Poussin, par Lignon, etc.

565. Coll. de 29 port. d'artistes, par Nanteuil, Saint-Aubin, Cochin, etc., etc., dans un cart.

566. Molière, 40 portr. anciens et modernes, par Coypel, Deveria, Desenne, Cazenave, etc.

567. Portraits en pied, tirés in-18 sur in-4; 39 pièces en 1 vol. in-4, d.-rel.

Montaigne, Massillon, Fénélon, Fléchier, Vertot, les deux Corneille, Piron, La Fontaine, de Graffigny, de Staël, Sterne, Ducis, Châteaubriand, etc.

568. Collection de 750 portraits, anciens et modernes de différents formats avant et avec la lettre.

569. Trente-quatre Fleurons pour les OEuvres de La Fontaine, dess. et grav. par Choffard, in-8, rel.

570. Portraits, vignettes et lithographie pour les œuvres de La Fontaine, par Fragonard et autres. 45 pièces dans un cart.

571. Figures des Fables de La Fontaine, grav., sur bois pour l'éd. parisienne en 2 vol. in-32, publ. par *Crapelet*. *Paris*, 1830, 1 vol. gr. in-8, tirage à part sur pap. de Chine, cart.

572. La Fontaine, 143 vignettes avant la lettre pour ses œuvres, pet. in-8.

573. La Fontaine, 12 fig. grav., pour ses Contes, dess. par Eisen, etc., avant la lettre, in-8.

574. Collection de 26 vign. et un port., dess. par Moreau le jeune, et de 8 fig. de Marillier, pour les OEuvres de La Fontaine, en feuille.

575. Douze Vignettes et 1 port., pour les OEuvres de La Fontaine, dess., par Tony Johannot, in-8, tiré sur in-4, pap. de Chine, av. la lettre.

576. Molière, suite de 35 fig. de Punt, 1739, in-12, mont. sur gr. in-8.

577. Molière; collection de 34 plan. dess. par Moreau le jeune, pour l'édit. de Bret, 1773. *Paris, Leclerc,* 1863 ; en feuille.

578. Molière, suite de 19 grav. et port., pour sés OEuvres publ. par *Furne.,* dess. de H. Vernet, Desenne, et c. Gr. in-8, pap. de Chine.

579. Molière, 18 vign. et port. dess. par Desenne et Fragonard, gr. in-8, papier de Chine.

580. Molière, suite de 21 fig. de Desenne, av. la lettre pour l'édit. in-18, tiré sur gr. in-8.

581. Molière, 31 grav. de Moreau, premières épreuves, in-8.

582. Collection de 30 pièces sur Molière, anciennes et modernes, la plupart av. la lett., dess. par Le Pautre, Chasselat, Horace Vernet, Deveria, etc.

583. Coll. de 13 pièces dess. par Gravelot, pour les OEuvre de Racine, in-8, sur pap. de Chine, av. la lettre.

584. Figures du théâtre de Racine. Recueil de 57 planches, grav., au trait, d'après les dessins de Calmet, par. Normand. *Paris, Soyer,* 1812; in-8, dem. rel.

585. Collection de 3 suites de figures, grav. pour les OEuvres de Racine, par Moreau, le Barbier et de Sève, ensemble 38 pl. in-8 et in-4, en feuille.

586. Coll. de 70 pièces pour Racine, 57 au trait, Prudhon, Taunay., etc., et 13 dess. de Sève, in-12.

587. Collection de 13 fig. de Moreau, pour les OEuvres de Racine. *Paris,* Renouard, in-8, en feuille.

588. Collection de 56 fig. au traits, dess. par Chaudet, Gérard, Girodet, Prudhon, Taunay, etc., pour les OEuvres de Racine, gr. in-8, en feuille.

589. La Henriade de Voltaire, suite de vignettes en 4 états, eau-forte, Chine avant la lettre, et sur pap. blanc avant et avec la lettre, 40 pl. in-8.

590. La Pucelle de Voltaire, suite de 24 eaux-fortes, par Desenne, Al. Johannot, etc.

591. Suite de 24 eaux-fortes, de Monsiau, etc., pour la Pucelle de Voltaire, in-8, remont. sur in-4.

592. Suite de 22 planches grav., pour la Pucelle de Voltaire, édit. in-12, sur pap. de Chine, tiré sur gr. in-8, avant la lettre.

593. Suite de 37 figures de Gravelot pour le théâtre de Voltaire, m. sur pap. gr. in-8.

594. Collection de 116 grav., vign., fleurons et culs-de-lampe provenant d'un ancien ex. de Voltaire, dess., par Eisen, Monnet, Monsiau, Marillier, etc., in-8, en feuille.

595. Figures pour les OEuvres de Voltaire, grav. par les plus habiles artistes, d'après les dessins de Desenne. *Paris*, 1822; 84 pl. in-8, sur pap. de Chine.

596. Voltaire, gravures pour ses OEuvres, 2 fig., d'après Moreau jeune, 17 portraits d'après La Tour, Largillière, Van Loo, Le Brun, en 1 vol. gr. in-8, dos de mar. v.

597. Voltaire, gravures pour ses OEuvres, fig. d'après Moreau jeune et 53 portraits d'après St.-Aubin, Monsiau, etc., 2 vol. gr. in-8, d.-rel. v. fauv.

598. Estampes destinées à orner les éditions de Voltaire, dess., par Moreau le jeune et grav., par de Longueil, Langlois, Masquelier, et autres. *Paris*, 1784; in-8, cart.

599. Recueil de 74 grav. pour les OEuvres de Voltaire, dessinées par Gravelot et gr. par Martinet, *s. l. n. d.*, in-8, v. ec., fil.

600. Collection de 54 gravures et front. grav., de Moreau et Marillier, provenant d'un ancien exempl. de J.-J. Rousseau avec les pl. de la Botanique, col.

601. Suite de 36 vignettes de Masillier, Moreau et Cochin, av. la lettre, pour les édit. in-12 de J.-J. Rousseau.

602. Vignettes pour les OEuvres de J.-J. Rousseau, d'après les dessins de Tony et Al. Johannot, 25 grav. sur acier, sur pap. de Chine et sur papier bl. gr. in-8.

603. Suite, 43 fig., pour les œuvres de J. J. Rousseau, dess., par Deveria, gr. in-8, sur pap. de Chine, d.-rel.

604. Album de 35 gravures pour les œuvres de J.-J. Rousseau, dess. par Cochin, Monsiau et Renaud, grav., par De Ghendt, Choffard, Dambrun, De Launay, d'Elvaux, Le Mire, Frière, Ingouf, Ponce, etc., etc. *Paris*, 1795 ; in-folio, dos de mar. bl.

605. Suite de 12 figures de Gravelot, pour la Nouvelle Héloïse de Rousseau.

606. Suite de 63 grav. de Moreau pour les œuvres de Rousseau, in-8.

607. Recueil de 65 figures, grav. et lithog., pour la Henriade, Werther, Métastase, le poëme de Girodet, Laocoon et plus. fac-similés, cart., ex. de la vente Renouard, n° 721, n. rog.

608. Suite de 7 fig., dess. par Monnet et grav. par Choffard, pour le poëme de Lucrèce, épr. tirée au bistre, av. la lettre, in-4.

609. Collection des gravures, vignettes et fleurons, de l'Abrégé chronologique de l'Histoire de France du président Hénault, dess. par Cochin in-8, oblong, bas.
Tirage à part

610. Coll. de 8 vign. de Moreau, avant la lettre, pour Gresset; plus, 18 pièces pour le même auteur.

611. Recueil factice de 44 pièces, dess. par Moreau pour Boileau et Télémaque, par Perrin pour Lucain, gr. in-8, cart. ex. de la vente *Renouard*.

612. Collection de 25 fig. de Moreau le jeune pour le Télémaque de Fénelon, gr. in-8, en feuille.

613. Collection de 18 fig. et port. pour les œuvres de Montesquieu, avant et avec la lettre, in-8 et in-4, en feuille.

614. Recueil de 123 gravures dessinées par Marillier, pour les Voyages imaginaires, 1 vol. in-8, v. gr., fil., tr. dor.

615. Collection de 36 pl. de Moreau, avant la lettre, pour les Lettres à Émilie sur la mythologie, sur pap. in-8 et in-4.

616. Vignettes de Th. Johannot, pour Walter Scott, en 1 vol. pet. in-fol. obl., d.-rel.

Quatre-vingt-quatre vignettes tirées par deux sur Chine et remontées. Légère mouillure à quelques marges des feuilles de remontage.

617. Collection de fig. et cartes pour l'Histoire des ducs de Bourgogne, par M. de Barante, grav. sur bois par Thompson, 109 d'après les dessins de Delaroche et autres, et 14 cartes, gr. in-8, pap. vél. fort, tiré sur Chine, dos et coins mar. br., dor. en tête.

618. Gravures de l'Histoire de la Révolution française par Thiers, en 1 vol. in-8, d.-rel. ch. v., *d'après Th. Johannot, Ary Scheffer.*

619. Vignettes (15) sur papier de Chine, dess. par Raffet et Tony Johannot, pour les Douze Journées de la révolution, par Barthélemy.

620. Collection de 30 vignettes et port. pour les OEuvres d'Alfred de Musset, gr. in-8, pap. de Chine avant la lettre. — Étude critique et bibliographique des OEuvres de Al. de Musset, gr. in-8, pap. de Holl., br.

621. Coll. de 46 vign. dess. par Tony, Johannot, Raffet et R. Boulanger pour les OEuvres de Victor Hugo, in-8, en feuille.

ARTS ET MÉTIERS

Calligraphie. — Ornementations des manuscrits. — Peinture sur verres. - Faïences. — Porcelaines. — Gastronomies. — Escrime. — Équitation. — Musique. — Danse. — Chasses et Pêches.

622. Les Industries, métiers et professions en France, avec 100 dessins par Henry Monnier, texte par Em. de la Bédollière. *Paris*, 1842 ; gr. in-8, br.

623. Le Livre d'or des métiers ; Histoire de l'imprimerie ; de la coiffure ; de la charpenterie ; des cordonniers ; de l'orfèvrerie ; joaillerie ; des hôtelleries et cabarets, par P. Lacroix, Séré, Fr. Michel, etc. *Paris*, 1850-58. Ens. 5 vol. et 2 br., in-8.
   Planches nombreuses.

624. Secrets concernant les arts et métiers. *Bruxelles*, 1766 ; 2 vol. in-12, v. ec., fil.

625. Essai sur la calligraphie des manuscrits du moyen-âge et sur les ornements des premiers livres d'heures, imprimés par E. Langlois. *Rouen*, 1841 ; in-8, pap. vél., d.-rel. ch. vert, tête dorée, non rogné.
   Planches.

626. Histoire de l'Ornementation des manuscrits, par F. Denis. *Paris*, Curmer, 1848 ; gr. in-8, pap. vél., br.
   Lettres ornées et figures.

627. Manual of illuminated and missal pointing, by Ed. Jewitt. *London*, in-12, nomb. fig. en couleur, cart. tr. dor.

628. The decorative arts ecclesiastical and civil of the middle ages by H. Shaw. *London, Pickering,* 1851 ; gr. in-8, pap. vél. fort., d.-rel.
   Nombreuses planches en couleur.

629. The art of illuminating as practised in Europe frome, the earliest times, ill. by Borders, initial letters and alphabet, selected and chromolith. instructions by Digby Wyatt. *London*, 1860; gr. in-8, texte et encadrements rouges, pap. vél., cart. toile gaufrée, or et ponceau, tr. dor.

Splendide publication. 99 planches en couleur, lithographiées par Daya fils, lithographe de la Reine.

630. Essai historique sur la peinture sur verre, et sur les vitraux les plus remarquables, par Langlois. *Rouen*, 1832 ; in-8, fig., br.

631. Considérations historiques sur les vitraux anciens et modernes et sur la peinture sur verre, par Em. Thibaud. *Paris*, 1842, in-8, fig. d.-rel.

632. Quelques mots sur la théorie de la peinture sur verre, par F. de Lasteyrie. *Paris*, 1852 ; in-12, br.

633. Notice des émaux exposés dans les galeries du musée du Louvre, par M. de Laborde : 1re partie. Histoire et description, 1852 ; in-8 ; fig., gr. pap. de Holl. n. rog., avec envoi de l'auteur à M. Arm. Berlin ; 2e partie. Documents et Glossaire, 1853 ; in-8, pap. vél. azuré. Ens. 2 vol., dos et coins de mar. bl.

634. L'Émail des peintres, par Cl. Popelin. *Paris, Levy*, 1856 ; in-8, fig. sur bois, pap. verg., cart., n. rog.

635. Les Terres émaillées de Bernard Palissy et de ses continuateurs, étude suiv. du catalogue de leur œuvre, par Tainturier. *Paris, Levy*, 1863 ; in-8, br. *Portr. et planches sur Chine.*

Tiré à petit nombre.

636. Les Faïences anciennes et modernes, leurs marques et décors, par Mareschal. *Beauvais, V. Pineau*, 1858 ; pet. in-4, 101 pl. en coul., cart., n. rog.

637. Histoire des pôteries, faïences et porcelaines, par Maryat, trad. par MM. d'Armaillé et Salvetat avec une préface de Riocreux. *Paris, Renouard*, 1866 ; 2 vol. gr. in-8, fig., br.

638. Imagerie de la faïence, assiettes à emblêmes patriotiques, de 1789 à 95. *Beauvais*. 1865; atl. in-f. de 118 planches lithogr. col.

639. Histoire des faïences patriotiques sous la révolution,
par Champfleury. *Paris*, 1867; in-8, pap. vél., nomb.
fig. en bois, br.

640. Chef-d'œuvre des arts industriels, par Ph. Burty;
céramique, vitraux, émaux, orfévrerie, tapisserie, etc.,
illust. de 200 grav. sur bois. *Paris, Ducrocq, s. d.*, gr.
in-8, pap. vél., br.

641. Le livre de Cuisine, par Jules Gouffé, comprenant la
cuisine de ménage et la grande cuisine, avec 25 pl. en
chromo-lithog. et 161 vig. sur bois. *Paris, Hachette,* 1867;
gr. in-8, br.

642. Dictionnaire des aliments, par Aulagnier. *Paris*,
1844; in-8, v. fauv., dent. int., tr. m. *Portr.*

643. Les Classiques de la table. *Paris*, 1844; in-8, br.

> Exemplaire de second tirage augmenté, avec les portraits ajoutés
> du premier tirage.

644. Physiologie du goût, par Brillat Savarin, illust. par
Bertall, avec une notice par Alp. Karr. *Paris*, gr.
in-8, br.

645. Cours gastronomique, ou les Dîners de Manant-Ville,
ouvrage anecdotique, par Cadet Gassicourt. *Paris*, 1809;
in-8, fig., cart. n. rog.

646. Manuel des Amphitryons; contenant la dissection
des viandes, les menus pour chaque saison, et la poli-
tesse gourmande (par Grimod de la Raynière). *Paris*,
1808; in-8, fig. br. (*rare*).

647. Le Maître d'Hôtel français; œuvre contenant un
Traité des menus à servir à Paris, à Saint-Pétersbourg,
à Londres et à Vienne, par A. Carême. *Paris*, 1822;
2 vol. in-8, br.

> Planches.

648 Le Gastronome français ou l'art de bien vivre, par les anciens auteurs du *Journal des Gourmands. Paris*, 1828 ; in-8, br. fig.

649. L'art de faire le vin, par le comte Chaptal. *Paris*, 1819 ; in-8, br.

650. Topographie de tous les vignobles connus, avec une notice sur les vins des anciens, par Jullien. *Paris*, 1822 ; in-8, br.

651. OEuvres complètes de Baucher, Méthode d'équitation, suivie des Passe-temps équestres, Dialogues sur l'équitation, etc. *Paris*, 1867 ; gr. in-8, fig., br.

652. La Connaissance générale du cheval, avec un Atlas de 68 pl. et 103 fig., par MM. Moll et Gayot. *Paris*, 1861 ; gr. in-8 et atlas, br.

653. Mémoires ou Essais sur la musique, par Grétry. *Paris*, an V ; 3 vol. in-8, br. *Portr.*

654. Chapelle, Musique des rois de France. — La Danse et les Ballets, par Castil Blaze. *Paris*, 1832 ; 2 vol. in-12, br.

655. La Danse et les Ballets, depuis Bacchus jusqu'à Mlle Taglioni, par Blaze. *Paris, Paulin*; in-12, br.

656. Le livre du Roy Modus et de la Reyne Racio. Nouv. édit. goth., avec une préface, par Elzéar Blaze. *Paris*, 1839 ; gr. in-8, pap. de Holl., nomb. fig. en bois, br.

657. La Chasse royale comp. par le roy Charles IX, nouv. éd. publ. par H. Chevreul. *Paris, Aubry*, 1858 ; in-8, port. et pl., pap. chamois, br.

     Tiré à 250 exemplaires.

658. La Vénerie de Jacques du Fouilloux. *Angers*, 1844 ; gr. in-8, fig. sur bois, dos et coins mar. rouge, fil., dor. en tête.

659. Le Livre de la chasse du grand sénéchal de Normandye, et les ditz du bon chien Souillard, publ. par le B. J. Pichon. *Paris, Aubry*; pet. in-8, pap. vergé, cart., n. rog.

660. Discours de l'antagonie du chien et du lièvre, ruses
et proprietez d'iceux, l'un à bien assaillir, l'autre à bien
se défendre, par Jean du Bec. *Paris, Crapelet,* 1850;
pet. in-8, br.
> Tiré à 62 exemplaires.

661. Traité de la chasse des principaux animaux, par
Buc'hoz. *Paris* (env. 1780), pet. in-8, fil., cart.

662. Souvenirs de l'ancienne cour; les chasses de Charles X, par Eugène Chapus. *Paris,* 1838; in-8, br.

663. La chasse à courre en France, par Joseph la Vallée,
ill. de 40 vig. dess. par Grenier. *Paris, Hachette,* 1856;
in-12, rel. en vél.
> Avec peinture sur les plats et sur le dos, tr. v. semée de feuilles
> de vigne dor.

664. Le chasseur rustique, par Adol. D'Houdetot. *Paris,*
1847 ; in-8, pap. vél., fig., mar. r., encad., fil., tr. dor.

665. Adolphe d'Houdetot. La petite Vénerie ou la chasse
au chien courant, avec un dess. d'Horace Vernet. 1855,
in-8. — La Galerie des chasseurs illustres, avec 5 portr.
et 3 esquisses, 1855. — Chasses et pêches anglaises ; variétés de pêches et de chasses, avec vign. sur chine, ensemble, 3 vol. in-8, br.

666. La Saint-Hubert ou quinze jours d'automne dans un
vieux chateau de Bourgogne, poëme en trois chants,
illust. de fig. dess. par Mouilleron, etc. *Paris,* 1842 ; gr.
in-8, pap. vél., dos de v. bl.
> Quelques taches.

667. La Chasse au lion et les autres chasses de l'Algérie,
par Jules Gérard. *Paris,* 1854 ; in-8, br.
> Envoi autographe; figures hors texte d'une autre édition.

667 *bis.* La Chasse, poëme, par Ch. Perrault, de l'Ac. fr.
Paris, 1862 ; in-8, pap. vergé, br.
> Tiré à petit nombre.

668. Le Chien courant, poëme de Jean Passerat, publ. par
H. Chevreul. *Paris, Aubry,* 1864 ; in-8, pap. verg., br.
> Tiré à 230 exemplaires.

669. Traité de la pêche ou l'art de soumettre les poissons à l'empire de l'homme, par Buchoz. *Paris*, 1786 ; in-12, dos de mar. bl., n. rog.

670. La Vie à la campagne, chasse et pêche, courses, haras, pisciculture, etc. *Paris*, *Furne*, s. d., 5 vol. gr. in-8, illust. d'un grand nomb. de fig., noires et col., pap. vél., br.

BELLES LETTRES

Linguistique. — Orateurs.

671. Histoire de la formation de la langue française, par Ampère. *Paris*, 1841 ; in-8, br.

672. Traité de la conformité du langage françois avec le grec, par Henri Estienne. *Paris*, *Rob. Estienne*, 1569 ; pet. in-8, vél.

673. La Precellance du langage françois.— Conformité du langage françois avec le grec, par Henri Estienne, nouvelle édit., publ. par Léon Faugère. *Paris*, *Delalain*, 1850-53 ; ensemble 2 vol. in-12, br.

674. Celt'-Hellenisme, étymologie des mots françois, tirez du græc ; plus, preuves en général de la descente de nostre langue, par Léon Trippault s. de Bardis. *Orléans*, *par Éloy Gibier*, architypographe, 1587 ; pet. in-8, dos de v.

675. Des variations du langage français depuis le xiie siècle, par F. Génin. *Paris*, 1845 ; in-8, br.

676. Recherches sur les formes grammaticales de la langue française et de ses dialectes au xiiie siècle, par Gust. Fallot, publ. par P. Ackermann et Guérard. *Paris*, 1839 ; gr. in-8, pap. verg., dos de v. (*Capé*).

677. Observations de M. Ménage sur la langue françoise.
Paris, Cl. Barbin, 1672. — Doutes sur la langue françoise, proposez à Messieurs de l'Académie françoise, par
un gentilhomme de province. *Paris, Cramoisy*, 1674 ;
ensemble, 2 vol. in-12, v. br.

678. Tachygraphie fondée sur les principes du langage,
de la grammaire et de la géométrie, par J. Coulon Thé-
venot, 20e éd. *Paris*, 1847 ; in-4, br.

679. Remarques sur la langue française au xixe siècle, sur
le style et la composition littéraire, par Fr. Wey. *Paris*,
1845 ; 2 vol. in-8, dos toile, cart.

680. Récréation philologique ou recueil de notes, pour
servir à l'histoire de la langue française, par Génin.
Paris, 1858 ; 2 vol. in-12, pap. vél., br.

681. Les Excentricités du langage français, par Loredan
Larchey. *Paris*, 1861 ; in-12, front. gr., br.
>   Avec envoi aut. sig. de l'auteur.

682. Petit vocabulaire latin-français du xiiie siècle, publ.
par Chassant. *Paris, Aubry*, 1857 ; pet. in-8, pap. verg.,
broch.

683. Les joyeuses recherches de la langue Tolosaine, par
Cl. Odde de Triors. *Paris, Jeannet*, 1847 ; in-8, pap. v.,
dos de mar. v., n. rog.

684. Glossaire de la langue romane, cont. l'étymologie des
mots usités du xie au xvie siècle, par J.-B. Roquefort.
Paris, 1808-20 ; 2 vol., dem.-rel., ch. rou. et supplément,
br. ens., 3 vol. in-8.

685. Lexique roman ou Dictionnaire de la langue des
Troubadours, par Raynouard. *Paris, Sylvestre*, 1838-44 ;
6 vol. gr. in-8, pap. vél., br.
>   Quelques taches.

686. Lexique comparé de la langue de Molière et des écrivains du xviie siècle, par F. Genin. *Paris*, 1846 ; in-8, br.

687. Dictionnaire étymologique de la langue française, par B. de Roquefort, avec une dissertation sur l'étymologie, par Champollion-Figeac. *Paris*, 1829 ; 2 vol. in-8, pap. verg., cart., n. rog.

688. Dictionnaire de la langue française, par Littré. *Paris*, 1863-67, fascicules 1 à 14, in-4, br., *A-ING*.

689. Dictionnaire hist. de la langue française, publ. par l'Académie française. *Paris*, 1865 ; in-4, br. Tome Ier.

690. L'Enterrement du Dictionnaire de l'Académie, contenant la réfutation de la réponse de M. de Mallement de Messanges, par Ant. Furetière. *S. l.* 1697 ; in-12, front. gr., v. br. — L'Apothéose du D^r de l'Académie et son expulsion de la région céleste. *Lahaye*, 1696 ; in-12, front. gr., v. br. — Plan et dessin du poëme intitulé les couches de l'Académie, par Ant. Furetière. *Amst.*, 1687 ; in-12, br.

691. Remarques morales, philosophiques et grammaticales, sur le dictionnaire de l'Académie française (par Faydel). *Paris, Renouard*, 1807 ; in-8, dem.-rel., n. rog.

Cachet sur le titre.

692. Dictionnaire comique, satirique, critique et burlesque, libre et proverbial, par Leroux. *Pampelune*, 1786 ; 2 vol. in-8, pap. de Holl., dos de v., n. rog.

693. Dictionnaire du bas langage ou des manières de parler usitées parmi le peuple. *Paris, de l'impr. de Haussmann*, 1808 ; 2 vol. in-8, cart., n. rog.

694. Diction. du mauvais langage, expressions basses et vicieuses, avec leur correction. *Lyon*, 1813 ; in-8, cart. d'amateur.

695. Dictionnaire d'argot, ou études de philologie comparée sur l'argot, par Fr. Michel. *Paris*, 1856 ; gr. in-8, broch.

696. Dictionnaire de la langue verte, argots parisiens comparés, par Delvau. *Paris, Dentu*, 1866 ; in-12, pap. de Holl., br. en vél.

Première édit. tirée à 100 exempl. sur ce papier.

696 *bis.* — Le même ouvrage. *Paris, Dentu*, 1867 ; 2ᵉ édition, in-12, pap. vél. br.

697. Le second Enfer d'Estienne Dolet. *Lyon*, 1544. — La manière de bien trad. d'une langue en autre, autheur Estienne Dolet. *Lyon*, 1540 ; *réimpr. de Techener. Paris*, 2 vol., pet. in-8, pap. verg., cart., n. rog.

Tiré à 120 exemp.

698. Grammaire turque, avec un vocabulaire, des dialogues et un recueil d'extraits, en prose et en vers, par Arthur Lumley Davids. *Londres*, 1836 ; in-4, pap. vél., cart.

699. Album manuscrit en langue arabe, turque, persane, hindoustani, en caractère arabe et yanagari, sanscrit de Vanagari et Bengali ; avec traduction française en regard, écrit en gothique ; le manuscrit commence par la Convention entre le maréchal Bourmont et le dey d'Alger ; la Jalousie de Sélim ; fragment de la préface des Aventures des 4 derviches ; premier slokas du Maillet de la Folie ; la fin du Maillet de la Folie, ensemble 10 feuillets formant 20 pages, recto et verso, écrit par Oppetit, *avec différents encadrements en or et couleurs remplis de petits sujets, de fleurs, d'animaux, de blasons et lettres peintes d'un admirable travail.* In-folio, dos de mar. br.

700. Manuscrit pictographique américain, avec une notice sur l'idéographie des peaux-rouges, par l'abbé Domenech. *Paris*, 1860 ; gr. in-8, pap. vél., dos de mar. rou., n. rog.

701. Pline le jeune et Quintilien, ou l'éloquence sous les empereurs, par Jules Janin. *Paris*, 1846 ; in-8, br.

tiré à 100 exemp.

702. La Poésie et l'Éloquence à Rome, au temps des Césars, par J. Janin. *Paris, Didier*, 1864; in-8, pap. vél.,
broch.

703. M. T. Ciceronis opera omnia cum Gruteri notis, acc.
C. Schrevelio. *Amstelodami, apud L. et D. Elzevirios*,
1661 ; 4 tom. en 1 vol. in-4, v. br.
Pagination suivie. Légères mouillures.

704. Latini sermonis vetustioris Reliquæ selectæ, recueil
publ. par Egger. *Paris*, 1843 ; in-8, br.

705. Le Livre des Orateurs, par Timon. *Paris, Pagnerre*,
1842 ; gr. in-8. avec 27 port. grav., cart., n. rog.

706. Discours choisis parmi ceux prononcés à la chambre
des Pairs, par le marquis de Lally-Tolendal. *Paris, Didot*, 1819 ; in-8, m. vert. gauf. *Aux armes d'Angleterre.*

POÉSIE

**Poëtes grecs et latins. — Poésies françaises. — Troubadours. — Trouvères. — Anciens poëtes français jusqu'à
la fin du XVIIIᵉ siècle.**

707. Choix de Poésies trad. du grec, du latin, et de
l'italien. *Londres*, 1786; 2 vol. in-32, fig., pap. de Holl.
mar. citron.

708. Homère, trad. de Bareste; illustration de Devilly et
de Lemud. *Paris*, 1842; 2 vol. in-8, br.

709. L'iliade et l'Odyssée d'Homère, trad. nouv. par Lecomte, de l'Isle. *Paris, Lemerre*, 1868; 2 vol. in-8, pap.
de Holl., br.
Tiré à 100 exemp. sur ce papier.

710. Téocriti, Bionis et Moschi carmina bucolica, greci et latine, cur. Valckenaer. *Lugd. Batav*, 1779; in-8, v. rac. fil.

711. Anacréon, Sapho, Bion et Moschus, avec la veillée des fêtes de Vénus, suivis de Héro et Léandre, trad. en prose par M*** C*** à *Paphos*. *Paris, Le Boucher*, 1773-74; 2 part. en un vol. in-4, pap. de Holl., dess. d'Eisen grav. par Massard et Duflos, veau marb., tr. dor.

712. Les Chants de Tyrtée et de Callinus, traduits en vers français avec le texte en regard, par Firmin Didot. *Paris, F.-D.*, 1827; gr. in-fol. max., pap. vél., cart.
   Avec un envoi aut. sig. de Amb.-Firm. Didot.

713. Les Messéniques, chants militaires de Tyrtée, trad. en vers français, par F. Didot. *Paris*, 1831; br. gr. in-8, pap. vél., mar. vert dent., tr. dor.
   Tiré à 100 exemp. Non mis dans le commerce.

714. L'Enlèvement d'Hélène, poème de Coluthus, trad. par Stanislas Julien, suivi de quatre versions en italien, espagnol, anglais et allemand. *Paris*, 1823; in-8, br.

715. Les Grâces, quatorzième olympique de Pindare, trad. par l'abbé Massieu. *Paris*, 1769; gr. in-8, vél. vert, gr. fil. tr. dor. *Fig. de Boucher et Moreau.*

716. Horace, trad. en vers, par M. Goupy, avec le texte en regard, édit. illust. de fig. sur bois. *Paris, Lavigne*, 1841; 2 vol. gr. in-8, imp. sur papier de chine, mar. vert, avec encad. et fil. au milieu du plat. On lit : *nil admirari;* les gardes en moire sont encad. de dent., tr. dor.

717. Odes, épodes et poèmes séculaires d'Horace, trad. par Goupy. *Paris, Fournier*, 1834; in-32, mar. viol. fil., tr. dor.

718. Les OEuvres d'Horace, poète latin du siècle d'Auguste, trad. de M. J.-Jannin. *Paris, Hachette*, 1860; pet. in-12, pap. fin, br.

719. Horace éclairci par la ponctuation, par le chev.; Croft. *Paris*, 1810; in-8, pap. verg., br.

720. Les Métamorphoses d'Ovide, trad. nouv. avec le texte latin, suivi de notes par M. de Villenave, ornée de grav. av. la lettre, d'après les dessins de Lebarbier. Monsieau et Moreau. *Paris*, 1806; 4 vol. in-4, gr. pap. vél. fort, dos de mar. rouge, n. rog.

721. La Vieille ou les Dernières amours d'Ovide, trad. de Rich. de Fournival, par J. Lefèvre. *Paris, Aubry*, 1861; pet. in-8, pap. verg., br.

Tiré à 330 exemplaires.

722. Catullus, Tibullus et Propertius, et in eum commentarius. M. Ant. Mureti. *Venetiis apud Aldum,* 1562; petit in-8, rel. en vél.

723. Poésies de Catulle, trad. nouvelle, par Victor Develay. *Paris*, 1867; in-18, pap. vél., br. en vél.

724. Erotopægnion, sive priapeia veterum et recentiorum. (edenté Fr. Noël). *Lutetiæ Parisiorum*, 1798; pet. in-8, 2 fig. grav., pap. de Holl., v. fau., fil.

Bel exemplaire.

725. J. Meursii elegantiæ latini sermonis, seu Aloïsia sigæa toletana, de arcanis amoris et veneris. *Lugd. Batav., ex typis Elzev.*, 1757; in-12, front grav., v. marb. fil., tr. dor.

726. Aloysia Sygea, et Nicolas Chorier, par M. Allut. *Lyon, Scheuring*, 1862; pet. in-8, pap. verg. teinté, br.

Tiré à 112 exemplaires.

727. Des Troubadours et des Cours d'amour, par Reynouard. *Paris*, 1817; in-8, pap. fil., br.

728. Le Romancero françois, hist. de quelques anc. trouvères, par Paulin-Paris. *Paris, Techener*, 1833; pet. in-8, pap. ver., dem.-rel. v. bl.

729. Essais historiques sur les Bardes, les Jongleurs et les Trouvères normands et anglo-normands, par l'abbé de la Rue. *Caen*, 1834; 3 vol. in-8, dem.-rel., v. fau.

730. Histoire de la Poésie provençale, par Fauriel. *Paris*, 1847; 3 vol. in-8, br.

731. Observations sur les Troubadours, par l'éditeur des Fabliaux. *Paris,* 1781 ; in-8, br. — Recherches sur les ouvrages des Bardes de la Bretagne armoricaine dans le moyen âge, par de la Rue. *Caen,* 1815 ; in-8, br.

732. Essais historiques sur les Bardes, les Jongleurs et les Trouvères normands et anglo-normands, par l'abbé de la Rue. *Caen,* 1834 ; 3 vol. gr. in-8, pap. verg., br.

733. Les Trouvères Brabançons, Hainuyers, Liégeois et Namurois. *Bruxelles,* 1863 ; in-8, br.

734. Collection de Romans de chevalerie, Mystères, Miracles, Moralités, facéties en vers des xii⁰ et xiii⁰ siècles. Imp. par *Crapelet* et *Lahure, pour Silvestre,* 1838 à 1842 ; 24 vol. pet. in-8, pap. de Holl.; fig. sur bois, dos et coins vél. fauve, dor. en tête.

> Le Chevalier délibéré. — Syperis de Vinevaulx. — Roman de Richard. — Pierre de Prouvence. — Le Temple d'honneur. — La grant Danse macabre. —'Madamoyselle du Palais. — Le Testament de Lucifer. — Maistre Aliborum. — M. Hembrelin. — Desbat entre la langue, etc. — Songe de la Thoison d'or. — Miracle de la marquise de la Gaudine. — Mirouer des Femmes vertueuses. — Bigorne. Nativité de Jésus-Christ. — Les Prouverbes communs. — Assumstion Nostre-Dame. — Les VII Marchans de Naples. — Roman de Œdipus. — Chronique de Gargantua. — XLI Chansons. — Mystère de saint Martin. — Miracle de Berthe.

735. Guillaume d'Orange, chansons de geste des xi⁰ et xii⁰ siècles, publ. par Jonckbloet. *La Haye,* 1854 ; 2 vol. in-8, pap. vél., br.

736. Recueil de Chants historiques français, du xii⁰ au xviii⁰ siècle, avec des notices, par Leroux de Lincy. *Paris,* 1847 ; 2 vol. — Le livre des Proverbes français, par L. de L., 1842 ; 2 vol. — Les Cent Nouvelles nouvelles, publ. par L. de L., 1841 ; 2 vol. Ens., 6 vol. in-12, br.

737. Fabliaux ou Contes des xii⁰ et xiii⁰ siècles, trad. ou extr. par Legrand d'Aussy, 3⁰ édit. *Paris, Renouard,* 1829 ; 5 vol. in-8, pap. vél. fort, dem.-rel., dos et c. m. r. du levant, tête dor., n. rog.

> Bel exemplaire.

738. Nouveau Recueil de Fabliaux et Contes inédits des poëtes français, des xiie au xve siècles, publ. par Méon. *Paris*, 1823; 2 vol. in-8, dem.-rel. ch. vert, fig.

739. Les Poëtes français, depuis le xiie siècle jusqu'à Malherbe (publ. par Auguis). *Paris, Crapelet*, 1824; 6 vol. gr. in-8, pap. fil. dem.-rel., dos et c. veau vert.

740. Les Anciens Poëtes de la France, publ. sous la direction de Guessard. *Paris, Franck*, 1859-64; 9 vol. pet. in-8, pap. verg. cart., n. rog.

741. Le Livre Mignard ou la Fleur des Fabliaux, publ. par Janet. *Paris, imp. de F.-Didot*; in-18, pap. vél., fig. col. v. ant., fil.. fers à fr., tr.-dor.

742. Nouveau Recueil de Contes, dits Fabliaux et autres pièces inédites des xiiie, xive et xve siècles, pour faire suite aux collections Legrand d'Aussy, Barbazan et Méon, publ. par Ach. Jubinal. *Paris*, 1839; 2 vol. gr. in-8, pap. de Holl., tiré à 20 exempl., dos et coins mar. bl., dor. en tête. *Niédrée.*

743. Fragments d'Épopées romanes du xiie siècle, trad. et ann. par Ed. Le Glay. *Paris*, 1838; in-8, pap. verg., br. Envoi d'auteur.

744. Fabliaux ou Contes des xiie et xiiie siècles (publ. par Legrand d'Aussy). *Paris, Onfroy*, 1779; 3 vol. in-8, fig. v., gr.

745. Lais inédits des xiie et xiiie siècles, publ. par Fr. Michel. *Paris, Techener*, 1836; in-8, pap. de Holl., br.

746. Lai d'Ignaurès en vers du xiie siècle, par Renaut, suivi des lais de Mélion et du Trot, en vers du xiiie siècle, publ. par M. de Monmerqué et Fr. Michel, avec deux fac-simile en coul. *Paris, Silvestre*, 1832; in-8, pap. vél., tiré à 150 exempl.; dos et coins cuir de Russie, dor. en tête.

747. La Chanson de Roland ou de Roncevaux, du xiie siècle, publ. par Fr. Michel. *Paris, Silvestre*, 1837; gr. in-8,
tiré à 200 exempl.; dos et coins mar. rouge, dor. en tête.
Capé.

748. La Chanson de Roland, trad. nouvelle, par Ad.
d'Avril. *Paris*, 1865; in-8, br.

764. La Chanson de Roland, poème de Théroulde, texte
critique avec une trad. et des notes, par Génin. *Paris,
imp. nat.*, gr. in-8, pap. verg.; fac-simile, br.

    Avec envoi aut. sig. de l'auteur.

750. La Vie de saint Thomas le martyr, archevêque de
Canterbury, par Garnier de Pont Sainte-Maxence, poëte
du xiie siècle, publ. par Hippeau. *Paris*, 1859; in-8, pap.
vél. br.

751. Chants historiques et populaires du temps de
Charles VII et de Louis XI, publ. par Leroux de Lincy.
Paris, Aubry, 1857; pet. in-8, pap. verg. cart., n. rog.

752. Las Inédits des xiie et xiiie siècles, publ. pour la
première fois par Fr. Michel. *Paris, Techener*, 1836; in-8,
pap. verg., dem.-rel. mar. rou., tête dor.

753. Chansons du châtelain de Coucy, revues sur tous les
manusc., par Fr. Michel, suiv. de l'anc. musique mise
en notation mod. avec accompagnement de piano, par
Perne. *Paris, Crapelet*, 1830; gr. in-8, pap. vél., cart.

754. OEuvres complètes de Rutebœuf, trouvère du xiiie siècle, publ. pour la prem. fois par A. Jubinal. *Paris*, 1839;
2 vol. in-8, pap. Holl. dem.-rel., n. rog.

    Tiré à 20 exemp. sur ce papier.

755. La Fleur des chansons, les grandes chansons nouvelles
qui sont au nombre de cent et dix, ou est comprinse la
chanson du Roy, la ch. de Pavie, la ch. que le Roy fist
en Espaigne, etc. etc. *Réimp. S. L. N. D.*, en goth.,
tirée à pet. nomb. sur pap. verg., pet. in-8, fig., dos de
mar. v.

756. Chansons et Saluts d'amour de Guil. de Ferrière, dit
le vidame de Chartres, publ. par L. Lacour. *Paris, Aubry,*
1856; pet. in-8, pap. verg., br.

    Tiré à 225 exemplaires.

757. Anthologie françoise ou Chansons choisies depuis le
xiiie siècle jusqu'à présent. *S. l.,* 1765; 3 vol. pet. in-8,
fig. de Gravelot, grav. par Lemire, musique des ch.,
pap. de Holl., v. m.

758. Fleurs des vieux poëtes liégeois, 1550-1650, avec une
intr. par Peetermans, publ. par Helbig. *Liége,* 1859;
pet. in-8, pap. verg., br.

759. Maistre Wace's, s. Saint-Nicholas, ein altfranzosisches
gedicht des Zwolften, Jahrhunderts ans oxforden hand-
schriften herausgegeben von Dr. Nic. Deluis. *Bonn,*
1850; in-8, br., texte en anc. français, préface et glossaire
en allemand.

760. Les Contes du gay sçavoir, Ballades, Fabliaux et traditions du moyen âge, publ. par Ferd. Langlé, ornés de
vignettes et fleurons en couleurs, imités des manusc.,
par Bonington et H. Monnier, *imp. par F.-Didot. Paris,*
s. d.; in-8, pap. vél., mar. goth., plaques fil., dent.,
tr.-dor. *Thouvenin.*

761. Trouvères, Jongleurs et Ménestrel, du nord de la
France et du midi, de la Belgique, par Art. Dinaux. —
Trouvères cambresiens, de la Flandre et du Tournaisis,
Artésiens. *Paris, Techener,* 1837-43; 3 vol. gr. in-8, pap.
vél., dos de veau fau. *Trautz Bauzonnet.*

762. Poésies de Marie de France, poëte anglo-normand du
xiiie siècle, publ. par Roquefort. *Paris,* 1819; 2 vol. in-8,
fig. br.

763. Partenopeus de Blois, publ. d'après le manuscrit de
la bibl. de l'Arsenal avec trois fac-simile, par G. Crapelet. *Paris,* 1834; 2 vol. gr. in-8, pap. vél., cart.

764. Le roman de Brut, publ. avec un commentaire et des notes, par Leroux de Lincy. *Rouen*, 1836; 2 vol. in-8, br.

765. Analyse critique et littéraire du roman de Brut, de Wace, par Leroux de Lincy. *Rouen*, 1838; in-8, br.

766. Le Roman du Renart, publ. d'après les manusc. de la bibliothèque du roi, des xiiie, xive et xve siècles, par Méon. *Paris*, 1826; 4 vol. — Le Roman du Renart, supp. variantes et corrections, publ. par Chabaille. *Paris, Silvestre*, 1835; 1 vol. Ens. 5 vol., in-8, gr. pap. vél., port. br. — Les Romans du Renard, examinés et comparés, par Rothe. *Paris, Techener*, 1845; in-8, br.

767. Les Romans du Renard, trad. d'après un texte flamand du xiie siècle, par Oct. Delapierre. *Paris*, 1837; in-8, br.

768. Etude sur le Roman du Renart, par W. Jonckbloet. *Groningue*, 1863; in-8, br.

769. Li Romans de Berte, aus grans piés, précédé d'une dissertation sur les Romans des Douze Pairs, par Paulin-Paris. *Paris, Techener*, 1832; pet. in-8, pap. de Holl., fig. cart., n. rog.

770. Histoire du châtelain de Coucy et de la dame de *[...]* publiée et mise en français, par Crapelet. *Paris*, *[...]* 2 vol. gr. in-8, pap. de Holl., cart. *Fig. n. et col.*

771. Le Roman de la Rose, par Guill. de Loris, et Jehan de Meun, di Clopinel, avec des notes et un glossaire. *Paris*, 1735; 3 vol. — Supplément au glossaire du Roman de la Rose, par le P. de Bouhier de Savigny. *Dijon*, 1737; in-12, v. gr., fil. *La rel. du supp. n'est pas uniforme.*

772. Le Roman de la Rose, par Guill. de Lorris et Jehan de Meung, nouv. édit., revue sur les plus anciens manusc., par Méon. *Paris, Didot l'aîné*, 1814; 4 vol. in-8, pap. vél., port. et fig., mar. rouge du lev. encad., large dent., fil. tran. dor., riche rel.

773. Roman de Mahomet en vers du xiiie siècle, par Al. du Pont, et le Livre de la loi au sarrazin, en prose du xive siècle, par Reymond Lulle, publ. par Reinaud et Fr. Michel. *Paris*, 1831 ; in-8, gr. pap. vél., br.

774. Vie de Monseigneur Saint-Martin de Tours, par Pean Gatineau poète, du xiiie siècle, publ. par l'abbé Bourassé. *Tours*, 1860 ; gr. in-8, gr. pap. de Holl. teinté, br.

775. Discipline de Clergie et le Chastoiement d'un père à son fils, trad. de l'ouvrage de Pierre Alphonse, publ. par la Société des bibliophiles français. *Paris*, 1824 ; 2 vol. pet. in-8, mar. rou., gauff., fleuron, fil., tr. dor., doubl. de tab.

776. Le Castoiement, ouvrage en vers comp. dans le xiiie siècle, suivi de plusieurs pièces hist. et morales ; le tout précédé d'une dissertation sur la langue des Celtes, et term. par un glossaire, publ. par Barbazan, revu par Méon. *Paris*, 1808 ; in-8, cart., n. rog.

777. L'ordène de Chevalerie, par Hue de Tabarie, avec une dissertation sur l'origine de la langue française ; quelques Contes anciens et un glossaire, par Barbazan. *Paris*, 1759 ; in-12, v. marb.

778. Li Fablel dou Dieu d'Amours, publ. pour la première fois par A. Jubinal. *Paris, Techener*, 1834 ; in-8, br. — La bataille et le mariage des vii arts, pièces de poètes du xiiie siècle en langue romane, publ. par A. Jubinal. *Paris*, 1838 ; in-8, br.

779. Des 23 manières de Vilains, pièce du xiiie siècle, accomp. d'une traduction en regard, par A. Jubinal, 1834. — De l'Oustillement au villain. *Silvestre*, 1833. — La Riotte du monde, le roi d'Angleterre et le jongleur d'Ely. *Silvestre*, 1834. Ens., 3 pièces in-8, br.

 Tiré à petit nombre.

780. Le Roman en vers, de Girart de Rossillon, jadis duc de Bourgogne, suivi de l'Histoire des premiers temps féodaux, par Mignard, illust. de neuf dessins sur chine

dont six chromo-lithog. *Paris, Techener*, 1858; in-8,
gr. pap. de Holl., br.

781. Messire Gauvain ou la Vengeance de Raguidel, poème
de la Table ronde, par le Trouvère Raoul, publ. par
Hippeau. *Paris*, 1862; in-8, pap. vél., br.

782. Le Bel inconnu, ou Giglain, fils de Mess. Cauvin et de
la Fée aux blanches mains, poème par Renauld de Beau-
jeu, poëte du xiii° siècle, publ. par Hippeau. *Paris*,
1860; in-8, pap. verg. azuré, br.

783. Lai d'Havelok le Danois. *Paris, Silvestre*, 1833; in-8,
br., pap. de mise en train, verg.
   Tiré à 100 exemplaires, papier vélin.

784. Le Dit de la gageure, Fabliau. *Paris*, 1835; br. in-8.
   Réimprimé à 50 exemplaires.

785. Gautier d'Aupais, le Chevalier à la corbeille. Fabliaux du xiii° siècle, publiés pour la première fois par
Fr. Michel. *Paris, Silvestre*, 1835; br. gr., in-8, pap. vél.,
br.
   Tiré à 100 exemplaires.

786. Le Roman de Robert-le-Diable, en vers du xiii° siècle,
publ. pour la première fois par Trébutien. *Paris, Silvestre*, 1837; in-4, pap. verg., br. *Texte goth.*
   Tiré à 130 exemplaires.

787. Le Dit de droit, pièce en vers du xiii° siècle, publ.
pour la prem. fois d'ap. un manusc. de la bibl. de
Chartres, 1834; in-8, pap. Holl., br.
   Tiré à 48 exemplaires dont 8 sur ce papier.

788. Jongleurs et Trouvères, ou choix de Saluts Epîtres,
rêveries et autres pièces des xiii° et xiv° siècles, publ.
pour la première fois par Jubinal. *Paris*, 1835; in-8,
pap. de Holl., cart.
   Tiré à 20 exemplaires sur ce papier.

789. Le Bestiaire d'Amour, par Richard de Fournival,
suivi de la Réponse de la dame, avec 48 dessins grav.
sur bois, publ. par Hippeau. *Paris*, 1860; in-8, pap. vél.,
br.

790. Le Dit des trois pommes, légende en vers du xiv⁰ siècle, publ. par Trébutien. *Paris, Silvestre,* 1837 ; br. in-8,
pap. vél.

791. La Clef d'amour, poëme du xiv⁰ siècle, publ. par
Michelant. *Lyon, Perrin,* 1866 ; pet. in-8, pap. verg.,
fac-simile, br.

792. Blancandin et l'Orgueilleuse d'amour, roman d'a-
ventures en vers, publ. par Michelant. *Paris,* 1867 ; pet.
in-8, pap. verg., br.

793. Extraits de plusieurs petits poëmes, écrits à la fin du
xiv⁰ siècle, par un prieur du Mont-Saint-Michel. *Caen,*
1837 ; gr. in-8, pap. de Holl. cart., n. rog.

Tiré à 150 exemplaires.

794. Jean Joret, poëte normand du xv⁰ siècle ; publication
faite par J.-G. Luthereau. *Paris,* 1841 ; in-8, br. *Le texte
des poésies est en gothique.*

Publication précédée de considérations historiques sur les origines,
le développement et les progrès de la langue et de la poésie française,
suivies de tablettes historiques et bibliographiques sur les historiens
et les poëtes de la Normandie.

795. Monumens de la littérature romane, depuis le xvi⁰
siècle, publ. par Gatien-Arnoult ; les Fleurs du gai savoir, autrement dites, Lois d'amour et les Joies du gai
savoir. *Toulouse,* 1824 ; 4 vol., gr. in-8, pap. vél., dos de
mar. vert, dor. en tête.

796. La Coplaite de Denise, br. in-12. *Paris, Techener.*

Réimpression tirée à 130 exemplaires. Texte gothique.

797. La Légende latine de S. Brandaines, publ. par Ach.
Jubinal. *Paris, Techener,* 1836 ; in-8, dos et c. ch. rouge,
tête dor., n. rog.

Exemplaire sur papier de Chine.

798. Vers sur la mort, par Thibaud de Marly, publ. par
Crapelet. *Paris,* 1835, gr. in-8, pap. vél. br.

799. L'Hôtel de Cluny au moyen âge, par Mme de Saint-
Surin, suivi des contenances de table et autres poésies
inédites des xve et xvie siècles. *Paris, Techener*, 1835 ;
in-12, gr. pap. verg., dos et c. vél. bl., n. rog.

800. Recueil factice, contenant : le Combat des trente,
poème du xive siècle, publ. par de Freminville. *Brest.*
1819. — La Complainte d'outre-mer, et celle de Constantinople, par Rutebeuf ; publ. par Ac. Jubinal. — Li
Fablel dou Dieu d'Amours, publ. par Jubinal, 1834. —
Fabliaux inédits, publ. par Robert. *Paris*, 1831. — Zwei
Fabliaux, publ. par Keller, 1840. — Le Dit de droit.
Chartres, 1834. — Hugues de Lincoln, Ballades anglo-
normandes. *Silvestre*, 1834. Ens., 1 vol. in-8, dos de
veau, n. rog.

801. Déploration de Robin en vers françoys. *Paris, Crapelet*,
1831 ; gr. in-8, goth. pap. verg. cart. n. rog.

802. Le Pas de Salhadin, pièce historique en vers relative
aux Croisades, publ. par Trébutien. *Paris, Silvestre*,
1836 ; gr. in-8, pap. vél. br.
  Avec envoi aut. sig. de M. Trébutien.

803. Poésies franç. d'Alcoire d'Asti. *Paris, Silvestre*, 1836 ;
in-8, pap. de Holl. br.
  Tiré à 108 exemplaires, dont 10 sur ce papier.

804. Un Sermon envers publ. pour la prem. fois par Jubinal,
d'après le mss. de la bibl. du roi. *Paris*, 1834 ; in-8,
dem.-rel. dos et c. ch. br. — La Complainte et le
Jeu de Pierre de la Broce, pendu le 30 juin 1278, par le
même. *Paris*, 1835 ; br. in-8.

805. Le Banquet du Boys, en vers français. *Paris, de l'imp.
de Laisné ; S. D.* gr. in-8, goth. pap. de Holl.
  Tiré à petit nombre.

806. Le Miroir de Mariage, poème inédit d'Eustache Deschamps, publ. par Tarbé. *Paris*, 1865 ; in-8, br.

807. Poésies morales et historiques d'Eustache Deschamps,
écuyer des rois Charles V et VI, publ. par *Crapelet, Paris*,

1832; gr. in-8, pap. jésus vélin fort., fac-simile dos de mar. rou. dor. en tête.

808. La Danœ aux Aveugles, (*par Pierre Michault*), et et autres Poésies du xvᵉ siècle, extraite de la biblio. des Ducs de Bourgogne. *Lille*, 1748; pet. in-8, rel. en v. v. n. rog.

809. Le Rousier des Dames suive le Pèlerin d'Amours, par Bertrand Desmarins de Masan. *Réimp. par Crapelet*, in-16, goth. fig. pap. de Holl. tiré à 62 ex. — sen suivent les ténèbres du champ Gaillard, composées selon l'estat dudict lieu et se peuvent chanter ou lire à plaisir. *Lahure*, 1856; pap. de Holl. fig. goth. br. — La Patenostre des verollez avec leur complaincte contre les médecins. *Réimp. par Crapelet*, 1847; in-16, gotht fig. pap. de Holl. br.

810. Le Girofflier aux Dames, ensemble le dit des Sibiles. *Paris, Michel Lenoir, S. D.* pet. in-4, fig. s. bois, mar. br., comport., tr. dor. (*Capé*).
Reproduction faite par M. Pilinski.

811. L'Apparition de Jehan de Meun ou le Songe du Prieur de Salou, par Honoré Bonet. *Paris, Silvestre*, 1845; petit in-4, pap. de Holl. fig. gr. sur acier, imp. sur chine br.

812. Les Poésies de Saint-Pavin, publ. par Paulin Paris. *Paris, Techener*, 1861; gr. in-8, pap. verg. br.

813. Les Blazons domestiques, œuvre poétique de Gilles Corrozet, libraire de Paris, édit. publ. par la société des Biblio. français. *Paris, Lahure*, 1865; pet. in-8, pap. de Holl., fig. br.

814. Le Livre des cent Ballades, cont. des conseils à un chevalier pour aimer loyalement et les réponses aux ballades publ. par le marquis de Queux de Saint-Hilaire. *Paris*, 1868; in-8, pap. verg., br.
Tiré à petit nombre.

815. Fr. Villon, sa Vie et ses Œuvres, par Ant. Campaux. *Paris*, 1859; in-8, br.

816. OEuvres de maistre Fr. Villon, publ. par Promp-
sault. *Paris*, 1835; in-8, br.

817. Recueil des plus belles pièces des poëtes françois, depuis Villon jusqu'à Bensserade. *Paris*, 1752; 6 vol. in-12,
v. marb. La reliure est rapparcillée.

818. Poésies de Clotilde de Vallon-Chalys, depuis Mᵐᵉ de
Surville, poëte français du xvᵉ siécle, publ. par Vender-
bourg, avec les fig. sur Chine avant la lettre, les fig. au
bistre et col. *Paris, Nepveu*, 1824; in-8, pap. vel. cart. —
Les Poésies inédites, publ. par de Roujoux et Ch. Nodier, 1827; in-8, pap. vel. cart.

819. Les Vers de M. Henri Baude, poëte du xvᵉ siècle
publ. par Quicherat. *Paris, Aubry*, 1856; in-8, pap.
verg., br., tiré à 350 ex.

820. L'Enfer de la mère Cardine, traitant la cruelle et terrible bataille qui fut aux enfers entre les diables et les
M... de Paris : 1597. — Chanson nouvelle de certaines
bourgeoises de Paris.... — Déploration et complaincte
de la mère Cardine, 1570. Ban de quelques marchands de
graines à Poils.... 1570; réimp. tiré à tr. pet. nomb.
S. L. N. D. in-8, pap. vél. fort mar. vert, à comp. fil.
tr. dor.

821. Collection de Poésies anciennes, publ. par Ach. Genty,
contenant les poésies françaises de Nic. Ellain. 1561 -
1570. — Rimes inédites en patois Percheron avec trad.
fran. — La Fontaine des Amoureux de Science, par
Jehan de la Fontaine, poème hermétique du xvᵉ siècle.
— L'Art poétique de Jean Vauquelin, 1536-1607 ; — les
OEuvres poétiques en patois Percheron de Pierre Genty,
maréchal-ferrant, 1770-1821 ; avec son port. *Paris*, 1861 ;
5 vol. pet. in-8, pap. de Holl., cart. n. rog.

822. Les OEuvres poétiques de Vauquelin des Yveteaux,
publ. par Prosper Blanchemain. *Paris, Aubry*, 1854; gr.
in-8, port. — Vauquelin des Yveteaux, par Rathery.

Paris, 1854; gr. in-8, pap. de Holl., dos et coins mar.
rou. dor. en tête, Capé.

823. Rymes de gentile et vertueuse dame D. Pernette du
Guillet, lyonnoise. *Lyon, Perrin, 1856*; in-8, sur pap.
de Holl. teinté mar. bl. fil. et dent. tr. dor. (*Hardy*).

824. Ryme de gentile et vertueuse dame Pernette du
Guillet, lyonnoise. *Lyon, Scheuring*, 1864; pet. in-8,
pap. ver. br.

825. OEuvres de Louïze Labé Lionnoize, édit. publ. par
MM. de Callhava et Monfalcon. *Paris*, 1853; in-8, pap.
vél. fort édit. encad. titre grav. dos et coins mar. v. fil.
Tiré à 120 exemplaires.

826. OEuvres de Louïze Labé Lionnoize avec un dialogue
de M. Dumas, une notice hist. de M. Cochard et un
comm. de M. Bréghot. *A. Lion, par Durand et Perrin*,
1824; in-8, pap. vél. br.
Cette édition n'a pas été mise dans le commerce.

827. OEuvres de Louïze Labbé Lyonnaise, publ. par Boitel,
Lyon, 1845; in-12, pap. vel. teinté br.

828. Les OEuvres de Louïze Labbé Lionnoize. *Lyon, Perrin*,
1862; pet. in-8, pap. ver. br.
Tiré à 209 exemplaires.

829. Les Poésies de Martial de Paris dit d'Auvergne. *Paris,
Coustelier*, 1724; 2 vol. pet. in-8, v. m.

830. Les Arrêts d'amours avec l'Amant rendu cordelier,
par Martial d'Auvergne, avec les comm. juridiques et
joyeux de Benoît-le-Cour, suivis d'un glossaire. *Amsterdam*, 1734; in-12, v. br. rel. fatig.

831. Les Poésies de Guillaume Crétin. *Paris, Coustelier*,
1723; in-12, v. m.

832. La Légende de maistre Pierre Faifeu, mise en vers
par Ch. Bourdigné avec les Poésies diverses de Jehan
Molinet, chanoine de Valenciennes. *Paris, Coustelier*,
1723; in-12, v. marb. fil. aux armes de Pompadour.

833. Poème inédit de Jhan Marot, publ. par Guiffrey.
Paris, Renouard, 1860; gr. in-8, pap. ver. teinté dos et
coins mar. rou. dor. en tête.

834. OEuvres de Clément Marot, annotées, revues sur les
édit. originales, avec sa Vie, par Ch. d'Héricault. *Paris,
Garnier*, 1867; gr. in-8, pap. de Holl.

> Tiré à 150 exemplaires.

835. Nouvelle Anthologie françoise ou Choix d'épigrammes
et madrigaux de tous les poètes français depuis Cl. Marot. *Paris*, 1769; 2 vol. in-12, dos et coins mar, p. fil. n.
rog.

836. Cent cinq Rondeaux d'amour, publ, d'après un manuscrit du XVIe siècle. *Paris, Tross*, 1863; in-12, pap.
Watman. br.

> Tiré à 20 exemplaires.

837. Notice sur Pierre de Brach, poëte Bordelais du XVIe
siècle par Reinhold Dezeimeris. *Paris*, 1858; pet. in-8,
port. pap. chamois.

> Tiré à 10 exemplaires.

838. OEuvres poétiques de J. Bastier de la Péruze, angou-
moisin, 1529-54, nouv. édit. par Gellibert des Séguins.
Paris, 1867; in-8; pap. Holl. br.

> Tiré à 200 exemplaires.

839. OEuvres poétiques de Mellin de Saint-Gelais. *Paris*,
1719, pet. in-12, cart.

840. OEuvres françoises de Joachim du Bellay; gentilhomme angevin, avec une notice et des notes par
Marty Laveaux. *Paris*, 1866; 2 vol. et une notice in-12,
pap. ver. port. br.

841. Le Parnasse des plus excellents poëtes de ce temps, mis
au jour par d'Espinelle. *Paris*, 1607; un tom. rel. en
deux vol. pet. in-12, front. gr. *par L. Gaultier*, mar. rou,
fil. et dent. tr. dor.

842. Délie, objet de plus haute vertu, poésies amoureuses par Maurice Sève, lyonnais. *Lyon, Scheuring*, 1862; in-8, pap. de Holl.

Tiré à 205 exemplaires, d'après l'édition de 1544. Portrait de l'auteur, vignettes.

843. Saulsaye, églogue de la Vie solitaire par M. Scève. *Lyon, par J. de Tournes*, 1547; *réimp. par Pontier à Aix*, 1829, in-8, pap. ver. cart. n. rog.

Tiré à 50 exemplaires.

844. Saulsaye, églogue d'un solitaire, (par M. Sève). *Lyon*, 1547 (*Aix Pontier*, 1829), br. in-8, pap. ver.

Réimprimé à 87 exemplaires.

845. OEuvres inédites de P. de Ronsard, gentilhomme Vendomois, publ. par Prosp. Blanchemain. *Paris*, *Aubry*, 1855; in-8, pap. ver. port. br.

Tiré à 200 exemplaires.

846. Recueil des OEuvres poétiques de Jean Passerat, aug. de plus de la moitié. *Paris, Ch. Morel*, 1606; pet. in-8, port. de Th. de Leu, dos de v. fau.

847. OEuvres de Philippe Desportes, publ. par Alf. Michiels. *Paris*, 1858; in-12, front. gr. pap. vél. f. br

848. Les Poésies de Malherbe avec les Observations de Ménage. *Paris*, 1698; in-12, v. br.

849. Poésies de Malherbe, rangées par ordre chronologiques, etc. *Paris, Barbou,*, 1757; in-8, port. pap. de Holl. v. marb.

850. Poésies et Lettres de Malherbe avec double port. fig. et fac-simile. *Paris, Blaise*, 1822; 2 vol. gr. in-8, pap. vél. br.

851. OEuvres de Malherbe, publ. par Lalanne. *Paris, Hachette,* 1862; 4 vol. in-8, gr. pap. vél. fort br.

Tiré à 150 exempl. sur ce papier.

852. Le Jugement de Paris, en vers burlesques et autres Poésies par Dassoucy. *Paris*, 1648; in-4, de 92 pages cart. vél., front. grav. de C. Vignon.

Édition originale, exemplaire bien conservé. La marge du haut porte 2 centimètres et celles de côté et du bas 6 centimètres.

853. Albums et OEuvres poétiques de Marguerite d'Autriche, publ. pour la prem. fois. *Bruxelles*, 1849; in-8,
br. *Texte gothique.*
> Tiré à 200 exemplaires.

854. Le Parnasse Satyrique du sieur Théophile, avec le
Recueil des plus excellents vers satyriques de ce temps,
nouv. édit. avec glossaire et notice. *Gand, Duquesne,*
1861; 2 vol. pet. in-8, pap. verg. teinté dos de mar.
rou. fil. n. rog.

855. Les Poésies de Ch. d'Orléans, publ. par Champollion
Figeac. *Paris,* 1843; gr. in-8, pap. vél. dos et coins mar.
br. le dos est semé de fleur de lys à froid.

856. Les Poésies du roy de Navarre, avec des notes et un
glossaire, précédées de l'Histoire des Révolutions de
la langue françoise, d'un Discours sur l'ancienneté des
chansons françoises, etc. *Paris,* 1742; 2 vol. pet. in-8,
v. fau. fil. tr. dor.

857. Lettre en vers sur les mariages de Mlle de Rohan avec
M. de Chabot, de Mlle de Rambouillet avec M. de Mon-
tausier et de Mlle de Brissac avec Sabatier, 1645. *Paris,*
Aubry, 1862; pet. in-8, pap. vél. fort cart. n. rog.

858. Les Délices de la Poésie galante, des plus célèbres
autheurs de ce temps. *Paris, J. Ribou,* 1666; 3 vol. in-12,
front. gr. v. br.

859. La Guirlande de Julie, offerte à Mlle de Rambouillet,
Julie-Lucie d'Angène, par le marquis de Montausier,
ornée de 30 fig. col. *Paris, Didot,* 1818; in-18, pap. vél.
v. gr. fil. tr. dor.

860. Satyres et autres OEuvres de Regnier. *Londres,* 1733;
in-4, gr. pap. ver. texte encadré, v. fau. fil. tr. d. (genre
Derôme). Reliure en très-bon état.

861. OEuvres complètes de Regnier avec le comm. de
Brossette, publ. par Poitevin. *Paris,* 1860; in-12, pap.
vél. br.

862. Espistres Françoises des personnages illustres et
doctes a Scaliger par Jacq. de Rèves. *Harderwyck*, 1624;
pet. in-8, v. marb.

Une note manuscrite signé L.; Aimé Martin attribue les notes
marginales qui couvrent les pages de ce livre, à la main de Ménage,
au-dessous une seconde note manuscrite les attribue à la Monnoye.

863. Poésies diverses d'Ant. Rambouillet, de la Sablière
et de Fr. de Maucroix, publ. par Walckenaer. *Paris*,
1825; in-8, pap. caval. vél. fig. de Deveria br.

864. Poésies de M. de la Monnoye, de l'académie françoise,
publ. par M. de Sallengre, *Lahaye*, 1716; pet. in-8, fig.
relié en vél.

865. Poésies de Chaulieu et Poésies choisies du marquis
de la Fare. *Paris, Stéréotype d'Herhan*, 1803; in-12, pap.
vél. v. rac. fil. tr. dor.

866. La Muze historique ou Recueil des Lettres en vers
contenant les Nouvelles du temps, écrite à Mlle de
Longueville, par Loret, publ. par J. Ravenel et de la
Pelouze, 1er vol. 1650-54. *Paris, Janet*, 1857; pap. ver.
gr. in-8, br.

867. Les OEuvres poétiques d'André de Rivaudeau, gentilhomme du Bas-Poitou, publ. par Mourain de Sourdeval. *Paris*, 1859; pet. in-8, pap. ver. br.
Tiré à 300 exemplaires.

868. Étrennes d'Amour suivies d'Apelle et Campargue.
Paris, S. D. in-18, fig. pap. de Holl. m. v. fil.

869. Réponses de plusieurs grands hommes avec des contes
agréables et un sermon en l'honneur de Bacchus.
Cologne, 1686; pet. in-12, cart.

870. Les OEuvres de M. de Bensserade (*à la Sphère*), suivant
la copie à Paris, 1698; 2 vol. pet. in-8, front. grav.
br.

871. Chansons nouvelles et Airs de cour. nouveau re-
ceuil. *Paris, Ant. Rafflé,* 1690; 7 part. en un vol. pet.
in-12, vél.

872. Les Exercices de ce temps, contenant 12 satyres contre les mauvaises mœurs. *Rouen, de la Haye*, 1626; in-12, prép. pour la rel.

873. Les Amours de Psyché et de Cupidon, par M. de la Fontaine. *Paris, Cl. Barbin*, 1669; in-8, mar. rou. du levant, à comp. fil. et large dent. pet. fers, tr. dor.
Édition originale.

874. Les Amours de Psyché et de Cupidon, précédés du Poème d'Adonis par la Fontaine avec les figures de Raphaël grav. par Coiny et la suite de Moreau jeune. *Paris, Imp. de Jansen, S. D.* pap. vél. azuré, mar. rou. fil. tr. dor. (*Petit.*)

875. Adonis, Poëme par J. de la Fontaine, tel qu'il fut présenté à Fouquet en 1658, publ. par Walckenaer. Paris, 1825; pet. in-4, pap. ver. br.

876. Fables de la Fontaine avec figures gr. par Simon et Coiny. *Paris, Bossange*, 1799; 6 vol. in-12, pap. vél. br.

877. Fables de Lafontaine avec des notes et ornées de 75 fig. gr. sur bois. *Paris, Crapelet*, 1830; 2 vol. in-16, pap. vél. cart. n. rog.
Exemplaire de choix provenant de la vente Crapelet en 1842.

878. Contes et Nouvelles en vers, par M. de la Fontaine. *Amsterdam*, 1762; 2 vol. in-8, figures de Choffard, Delongueil et autres, v. fau. fil. dent. tr. dor.
Premier tirage de l'édition dite des fermiers généraux.

879. Contes et Nouvelles de la Fontaine, publ. par Mat, Marais. *Paris*, 1858; in-12, port. pap. vél. f. br.

880. OEuvres inédites de J. de la Fontaine, avec diverses pièces en vers et en prose qui lui ont été attribuées, publ. par Paul Lacroix. *Paris*, 1863; in-8, br.

881. OEuvres de Boileau Despréaux, avec les figures de B. Picart. *La Haye*, 1722, 4 vol. in-12, cart., n. rog.

882. OEuvres de Boileau, *Amsterdam*, 1729; 2 vol. in-fol., v. rac., *fig. de B. Picard, texte encadré.*

883. OEuvres de Boileau Despréaux, avec des notes de Brossette et remarques, par M. de Saint-Marc. *Paris,* 1747; 5 vol. pet. in-8, fig. d'Eisen, v. marb.

884. OEuvres de Boileau-Despréaux, avec un commentaire, par M. de Saint-Surin, ornés de 12 fig. dess. par Carle Vernet, Hersent Choquet, etc., et grav. par Sisco le jeune, Gerant et autres. *Paris,* 1821; 4 vol. in-8, br.

885. OEuvres de Boileau-Despréaux, avec les commentaires de Viollet-le-Duc. *Paris, Desoer,* 1823; gr. in-8, port., dos de v. fauv., n. rog.

886. OEuvres de Boileau, publ. par Amar. *Paris, Lefèvre,* 4 vol. in-8, gr. pap. vél. fort, m. v., plats et tr. dor. 2 *port. avant la lettre (Thouvenin.)*

887. Le Lutrin, poème héroï-comique, de Boileau-Despréaux, édit. conforme au texte original, ornée de vignettes et port., par Hillemacher. *Lyon, Scheuring;* in-4, cart.

888. OEuvres complètes de Gresset, aug. de pièces inédites. *Paris, Dentu,* 1807; 3 vol. in-18, fig. de Moreau jeune, br.

889. Le Virgile travesti, en vers burlesques, par Paul Scarron, publ., par Fournel. *Paris,* 1858; in-12, pap. vél. fort.; br.

890. Les Philippiques, par Lagrange-Chancel. *Bordeaux,* 1797; in-8, v. gr.

On a joint : Poésies de L. Chancel fils. — Les Persifleurs persiflés, dialogue. — Satires par Clément, 1786. — Satire de Despaze. — Exemplaire Mirault.

891. La Henriade, poème suivi de quelques autres poèmes de Voltaire. *Paris,* 1789; in-4, gr. pap., dos et c. v. fauv., *fig. de Moreau (Hering de Londres.)*

892. La Henriade de Voltaire. *Paris, Dubois,* 1825; gr., in-fol., pap. vél., d.-rel., v. bl., *fig. de Vernet, portraits de Mauzaisse.*

893. Contes de Guill. Vadé. *S. L.,* 1764; in-8, v, marb.

894. Poésies de M. de la Fare. *Genève*, 1777; in-16, fig., v. rac., fil. tr. dor.

895. OEuvres de Chapelle et de Bachaumont, nouv. édit., par Tenant de la Tour. *Paris, Jannet*, 1854, in-16, pap. ver., cart. g. r.

896. Nouveau Recueil des épigrammatistes français anciens et modernes, par M. B. L. M. *Amsterdam, Wetstein*, 1720; 2 vol. in-12, front. gr., v. br.

897. Le Nouveau siècle de Louis XIV, ou Choix de Chansons historiques et satiriques de 1634 à 1712. *Paris*, 1857; in-12, br.

898. Le Bâtiment de Saint-Sulpice, ode. — Les deux Tonneaux, poème allégorique. — Le Temple de Mémoire, poème allégorique. *Paris, Coustelier*, 1764; pet. in-8, fig. de Boucher et Cochin, dos de v.

899. L'Amant solitaire conduit par les Grâces au temple de la Volupté : les plaisirs et les ris le soutiennent de leurs ailes, et les amoureux zéphirs de leurs souffles légers, lui annoncent son bonheur. *A Cythère*, par les soins d'un sujet de Cupidon, 1770; in-4, v. mar.

> Cet ouvrage est manuscrit, d'une belle écriture; c'est un recueil de poésies légères : Fables, Contes, petits Poèmes, etc. ; le titre que nous annonçons est imprimé, ainsi que la tête de la dédicace à Mme de Cypierre; il est composé de 306 pages avec encadrement imprimé, et de 203 pièces manuscrites, à la fin se trouve une table de de ces pièces dont plusieurs sont dédiées à Mme de Pompadour, à Mlle de Lostange, aujourd'hui marquise de Brassac, etc.

900. Les Quarts-d'heures d'un joyeux solitaire, ou Contes en vers de M*** (Sabatier de Castres.) *Lahaye*, 1746; in-12, br.

901. OEuvres du cardinal de Bernis, avec le poëme de la religion vengée. *Paris, Didot l'aîné*, 1797; in-8, imp. sur gr. raisin vélin, tiré à 100 ex., mar. du levant, fil. dent., tr. dor., rel. par *Thouvenin*.

902. Le petit neveu de Bocace ou Contes nouveaux en vers, par Pl. D. (Planchet de Valcourt.). *Amsterdam*, 1787;

3 tom. en un vol. in-8, imp. sur pap. verg. rose, veau
rac., fil.

903. OEuvres complètes de Grécourt. *Paris*, 1795; 4 vol.
in-8, fig. av. la lettre, dos et coins mar. rouge, dor. en
tête.

904. OEuvres choisies de Grécourt. *Paris, Paulin*, 1833;
in-8, fig., dos de mar. viol.

905. Le Vice puni, ou Cartouche, poëme (par Grandval).
Paris, 1726; in-8, fig. de Bonnart, v. fau.
> Des notes marg. manuscrites indique les passages pris dans les
> auteurs classiques.

906. Contes mis en vers par un petit cousin de Rabelais
(d'Aquin de Chateaulyon). *Paris*, 1775; in-8, dem.-rel.
Dans le même volume, le Diable amoureux, 2e édit.

907. Le Temple de mémoire et les 2 tonneaux, poëmes.
Paris, Coustellier, 1744; br. in-12, dos et c. m. rou. tr.
dor. *Fig. de Cochin.*

908. Les Sens, poëme (par du Rosoi). *Londres*, 1766; in-8,
dem.-rel., dos et c. ch. viol. *Fig. d'Eisen (avec pièces dé-
tachées).*

909. Turlututu ou la Science du bonheur, poëme héroï-
comique, par le cousin Jacques (Beffroi de Regny). *Londres*, 1783; in-8, dem.-rel.

910. Fables (par Vandenzande). *Paris*, 1849; pct. in-8,
pap. vél. fort, cart.
> Tiré à 200 exemplair e non mis dans le commerce.

911. Fables nouvelles, par de la Motte. *Paris, Dupuis*,
1719; in-8, gr. pap. vergé, v. éc., dent. tr. dor. *Fig. de
Coypel, Gillot. (Bozerian jeune.)*
> Édition originale.

912. Satyre au comte de Bissi, par Robbé de Beauveset.
S. l. 1776; in-8; dos de mar. — OEuvres badines de R.
de Beauveset. *Londres*, 1801; 2 vol. in-18, br.

913. Contes nouveaux en vers, suivis de quelques pièces
fugitives. *Maestricht*, 1775; in-8; cart. en vel., n. rog.

914. Essais de poésies legères, suivis d'un Songe, par
Lablée et Maréchal. *Genève*, 1775; in-12, cart.

915. Hymne au soleil, suivi de plusieurs morceaux du
même genre, par l'abbé de Reyrac. *Orléans*, 1780; in-18
br., édit. encadrée, gr. pap. azuré de Holl.

916. Amusemens, gayetés et frivolités poétiques, par un
bon Picard. *Londres*, 1783; in-8, dos de mar. rou.

917. Poésies de M. Helvétius. *Londres*, 1781; in-16, port.,
v. ecc., fil. tr. dor.

918. Contes et Poésies du card. Colier (*cardinal de Rohan*),
commandant général des croisades du Bas-Rhin. *Sa-
verne*, 1792; 2 tom. en un vol. in-16 carré, fig., veau bl.,
fil. tr. dor. (Ducastin.)
Barbier attribue ces contes à Jacquemart.

919. Les Jeux de l'amour, contes en vers (par Girard-Rai-
gnier). *Paphos*, 1785; in-12, pap. de Holl., dos et coins
mar. rou., n. rog.

920. Les Bijoux des neufs sœurs avec des fig. de Lebarbier.
Paris, 1790; 2 vol. in-16, pap. de Holl., v. rac., fil.,
rel. fat.

921. Les A-propos de société ou Chansons de M. L... (*Lau-
jon*).— Les A-propos de la Folie ou Chansons grotesques,
grivoises et annonces de parade, avec les figures de Moreau jeune, grav. par de Launay, et la musique des
chansons. *S. l.*, 1776; 3 vol. in-8, br.

922. Bergeries et opuscules de Mlle Dormoy l'aînée. *En
Arcadie et se trouve à Paris, chez Lamy*, 1784; in-18, front.
gr., pap. de Holl., mar. v. fil. doub. de tab., tr. dor.

923. Amusements rapsodi-poétiques, contenant: le Gale-
tas, mon Feu, les Porcherons, etc. *Stenay*, 1773; in-12,
broch.

924. Fables nouvelles, par Dorat. *Paris*, 1773; in-8, dess.
de Marillier, grav. par de Ghendt, de Launay; Ponce de
Longueil, etc., pap. de Holl., mar. v., rel. janséniste
avec large dent. int., tr. dor.

925. Les Quatre parties du jour, poëme, trad. de M. Zacharie. *Paris, Musier*, 1769; in-8, gr. pap. de Holl., figures d'Eisen, dos et coins, v. n. rog.

926. Les Quatre heures de la toilette des dames, poëme en 4 chants, par M. de Favre, avec frontispice, gravures et fleurons dess. par Leclerc. *Paris, Bastien*, 1779; gr. in-8, pap. de Holl., veau ecc., dent. tr. dor.

927. La Peinture, poëme en trois chants, par Lemierre. *Paris, Le Jay*, in-8, fig. de Cochin, pap. de Holl. — Le Bonheur, poëme en 6 chants, par Helvetius. *Londres*, 1772; in-8, ens. 1 vol. in-8, veau fau., fil. tr. dor.

928. Le Jugement de Pâris, poëme en 4 chants, suivi d'œuvres mêlées, par Imbert. *Amsterdam*, 1774; in-8, pap. de Holl.. avec deux suites de vignettes et fleurons en deux états, les fleurons tirés à part, veau rose avec encad., large dent. et fil. dent. int., doub. de tab. (*Bauzonnet*).

929. Recueil de pièces, contenant le temple de Gnide, mis en vers par Colardeau. *Paris, Lejay*, 1772; fig. de Monnet, gr. par Ponce, pap. de Holl. — Lettre amoureuse d'Héloïse à Abeilard, par Colardeau. *Paris*, 1766; fig. d'Eisen gr. par Massard, pap. de Holl. — Pygmalion, scène lyrique de J.-J. Rousseau, mise en vers par Berquin, le texte gr. par Drouet, les fig. dess. par Moreau le jeune et gr. par Ponce et de Launay, avec une idylle, fig. dess. par Marillier, grav. par Gaucher. *Paris*, 1775. — Adonis, imitation française du poëme du Cavalier marin, fig. d'Eisen gr. par Ponce, pap. de Holl. *Paris, Musier*, 1775; gr. in-8, v. m.

930. Recueil de pièces, contenant: Lettres de Valcour à son père, en vers, fig. d'Eisen, gr. par Simonnet. — Lettre d'Ovide à Julie, précédée d'une lettre en prose à M. Diderot, fig. d'Eisen, grav. par Née. — Héroïdes ou Lettres en vers, par Blin de Sainmore, fig. d'Eisen, grav. par E. de Ghendt, Massard. — Amilka ou Pierre le

Grand, tragédie, fig. d'Eisen, grav. par de Longueil. *Paris, Seb. Jorry*, 1767, pap. de Holl. — Gabrielle d'Estrées à Henri IV, par Poinsinet. *Amsterdam, Chaugnion*, 1767; fig. de Gravelot, grav. par Levasseur. Ensemble 1 vol. gr. in-8, v. ecc., fil.

931. Recueil de pièces de Poésies françaises, contenant l'Humanité, poëme en 4 chants. *Genève*, 1776; in-8.— Romances, par Berquin, fig. dess. par Marillier, grav. par Ponce, de Launay, de Ghendt. *Paris*, 1776; pet. in-8, pap. de Holl. — Phrosine et Melidore, poëme en 4 chants. *Paris, Lejay*, 1772; fig. d'Eisen, gr. par Ponce et Baquoy, in-8. — Les Charmes de l'étude, épître aux poëtes, par Marmontel. *Paris*, 1761. — Mon Dernier mot. *Genève*, 1775; et trois pièces sur Voltaire, ensemble 1 vol. in-8, dem.-rel.

932. Recueil de pièces, contenant: mon Odyssée ou journal de mon retour de Saintonge, poëme. *La Haye*, 1760; fig. de Desfriches, gr. par Cochin. — Le Maréchal-Ferrant, opéra-comique. — Les Bienfaits du Sommeil, ou les Quatre Rêves accomplis, poëme. *Paris, Brunet*, 1776; fig. dess. par Moreau, gr. par de Launay, pap. de Holl. — Le Désaveu des artistes. *Paris*, 1776. Ensemble, 1 vol. in 8, v. m.

933. Recueil factice de poésies françaises, contenant : les Charmes de l'étude, par Marmontel. *Paris*, 1761. — Gabrielle d'Estrées à Henri IV, au château d'Anet. 1761.— Le Pot-Pourri, épître à qui l'on voudra. *Paris, Seb. Jorry*, 1764; fig. d'Eisen, grav. par Lemire et Delongueil, pap. de Holl. — Zélis au bain, poëme en 4 chants. *Genève*, 1763; fig. d'Eisen, gr. par Lemire et Delongueil, pap. de Holl.— L'heureux jour, épître à mon ami. *Paris*, 1768; fig. d'Eisen, gr. par de Ghendt et Massard, pap. de Holl. — Lettre de l'abbé de Rancé à un ami, écrite par M. Barthe. *Paris*, 1765; fig. d'Eisen, gr. par de Longueil. — Épître d'un père à son fils, par Chamfort, 1764.

— Épître aux malheureux, par Gaillard. 1766. Ensemble, 1 vol. in-8, v. m.

934. Fragments d'un poëme moral sur Dieu (par Sylv. Maréchal). *Athéopolis*, 1781 ; in-8, br.

935. Amusemens, gayetés et frivolités poétiques, par un bon Picard. *Londres*, 1783 ; in-8, cart. n. rog.

936. OEuvres du marquis de Villette. *Londres*, 1784 ; in-12, pap. de Holl., v. gr., fil. tr. dor.

937. OEuvres du marquis de Villette. *Londres*, 1786 ; in-16, mar. bl., tr. dor.

    Il y a dans ce ce volume 24 sortes de papier ; le titre et la préface sont sur papier d'écorce de tilleul, le corps de l'ouvrage sur papier de feuilles de roses et à la fin se trouvent différents essais de papier.

938. La Sphère, poëme en 8 chants, par D. Ricard. *Paris*, 1796 ; in-8, pap. vél. fort, br.

939. Mes Loisirs ou Poésies d'un inconnu (par Damin). *Paris (Toulouse)*, pet. in-8, pap. de Holl., veau fau., fil. n. rog.

    Bauzonnet, ex. de La Bédoyère.

940. Le Chef-d'OEuvre d'un inconnu, poëme heureusement découvert, par le Dr Matanasius. *Lausanne*, 1754 ; 2 vol. in-12, port., v. m.

941. Le Chef-d'OEuvre d'un inconnu, poëme découvert par le Dr Matanasius, publ. par Leschevin. *Paris*, 1807 ; 2 vol. in-12, port., br.

942. La Corbeille de fleurs. Démence de Mme Panor. — Poésies. — Achetez ces étrennés, elles pourront être agréables aux dames. *Paris*, ensemble, 3 vol. in-16, pap. de Holl., dos de mar. or.

943. Contes en vers de Félix Nogaret. *Paris*, an VI ; 2 tom. en un vol. in-8 ; cart., n. rog., avec envoi aut. sig. de l'auteur. — Fictions, discours, poëmes lyriques et autres pièces Adonhiramites, par F. Nogaret. *A Memphis*, 1587 ; 2 part. en un vol. in-8, dem.-rel.

    Avec des notes de l'auteur.

944. Maucroix, œuvres diverses publ. par Louis Paris.
Paris, 1854; 2 vol. in-12, pap. fin, br.

945. OEuvres choisies de Mme Deshoulières. *Paris, Didot*,
1795; pet. in-12, pap. vél., de v. f., n. rog.

946. La Guerre civile de Genève, ou les Amours de Robert
Covelle, poëme héroïque. *Besançon, ch. N. Grandvel*,
1768; in-16, fig., br.

947. OEuvres de Gilbert avec des notes, par Ch. Nodier.
Paris, 1840; in-12, port., dos de mar. rou.

948. OEuvres complètes de Gilbert, publ. pour la première
fois avec les corrections et les variantes de l'auteur. *Paris, Dalibon*, in-8, port., pap. cav. vél., dos et coins mar.
bl., doré en tête.

949. Romances, par M. Berquin. *Paris, de l'impr. de Monsieur*, 1788; pet. in-12, fig. de Borel, pap. vél., mar.
rouge, fil. tr. dor., anc. rel.

950. Poésies nationales de la Révolution française ou Recueil complet des chants, hymnes, couplets, odes et
chansons patriotiques, orné de 8 vign., d'après les dess.
de Delalaisse. *Paris*, 1836; in-8, br.

951. Les OEuvres complètes d'Évariste Parny. *Paris, Didot
l'aîné*, 1808; 5 vol. in-12, pap. vél., v. rac., fil. tr. dor.

952. Livre d'amour ou Folastreries du bon vieux temps.
Imp. de Didot (1820); in-18, fig. col., pap. vél., cart.
dans un étui.

953. OEuvres poétiques d'Adam de Saint-Victor, publ. par
L. Gautier. *Paris*, 1858; 2 vol. in-12, pap. vél., br.

954. Les Quatre Métamorphoses, poëmes (par Le Mercier).
Paris, an VII; br. in-8, dérel.

955. OEuvres de St. de Boufflers, édit. seule complète, ornée de 16 grav. de Marillier et du port. de l'auteur. *Paris, Briand*, 1813; 2 vol. in-8, veau blanc, encad. et plaq.
à froid, fil., tr. dor. (*Thouvenin*).

956. Fables mises en vers, par Mérard-Saint-Just. *Paris*,
1787; in-8, dem.-rel.

957. Fables et Contes, mis en vers, par Mérard-Saint-Just.
Parme, Bodoni, 1792 ; 2 vol. in-12, pap. vél. azuré, dos
de veau fau., n. rog.
Édition tirée à 25 exemplaires.

958. Fables et Contes mis en vers, par Mérard-Saint-Just.
Parme, Bodoni, 1792; in-12, pap. vél. *tiré à 25 ex.,* dos de
veau fau. — Les Hautes-Pyrénées en miniature ou Épître
rimée, par Mérard-Saint-Just. *Paris,* 1790 ; in-16, br.

959. Imitation en vers français, des odes d'Anacréon, suivie de poésies diverses, par Mérard-Saint-Just. *Paris,*
1799 ; pet. in-12, pap. vél., br.
Exemplaire de Pixérécourt.

960. Poésies d'André Chénier, édit. critique, par Becq de
Fouquières. *Paris,* 1862 ; gr. in-8, br., portrait.

961. Poésies d'André Chénier précédées d'une notice, par
H. Latouche. *Paris, Charpentier,* 1841 ; in-12, port. cart.,
n. rog.

962. Poésies d'André Chénier, posthumes et inédites, précédées d'une notice, par Delatouche. *Paris,* 1839; 2 vol.
in-8, br. (*Portrait*).

963. Fables et Contes en vers, suivis des poëmes de la Lu-
piade et de la Vulpeide, par Fr. de Neufchateaux. *Paris,*
Didot, 1815 ; 2 vol. in-12, port. br.

964. L'art de dîner en ville à l'usage des gens de lettres,
poëme en 4 chants avec la biographie des auteurs qui
sont morts de faim. *Paris,* 1840. — Nouvel art poétique,
par Viollet le Duc. *Paris,* 1809. Ensemble, 1 vol. in-12,
pap. verg. cart., n. rog.

965. OEuvres complètes de Chatterton, trad. par Javelin
Pagnon. *Paris,* 1839 ; 2 vol. in-8, br.

**Poésies modernes, XIXᵉ siècle. — Poésies en Patois. —
Poésies étrangères.**

966. Poésies de Vasselier, de l'académie de Lyon. *Londres,*
1800; in-18, pap. de Holl., br.

967. Apollon et les Muses, calendrier pour 1807, présenté
à l'imp. Joséphine. *Paris*, in-8, v. m., tr. dor.
   Dix planches front., médaillons coloriés, très-bien imprimés.

968. Délassements d'un homme d'affaire, Recueil de poésies, contes et anecdotes, etc. *S. l.*, 1822; in-8, br.

969. Nouvelles Méditations poétiques, par Alph. de Lamartine. *Paris*, 1823; in-8, br.
   Première édition.

970. Essais poétiques, par Mme Delphine Gay. *Paris*, 1824.
— Le Dernier jour de Pompéi, poëme. *Paris*, 1829. Ens.,
1 vol. in-8, dos de v. bl.
   Avec un envoi autographe, signé de Delphine Gay, à son cher tu-
   teur.

971. Le Dernier jour de Pompéi, par Delphine Gay. *Paris*,
1829; avec *envoi aut. sig.* — Le Retour, épître en vers.
Paris, 1828. Ens., 2 vol. in-8, br.

972. Napoline, poëme, par Mme Émile de Girardin (Delphine Gay). *Paris*, 1834; in-8, br.

973. Poésies de Mme Éveline Désormery, publ. par Delangle. *Paris*, 1828; pet. in-8, pap. verg. de Holl., br.

974. Le Sylphe, poésies de feu Dovalle, avec notice de Lou-
vet et préface, par V. Hugo. *Paris*, 1830; in-8, br.

975. Iambes, par Auguste Barbier. *Paris*, 1832; in-8, dos
de veau fau. Édition originale.

976. Chants civils et religieux, par Aug. Barbier. *Paris*,
1841; in-8, br.

977. OEuvres poétiques d'Auguste Barbier, contenant:
Iambes et poëmes, 1840 et 60; — Chants civils et religieux, 1842; — Rimes héroïques, 1845; — Rimes légères,
1851; — Satires, 1853; — Jules César, 1855; — Chansons et odelettes, 1861; — Satires, 1865. Ensemble, 9 vol.
in-12, *charp.* dentu, masgana, br.

978. Marie, poëme (par Brizeux). *Paris*, *Paulin*, 1836; in-8,
pap. vél., br.
   Première édition.

979. Les Bretons, poëme par Brizeux. *Paris*, 1845 ; in-8, broch.

Édition originale.

980. Le Dernier Jour, poëme en dix chants, par Jean Reboul. *Paris*, 1839 ; in-8, br.

981. Les Pleurs, par Mme Desbordes Valmore. *Paris*, 1833 ; in-8, pap. vél., dem.-rel.

Édition originale.

982. Rêves d'une jeune fille, par Élise Moreau. *Paris*, 1827 ; in-8, dem.-rel., dos et c. v. viol.

983. Napoléon en Égypte, Waterloo et le Fils de l'homme, par Barthélemy et Méry, avec une notice de Tissot, édit. illust. par Horace Vernet et Bellanger ; on y a joint des fig. de Raffet. Ensemble, 27 pl. sur pap. de Chine. *Paris, Bourdin*, s. d.; gr. in-8, pap. vél. rose, dos de mar. v.

984. Erostrate, poëme, par Labensky, auteur des poésies publ. sous le nom de Jean Polonius. *Paris, Gosselin*, 1840 ; in-8, br.

985. Poésies d'Antoni et Émile Deschamps. *Paris, Delloye*, 1841 ; fig., br.

986. La Pléiade, Ballades, Fabliaux, Nouvelles et Légendes, par Homère, Marie de France, Burger, Hoffmann, Ch. Dickens, Gavarni, H. Blaze, etc. *Paris, Curmer*, 1842 ; gr. in-12, fig. sur acier et sur bois, br.

987. Psyché, poëme, odes et poëmes, par Vict. Laprade. *Paris*, 1841-44 ; 2 vol. in-12, br.

988. Les Deux Anges, poëme suivi de pièces diverses, par Pierre Dupont. *Provins*, 1844 ; in-8, br.

Édition originale.

989. Le Chant des vaincus, poésies nouvelles, par Mme Louise Colet. *Paris*, 1846 ; in-8, port., br.

990. Recueil factice de poésies diverses, par Fr. Grille. *Paris*, 1853 à 1861 ; 26 pièces. La plupart de ces pièces n'ont été tiré qu'à 25 exempl. pour ses amis ; à la fin du vol. se trouve le rappel au droit divin de Pezzani.—

l'annexion de la Savoie de J. Bard. — Les Croquants fi-
manciers, par Weil. L'Église du Tréport, par Le Bœuf, et
six lettres d'un bénédictin, 26 pièces. ens., 1 vol. in-8,
cart., n. rog.

991. Les Chants modernes, par Maxime Ducamp. *Paris*,
1855; in-8, gr. pap. de Holl., br. Le faux-titre a été
coupé.

992. Les Chercheurs d'amour, par Philoxène Boyer. *Paris*,
1856; in-12, cart.
> Avec un envoi aut. sig. de l'auteur.

993. Simple bouquet, Chansons, Larmes, Prières. *Lyon*,
L. Perrin, 1858; in-8, pap. de Hollande, dem.-rel., dos
et c. mar. orange, tête dor.

994. Premières poésies, 1856-58, par A. Villiers de l'Isle-
Adam. *Lyon*, 1859; in-8, pap. verg., br.

995. Sonnets humoristiques, par Soulary, éd. revue.
Lyon, 1858; in-8, pap. verg., br. (*Portr.*) — Les mêmes,
1859; éd. augmentée, in-8, pap. verg., br. (*Portr.*) —
Sonnets, poëmes et poésies, 1864; in-8, pap. vergé, br.
> Exemplaire de souscription.

996. Jambes et Cœurs, tableaux et arabesques, poésies par
Alphonse Balder. *Paris*, 1860; in-16, dos de mar. v.

997. Les Visions d'Isaïe, fils d'Amos, trad. en vers français, par l'abbé Chabert. *Lyon*, 1860; in-8, pap. verg.
teinté, br.

998. L'Hercule Guepin, poëme en l'honneur du vin d'Orléans, par Simon Rouzeau. *Orléans*, 1860; pet. in-8,
pap. verg., br.
> Tiré à 100 exemplaires.

999. Poésies complètes de Sainte-Beuve, Joseph Delorme,
les Consolations, etc. *Paris*, 1861-63; 2 vol. in-8, pap.
vél., br.

1000. Soirs d'octobre, par Paul Juillerat. *Paris, Dentu*,
1861; in-8, pap. verg. teinté, dos et coins de mar.
> Tiré à petit nombre.

1001. Les Échos, fantaisies et souvenirs, poésies, par Hector Fleury. *Lyon*, 1861; gr. in-8, pap. verg., teinté, broché.

1002. Les Nuits d'Hyver, poésies complètes, par Henry Murger, suivies d'études sur sa vie et ses ouvrages, par Th. Gauthier, Saint-Victor, etc. *Paris*, 1861; in-12, port. photog., pap. de Holl., dos et coins mar. bl., fil., dor. en tête.

1003. Échos perdus d'Abel Jannet. *Paris, Angoulême*, 1861; pet. in-8, fig., pap. de Holl., br. Tiré à petit nombre.

1004. Souvenirs et Poésies diverses, par T. V. B. D. M. *Lyon, Scheuring*, 1863; in-8, pap. verg., teinté, br.

1005. Poésies religieuse. Dresde, Paris, Rome, Montpellier, par L. Curmer. *Paris*, 1863; in-8, pap. de Holl., br. *Imp. de Perrin, de Lyon; photographie de tableaux célèbres.*

1006. La Grève de Samarez, poëme philosophique, par Pierre Leroux. *Paris*, 1863; 3 liv. gr. in-8, br.

1007. Amadas et Ydoine, poëme d'aventures, publ. par Hippeau. *Paris*, 1863; in-8, pap. verg., br.

1008. ΨΥΧΗ. Poésies (par J. Favre), 1863-64. *Paris*, 1864; br. de 22 pag. in-8, gr. pap. vél., br., *vignette.*

1009. Les Destinées, poëme philosophique, par Alfred de Vigny. *Paris*, 1864; in-8, port., pap. vél., br.

1010. Les Filles de Minuit, par Valery Vernier. *Lyon, Scheuring*, 1865; in-8, pap. vél., br.

1011. L'OEuvre de M. le comte de Chevigné, la Muse champenoise au XIXᵉ siècle, par L. Lacour. A *Vénusville* (*Paris*, 1865;) in-16, pap. de Holl., br. en vél. Tiré à 100 exemplaires.

1012. Airs de Flûte sur des motifs graves, poésies, par Er. Pharond. *Paris*, 1866; in-12, pap. vél., br. Tiré à 100 exemplaires.

1013. Donaniel, poëme, par Léon Grandet, *Paris*, 1866 ; pet. in-8, pap. verg., front. gr., br.

1014. Le Parnasse contemporain, recueil de vers nouveaux. *Paris, Lemerre*, 1866 ; in-8, gr. pap. vél., br.

1015. Les Camées parisiens, par Th. de Banville ; front. avec port., par Ulm. *Paris*, 1866 ; 2 vol. pet. in-8, pap. de Holl., br.

1016. Les Charmeuses, par André Lemoyne, eaux-fortes de L. de Bellée, Feyen-Perrin et Ed. Leconte. *Paris, Firmin Didot, s. d.* ; gr. in-8, pap. de Holl., br.

1017. Chants et chansons populaires de la France. *Paris, Delloye*, 1843 ; 3 vol. gr. in-8, grav., pap. vél., cart.
Premier tirage.

1018. Chansons populaires des provinces de France, avec notices, par Champfleury, musique de Wekerlin, illust. de Bida, Courbet, Flameng, etc. *Paris*, 1860 ; gr. in-8, broché.

1019. Chansons de G. Nadaud. *Paris*, 1867 ; in-8, br., *portrait.*

1020. Le Livre de Jade, par Judith Walter. *Paris, Lemerre*, 1867 ; in-8, pap. Holl., br.

1021. Le Poëme de la Mort, par Amédée Rolland. *Paris*, 1867 ; gr. in-8, pap. vél. fort., br.

1022. Poëmes en prose, par Louis de Lyvron. *Paris*, 1867 ; in-8, pap. verg. de Holl., br.

1023. Le Parnassiculet contemporain, recueil de vers nouveaux, précédé de l'Hôtel du Dragon Bleu et orné d'une très-étrange eau-forte. *Paris*, 1867 ; pet. in-8, br. en vél.

1024. La Croisade contre les Albigeois, épopée nationale, trad. par Mary Lafond, illust. de 12 grav. rep. les anciens dess. du temps. *Paris*, 1868 ; in-8, br.

1025. Les Élégies de la belle fille lamentant sa virginité perdue, avec une introduction, par E. Courbet. *Paris, Lemerre*, 1868 ; in-12, pap. verg., br. en vél.

1026. Chansons normandes du xve siècle, publ. pour la prem. fois sur les mss. de Vire et de Bayeux, par A. Gasté. *Caen*, 1866; in-8, pap. verg., br.
Tiré à 200 exemplaires.

1027. L'advocacie Notre-Dame ou la Vierge Marie plaidant contre le diable, poëme du xive siècle, en langue franco-normande. *Paris, Aubry*, 1855; pet. in-8, pap. verg., broché.

1028. Hugues de Lincoln, Recueil de Ballades anglo-normandes et écossaises, rel. au meurtre de cet enfant commis par les Juifs en 1755. *Paris, Silvestre* 1834; br., in-8, pap. verg., br.
Tiré à 200 exemplaires.

1029. Les Noëls virois, par Jean Le Houx, publ., par Arm. Gasté. *Caen*, 1862; in-12, pap. verg., br.

1030. Les Vaux-de-Vire d'Olivier Basselin, suiv. d'anc. Vaux-de-Vire, de bacchanales, de poésies normandes inédites ou devenues rares, publ. par L. Dubois. *Caen*, 1821; in-8, dos et c. mar. roug., tête dor., n. rog., *fig. ajoutée.*

1031. Les Vaux-de-Vire d'Olivier Basselin et de Jean Le Houx, poëtes virois. *Paris*, 1833; in-18, pap. vél. réglé, cart., n. rog.

1032. Vaux-de-Vire d'Olivier Basselin et de Jean Le Houx, pub. par P. L. Jacob. *Paris*, 1858; in-12, pap. vél., br.

1033. Étude sur Olivier Basselin et les compagnons du Vau-de-Vire, leur rôle pendant les guerres anglaises et leurs chansons, par Gasté. *Caen*, 1866; br., in-8.
Tiré à 100 exemplaires.

1034. Virgile Viroi au Borguignon, choix des plus beaux livres de l'Enéide, par Amanton et un discours prél., par Gab. Peignot. *Dijon*, 1831; in-12, br.

1035. Les Noëls Bourguignons de Bernard de la Monnoye, (Gui-Barôzai), publ. pour la première fois avec une

trad. littérale en regard du texte patois, un glossaire et
la musique, par Fertiault. *Paris*, 1842; in-12, cart.,
n. rog.

1036. Les Noëls Bourguignons de Bernard de la Monnoye
(Gui-Barôzai), suivis des Noëls Mâconnais du P. Lhui-
lier, publ. avec une trad. littérale en regard du texte
patois, par Fertiault, illust. de 24 dessins. *Paris, Aubry,*
1858; in-12, br.

1037. Noëls d'Aimé Piron, en partie inédits, avec un glossaire et la musique les airs des plus anciens, publ. par
Mignard. *Dijon*, 1858; in-12, pap. vél., br.

> Tiré à 200 exemplaires.

1038. Le plaisant Discours d'un Médecin savoyart empri-
sonné pour avoir donné advis au duc de Savoye de ne
croire son devin. 1600; *réimp. par Lainé*, in-8, pap. de
Holl., pièce en vers patois.

> Tiré à petit nombre.

1039. Dialogue de Thoinette et d'Alizon, pièce inédite en
patois, Lorrain du XVIIe siècle, par Al. de la Fizélière.
Paris, 1856; pet. in-12, pap. verg., tiré à 65 ex. — Stan-
cos de P. Goudelin, à lhurouso memorio d'Henric le
Gran imbincible Rey de Franco et de Nabarro, *tiré à
150 ex.* — Notice bibliographique sur les édit. connues
des Œuvres de Goudelin, suivie de deux sonnets inédits.
Toulouse, 1862; in-12, pap. vél., cart.

> Tiré à 65 exemplaires.

1040. Noëls patois, anciens et nouveaux, chantés dans la
Meurthe et dans les Vosges, publ., par Jouve. *Paris, F.
Didot*, 1864; in-12, pap. de Chine, br.

1041. Serventois et Soltes, chansons couronnées à Valenciennes, avec un dialogue en dialecte Rouchi du XVIe siècle. *Paris*, 1834; gr. in-8, pap. vél., dos et coins, mar.
vert; *Capé.*

> Exemplaire de Labédoyère.

1042. Ritmes et refrains tournesiens, 1477-1491. *Mons,*
1837. — Particularités curieuses sur Jacqueline de Ba-
vière, comtesse de Hainaut. *Mons,* 1838; fac-simile,
2 vol. gr. in-8, br.
> Tiré à 100 exemplaires.

1043. Miréio pouèmo prouvençau de F. Mistral, avec la trad.
en regard. *Avignon,* 1859; in-8, pap. vél., br.
> Avec un envoi aut. sig. de l'auteur.

1044. Variétés rémoises, par Galhon. *Reims,* 1855; in-8,
broché.
> Petit. De la Marne contre la Seine. — La Quêteuse de Noël;
> causerie dans le dialecte rémois, etc.

1045. La Divine Comédie de Dante, trad. en vers, par Antoni Deschamps. *Paris,* 1829; in-8. *Une figure.* — Dernières Paroles (par le même). *Paris,* 1835; in-8. Ens.
2 vol. br.
> Édition originale.

1046. Les OEuvres de Dante Alighieri. La Divine Comédie :
l'Enfer, le Purgatoire et le Paradis, trad. nouv. de Sébastien Rhéal, avec des notes de L. Barré, illust. par
Ant. Etex. *Paris, Bry aîné,* 1854; pet. in-4, br.
> Exemplaire du premier tirage.

1047. La Comédie du Dante. Enfer, Purgatoire et Paradis,
trad. en vers, par Aroux, suivis de la clef du langage
symbolique des fidèles d'amour. — Du même, Dante révolutionnaire, hérétique et socialiste, révélations d'un
catholique sur le moyen âge. *Paris, Renouard,* 1854-57;
3 vol. in-8, br.

1048. Dante et la Divine Comédie, par Drouillet de Ségalas.
Paris, 1853. Dante révolutionnaire, mais non hérétique, par Ferjus Boissard. *Paris,* 1854. Dante et la philosophie catholique au xiiie siècle, par Ozanam, 1845.
Ens. 3 vol. in-8, br.

1049. Histoire de Dante Alighieri, par Artaud de Montor.
Paris, 1841 ; in-8, br.

1050. Le Décaméron de Jean Boccace. *Londres*, 1757; 5 vol. in-8, pap. verg., v. m., fil., tr. dor., fig. et vign. de Gravelot.

> Très-bel exemplaire.

1051. La Jérusalem delivrée, poëme du Tasse, trad. nouv. *Paris, Musier*, 1774; 2 vol. in-8, fig. de Gravelot, pap. de Holl., veau éc., fil., tran. dor.

1052. La Jérusalem délivrée en vers français, par Baour-Lormian. *Paris, Didot*, 1796; in-4, gr. pap. vél., dem-rel.

> Belles épreuves de Cochin.

1053. La Jérusalem délivrée, trad. par le prince Le Brun. *Paris*, 1840; in-8, ch. vert., tr. dor.

> Inscription sur le volume : Donné par le Prince Royal.

1054. Pétrarque, par Al. Rastoul. *Paris, Gosselin*, 1836; in-8, fig., cart., n. rog.

> Avec envoi aut. sig. de l'auteur à Marie Menessier, née Ch. Nodier.

1055. Les Romances du Cid, imitées de l'espagnol. *Paris, imp. de Didot l'aîné*, 1821 ; in-32, pap. vél., mar. roug., fil., larg. dent. int., tr. dor.

1056. Poëme du Cid, texte espagnol avec une trad. française, par Damas Hinard. *Paris, impr. imp.*, 1858 ; in-4, broché.

1057. Les Saisons (poëme de Thomson, suiv., des contes, pièces fugitives, fables orientales), trad. française. *Amsterdam*, 1775; in-8, pap. verg., bas, fil. tr. dor. 7 *fig.* de Moreau.

1058. Essai sur l'homme, par Pope, trad. (de Silhouette). *Lausanne*, 1745; in-4, v. m., 4 *fig. et* 2 *portraits.*

> Bel exemplaire.

1059. Mélanges de poésies tirées du porte-feuille de M. le B. de Stonne. *London*, 1782; front. gr., 2 part. en 1 vol. in-16, pap. de Holl. anc., mar. roug., fil., anc. rel.

> *Imp., dit Quérard, à* 60 *ex.*

1060. Wilhelmine, poëme héroï-comique, trad. de M. de
Thummel, par Huber. *Leipzig*, 1769; in-12, fig. Fleurons
et culs-de-lampes, pap. de Holl., bas. m.

1061. Pensées de Jean Paul, extraites de tous ses ouvrages.
Paris, Didot, 1829; in-18, dos de v., n. rog.

1062. Histoire de la Poésie scandinave, prolégomènes, par
Ed. du Méril. *Paris*, 1839; in-8, br.

1063. Les Divines Féeries de l'Orient et du Nord, légendes, ballades, etc., par S. Rhéal. *Paris*, 1843; in-8, br.,
fig., *texte encadré d'ornements.* Il y a un moine à la page 57.

1064. La Guzla, ou choix de Poésies illyriques. *Paris*,
1827, in-12; fig., pap. vél., cart., n. rog.

THÉATRE

**Histoire et traités sur le Théâtre. — Théâtre grec et latin,
moyen âge. — Mystères. — Farces. — Moralités. — Théâtre
français, depuis Jodelle jusqu'à nos jours. — Théâtres
étrangers.**

1065. Dictionnaire Théâtral, ou 1,233 vérités sur les di-
recteurs, régisseurs, acteurs, actrices, etc.,, seconde édit.
avec suppl. *Paris*, 1825; in-12, br.

1066. Histoire universelle du Théâtre, par Al. Royer.
Paris, 1869; 2 vol. in-8, br.

1067. Essais historiques sur l'origine de l'art dramatique en France. *Paris*, 1784; 3 vol. pet. in-12, pap. de
Holl., br.

1068. Époques de l'Histoire de France en rapport avec le
Théâtre Français, par Onésime Leroy. *Paris*, 1843; in-8,
dos de v.

1069. Essai sur l'étude de l'Histoire en France, au xix⁰ siècle, par Ant. de Latour. *Paris*, 1835. — Époques de
l'Histoire de France en rapport avec le Théâtre Français, par Onésime Leroy. *Paris*, 1843; in-8, br.

1070. Histoire anecdotique du Théâtre et de la Littérature,
par Ch. Maurice. *Paris, Plon*, 1856; 2 vol. in-8, br.

1071. Histoire anecdotique de l'ancien Théâtre en France,
par Du Casse. *Paris, Dentu*, 1844; 2 vol. in-8, br.

1072. Histoire de l'Opéra Bouffon pour servir à l'histoire
des Théâtres de Paris. *Amsterdam*, 1768; 2 vol. in-12,
bas.

1073. Recherches sur les Théâtres de France, depuis 1161
jusqu'à présent, par M. de Beauchamps. *Paris*, 1735;
in-4, d.-rel.

1074. Les Origines du Théâtre Moderne, par Ch. Magnin.
Paris, 1838; tom. Iᵉʳ, in-8, br. Seul paru.

1075. Recherches historiques sur quelques anciens Spectacles et particulièrement sur les Mimes et sur les Pantomi-
mes (par *Boullanger de Rivery*). *Paris*, 1751.—Nouvelles observations au sujet des condamnations prononcées contre
les comédiens, par Fagan. *Paris*, 1751. Ens. 1 vol. in-12,
mar. v., fil., tr. dor.

1076. Histoire des Marionnettes en Europe, depuis l'antiquité jusqu'à nos jours, par Ch. Magnin. *Paris, Levy*,
1852; gr. in-8, br.

1077. Débureau. Histoire du Théâtre à quatre sous. *Paris*,
Gosselin, 1832; 2 tom. en 1 vol. in-12, pap. verg., fig.,
dos de v.

1078. Bibliothèque du Théâtre Français, depuis son origine. *Dresde*, 1768; 3 vol. in-8, veau marb., fil., tr. dor.
(*aux armes*).

1079. Des grands et des petits Théâtres. *Paris*, 1816; br.
in-8, cart., tr. dor.

1080. Mystères des théâtres, 1852; par E. et J. de Goncourt et C. Holf. *Paris*, 1853; in-8; br.

1081. Note sur Benoît du Lac ou le Théâtre et la Bazoche à Aix, par A. Joly. *Lyon, Scheuring,* 1862 ; in-8, pap. verg. teinté, br.

Tiré à 150 exemplaires.

1082. Les Origines du théâtre de Lyon, mystères, farces, par Bronchoud, *Lyon, Scheuring,* 1865 ; gr. in-8, pap. verg., br., *fac-simile.*

Lu aux délégués des Sociétés savantes à la Sorbonne, avril 1865.

1083. Études sur l'art théâtral, suivies d'anecdotes inédites sur Talma, par Mme v^e Talma. *Paris,* 1836 ; in-8, port., cart., n. rog.

1084. Réflexions historiques et critiques sur les différents théâtres de l'Europe avec les pensées sur la déclamation, par Louis Riccoboni. *Amsterdam,* 1740 ; in-12, v. m.

1085. Le Théâtre François divisé en trois livres ou il est traité ; de l'usage de la comédie, des autheurs qui soutiennent le théâtre et de la conduite des comédiens. *A Lyon et se vend à Paris, chez René Guignard,* 1674 ; in-12, mar. roug., tr. dor. (*Trautz Bauzonnet*).

1086. Discours sur la Comédie ou Traité historique et dogmatique des jeux de théâtre, par P. Lebrun. *Paris,* 1731 ; in-12, mar. roug. dent., tr. dor., *aux armes,* anc. rel.

1087. Traité de la Comédie et des Spectacles, par le prince de Conti. *Paris, L. Bilaine,* 1669 ; in-12 ; port., v. fauv., fil.

1088. La défense du Traité de Mgr le prince de Conti, touchant la comédie et les spectacles, par le Sieur de Voisin. *Paris,* 1771 ; in-4, port., v., fauv.

1089. De la réformation du Théâtre, par Louis Riccoboni. *S. L.,* 1743 ; in-12 ; mar. roug., fil., anc. rel.

1090. Journal historique ou Mémoires critiques et litt. sur les ouvrages dramatiques et les événements de 1748 à 1772 ; par Ch. Collé. *Paris,* 1807 ; 3 vol., in-8, cart. d'amateur.

1091. Lettre champenoise ou observations sur quelques tragédies et comédies modernes *Paris*, 1809; in-8, cart.

1092. Anecdotes dramatiques. *Paris*, v° Duchesne, 1775; 3 vol. in-12, br.

1093. Ch. Maurice ; Le Théâtre-Français, monument et dépendances; 1860. — Tous les genres du théâtre épîtres en vers libres. — Feu le boulevard du Temple, 1863. — La Vérité. Rachel, 1850. — Tablette d'un Gentilhomme sous Louis XV, 1864. Ens. 5 vol. in-8, br.

1094. Louis Lacourt. Deux Farces inédites attribuées à Marguerite de Navare, 1856 ; br. in-8. — Mise en scène et représentation d'un opéra en province à la fin du XVI° siècle. *Paris*, 1858; *imp. sur pap. vert.* br., in-8, *tiré à 60 ex.* — Les Vendanges ou le Bailly d'Asnières, comédie de Regnard, *publ. pour la 1er fois*, 1855; br., in-12. — Cantiques historiques sur le carnage de Vassy, la prise de Bourges, etc., 1857; br. in-8, ensemble 4 pièces, br.

1095. Mémoires et anecdotes des plus célèbres comédiens de l'Europe. *Paris*, 1828-29; 14 vol. in-8, pap. fil., broché. Préville, Goldoni, Garrick, Molé, etc.

1096. Les Charlatans célèbres, ou tableau historique des Bateleurs, Baladins, Jongleurs, Bouffons, Escamoteurs, Filous, Escrocs, Devins, etc., et de tous les personnages qui se sont rendus célèbres dans les rues et sur les places de Paris. *Paris*, 1819, 2 vol., in-8, d.-rel.

1097. Mémoires sur Molière et sur Mme Guérin, sa veuve, suiv. des mémoires sur Baron et sur MM. Lecouvreur, par l'abbé d'Allainval. *Paris*, 1822; in-8, pap. fil., broché. Mouillé.

1098. Holbert considéré comme imitateur de Molière, thèse, par Legrelle. *Paris*, 1864 ; in-8, br. de 382 pages.

1099. Histoire de Mlle Cronel, dite Fretillon, actrice de la comédie de Rouen. *La Haye*, 4 part. en 1 vol. in-12, port., dos et coins v., br.

1100. Réflexions de Talma sur Lekain et l'art théâtral. *Paris*, 1856, in-12, pap. vél., br.

1101. A.-J.-B. Provost, sociétaire de la Comédie-Française (biographie de cet acteur, ses emplois), 1798-1865. *Paris, Claye*, 1867; in-fol., pap. vél. fort, cart., portr. dans différents rôles.

1102. Histoire de la littérature dramatique, par J. Janin. *Paris*, 1853-1858; 6 vol. in-12, br.

1103. Théâtre d'Æschyle, trad. en françois avec des notes phylologiques par de la Porte du Theil. *Paris, an III de la Rép.;* 2 vol. in-8, pap. vél., fig., dos de mar. bl. n. rog.

1104. Les Comédies de Térence, avec la trad. de Mme Dacier. *Rotterdam*, 1797; 3 vol. in-12, fig. de Bernard Picard, vél. de Holl.

1105. Théâtre français au moyen-âge du XIe au XVe siècle, pub. par MM. de Monmerqué et Fr. Michel. *Paris*, 1839; gr. in-8, cart. n. rog.

1106. Études sur les mystères et sur divers manuscrits de Gerson, par Onésyme Le Roy. *Paris*, 1837; in-8, d.-rel. bas.

1107. Le Cry et Proclamation publicque pour jouer le mistère des actes des Apostres en la ville de Paris. *Réimp. chez Pinard*, 1830; pet. in-8, goth., pap. de Holl., dos et coins mar. v. (*Niédrée*), dor. en tête.

1108. Recueil de farces, moralités, sermons joyeux. *Paris, Techener*, 1831; 74 pièces en 74 vol.; gr. pap. vél., dos et c. mar. bl. du Levant.

Tiré à 76 exemplaires, dont 10 sur ce papier. Collection complète publ. par L. de Linçy, et Fr. Michel. Le n° 3304 du Cat. La Vallière donne la table des pièces.

1109. Le grand mystère de Jésus, passion et résurrection, drame breton du moyen-âge, avec une étude sur le théâtre chez les nations celtiques, par Hersart de la Villemarqué. *Paris*, 1865; in-8, pap. verg., fig. br.

1110. Relation de l'ordre de la triomphante et magnifique monstre du mystère des saints actes des Apostres, par Arnoul et Simon Greban en 1536, ouv. inédit de J. Thiboust, suivie de l'inventaire de la Sainte-Chapelle de Bourges, avec 7 pl. gr. et le pourtraict de la ville de Bourges en 1566, publ. par Labouvrie. *Bourges*, 1836; in-8, br.

1111. Le mystère du chevalier qui donne sa femme au dyable, à dix personnages. *S. l. n. d.*, réimp., in-12, pap. verg. de Holl., rel. en vél.

1112. Ensuit le mistère du très-glorieux saint Christofle. *Paris, Jehan Trepperel* (société des Bibl. franç. 1831), br. de 24 pages, pap. vél., texte goth.

    Tiré à 30 exemplaires.

1113. Mystères inédits du XVe siècle, publ. pour la prem. fois par A. Jubinal, d'après le manuscrit de la Bibl. Sainte-Geneviève. *Paris, Techener*, 1837; 2 vol. in-8, pap. de Holl., d.-rel. n. rog.

    Tiré à 20 exemplaires sur ce papier.

1114. Moralité des blasphémateurs de Dieu, a dix-sept personnages. *Réimp. par Crapelet et publ. par Silvestre*, 1831; in-fol., goth., fig., pap. de Holl., dos et coins mar. rouge n. rog. (*niédrée*).

    Tiré à 90 exemplaires.

1115. Moralité de Mundus, Caro, Demonia. — Farce des deux saveliers. *Réimp. par Didot*, 1827; in-fol. all., fig. goth., pap. de Holl., mar. rouge, fil. n. rog. (*Koehler*).

    Tiré à 100 exemplaires.

1116. Moralité nouvelle très-fructueuse de l'enfant de perdition qui pendit son père, tua sa mère, et comment il se désespéra, à sept personnages. *Lyon*, 1608; *réimp. chez Pinard*, 1833; pet. in-8, pap. de Holl., dos et coins mar. br., dor. en tête. *Niédrée*, tiré à 42 ex.

1117. Nouvelle moralité d'une pauvre fille villageoise, laquelle ayma mieux avoir la tête coupée par son père que d'être violée par son seigneur. *Paris, s. d.*, in-12, cart.

> Réimp. tirée à 40 exemplaires.

1118. Moralité nouvelle du mauvais riche et du ladre, à douze personnages. *S. l. n. d. (Aix, Pontier, 1823)*; br. pet. in-8.

> Réimpr. à 67 exemplaires.

1119. Moralité de l'aveugle et du boiteux, par André de la Vigne. *Paris, Crapelet*, 1831; br., in-8, pap. verg.

1120. La Farce des théologastres, à six personnages (entre 1519 et 1529), publ. par Gratet-Duplessis. *Lyon*, 1830; br., in-8, gr. pap. verg., d.-rel., v. viol.

> Tiré à 64 exemplaires, dont 10 sur ce papier.

1121. La Farce des théologastres, à six personnages. *Lyon*, 1830 (*Lyon*, 1541); br. in-8, pap. vél.

> Tiré à 64 exemplaires.

1122. La Farce de maistre Pierre Pathelin, précédée d'un recueil de monuments de l'ancienne langue française, publ. par Geoffroy-Chateau. *Paris*, 1853; in-12, pap. vél., br.

1123. Maistre Pierre Patelin, texte revu et annoté par Génin. *Paris*, 1854; in-8, pap. vél. fort, fig., cart. n. rog.

1124. Recueil de farces, soties et moralités du xve siècle, pub. par le bibliop. Jacob. *Paris*, 1859; in-12, pap. verg., br.

1125. Miracle de saint Nicolas : d'un juif qui presta cent escus à ung chrestien, à huict personnaiges. *Lille, Horemans*; in-8, fig., goth., br.

> Tiré à 200 exemplaires en papier vergé.

1126. Miracle de Nostre-Dame, de Robert le Dyable, fils du duc de Normandie. *Rouen*, 1836; in-8, fac-simile, br.

> Tiré à 300 exemplaires.

1127. Le Testament de Carmentrant, à huict personnaiges. *Paris, Pinard*; 1830, pet. in-8 br.
> Réimp. à 42 exemplaires.

1128. La Vie et passion de sainct Didier, martir et évesque de Lengres, jouée en la dicte cité l'an 1482, composée par maistre Guill. Flamang, publ. par Carnandet. *Paris, Techener*, 1855; in-8, imp. sur pap. rose br.

1129. Les OEuvres et meslanges poétiques d'Estienne Jodelle S. du Lymodin, publ. par Marty-Laveaux. *Paris*, 1868; pet. in-8, pap. de Holl., br.
> Tome Ier seul paru.

1130. Les Tragédies de Robert Garnier. *Rouen, Raphaël du Petit-Val*, 1616; front. de L. Gaultier, gr., v. marb., fil.
> Bel exemplaire.

1131. La Mort de Sénèque, tragédie de M. Tristan. *Paris*, 1646; in-16, vél.

1132. Europe, comédie héroïque par Demarets et le cardinal de Richelieu. *Paris*, 1643; in-4, br., rel. fatiguée.
> *Clef hist. à la fin du vol.* Édition originale.

1133. OEuvres de Molière, publ. par Bret. *Paris, Libraires ass.*, 1773; 6 vol. in-8, v., gr. tr. dor., *fig. de Moreau.*
> Bel exemplaire.

1134. OEuvres de Molière, (publ. par Joly). *Paris, Prault*, 1734; 6 vol. in-4, *fig. de Boucher.*
> Exemplaire en feuilles, lavé, prêt à relier.

1135. OEuvres complètes de Molière, avec les notes de tous les commentateurs, publ. par Aimé-Martin. *Paris, Lefèvre*, 1824; 8 vol. in-8, pap. caval. vél., dos et coins cuir de Russie, n. rog.
> On a joint à cet exemplaire trois portraits et la suite des figures de
> Moreau le jeune publ. par Renouard.

1136. OEuvres de Molière, précéd. d'une notice par Sainte-Beuve. *Paris, Paulin*, 1835 (*Dubochet*, 1836); 2 vol. gr. in-8, pap. vél., br., *ill. par Th. Johannot.*
> Bel exemplaire.

1137. OEuvres complètes de Molière. *Paris, Plon,* 1862; 8 vol. in-16, pap. de Holl., portr. sur chine, br.

De la Coll. dite du prince impérial, tiré à 200 exempl.

1138. OEuvres de Molière, publ. par Taschereau. *Paris, Furne,* 1863; 6 vol. in-8, pap. de Holl., br.

Tiré à 100 exemplaires sur ce papier.

1139. OEuvres de Molière, publ. par L. Moland. *Paris, Garnier fr.,* 1863-64; 7 vol. in-8, pap. de Holl., br., portr.

Tiré à 150 exemplaires sur ce papier.

1140. Les plaisirs de l'Isle enchantée ou les festes et divertissements du Roi, à Versailles, par Molière. — 7 mai 1664. — *Paris, Imp. roy.,* 1673, in-fol., v. fau. *Dessins* in-fol. double, d'Israël Sylvestre.

On y a joint : Les Divertissements de Versailles donnez par le Roy, 1674. — Relation de Félibien. *Paris,* 1776, *fig. double de Lepautre.* — Relation de la feste 1668, par Félibien. *Paris,* 1679; *dess. de Lepautre.* — Les planches de ce dernier ouvrage sont remontées; belles épreuves; déchirures légères à deux marges du bas.

1141. La Valise de Molière, comédie en prose, avec des fragments peu connus attribués à Molière, publ. par Ed. Fournier. *Paris,* 1868; in-12, pap. verg., br.

Tiré à 250 exemp.

1142. Poésies diverses attribuées à Molière, publ. par P.-L. Jacob. *Paris, Al. Lemerre,* 1869; in-12, pap. de Holl., br. en vél.

1143. L'Esprit de Molière ou Pensées, Maximes et Anecdoctes relatives à ses pièces. *Paris,* 1777, 2 vol. in-12, v. m. — La Vie de M. de Molière, par Legallois S. de Grimarest. *Paris,* 1705; in-12, portr. de Mignard, gr. par Audran, v. b. — Observations sur la comédie et sur le génie de Molière, par Riccoboni. *Paris,* 1736; in-12, v. m.

1144. Discours sur la comédie et vie de Molière, par Auger. *Paris, Didot,* 1827; in-8, br.

1145. Collection de 14 pièces sur Molière : Molière le critique, en *Holl.,* 1700; in-12 br. — L'Ombre de Molière,

par Brecourt, br. in-12. — Le retour de l'Ombre à
Molière. *La Haye*, 1740; br. in-16. — Le Ménage de
Molière, par J. Gensoul et Naudet, 1822; br. in-8. —
Dissertation sur la Femme de Molière, 1824; br. in-8.
— Diss. sur Molière et ses Ancêtres, par Beffara, 1821,
br. in-8. — Les Plaisirs de l'Île enchantée de Molière;
br. in-8. — Dict. de Morale, par Molière, 1838; in-18,
cart. — L'Ombre de Molière, par Barbier, 1847; in-12.
— Molière enfant, par Vierne, 1855. — Quelques travaux
sur Mol. par Desoer, 1863. — Molière, drame par
G. Sand, 1851; in-12. — Molière et Scribe, par d'Epa-
gny, 1865; in-12. — Histoire des pérégrinations de
Molière dans le Languedoc, 1858; in-12.

1146. Molière à la nouvelle Salle, comédie, 1782. —
Molière chez Ninon, 1788. — Discours prononcé par
Molière le jour de sa réception (posthume) à l'Académie,
1779. — Étude sur Molière, par Cailhava, 1802. —
Lettres sur la femme de Molière et Poésies du comte de
Modène, 1825. — Le même, pap. vél. Ensemble,
6 vol. br.

1147. Histoire de la Vie et des Ouvrages de Molière, par
Taschereau. *Paris*, 1825; in-8, portr., br.
   Édition originale.

1148. Histoire de la Vie et des Ouvrages de Molière, par
Taschereau. *Paris*, 1825; in-8, pap. vél., br.
   Édition originale. Portraits de Molière par Devéria à l'eau-forte,
   avant et après la lettre. Fac-simile; envoi d'auteur à M. Bouchot.

1149. Histoire de la Vie et des Ouvrages de Molière, par
J. Taschereau, 2ᵉ éd. *Paris*, 1828; gr. in-8, dos et c. mar.
rouge.

1150. Notes historiques sur la vie de Molière, par Bazin.
Paris, Techener, 1851. — Notice sur le monument érigé
à Paris par souscription à la gloire de Molière. *Paris,
Perrotin*, 1844. Ens. 1 vol. gr. in-8, fig., pap. vél., dos
de mar., dor. en tête.

1151. Recherches sur Molière et sur sa Famille, par E.
Soulié. *Paris*, 1863 ; in-8, br.

1152. Molière musicien, avec notes sur les drames de
Corneille, Racine, Quinault, etc., où se mêlent des
considérations sur l'harmonie de la langue franç., par
Castil-Blaze. *Paris*, 1852 ; 2 vol. in-8, br.

1153. Molière et sa Troupe, par H. Soleirol. *Paris*, 1858 ;
in-8, br. *Fig.*

1154. OEuvres de P. Corneille avec les notes de tous les
commentateurs. *Paris, Didot*, 1854-55 ; 12 vol. gr. in-8,
pap. fin, portr. sur pap. jaune, cart. n. rog.
> Réimpr. des classiques francais de Lefèvre.

1155. OEuvres de P. Corneille, publ. par Marty-Laveaux.
Paris, *Hachette*, 1862 ; 12 vol. in-8, gr. pap. vél.
fort, br.
> Tiré à 150 exemplaires sur ce papier.

1156. OEuvres complètes de P. Corneille, avec une notice
par J. Janin. *Paris, Plon*, 1865 ; 12 vol. in-16, portr., pap.
vérg. de Holl., br.
> De la collection du Prince impérial.

1157. Histoire de la Vie et des Ouvrages de P. Corneille,
par Jules Taschereau. *Paris*, 1829 ; in-8, portr., br.

1158. Théâtre de Corneille Blessebois. *Paris, imp. de
Jouaust*, 1864 ; pet. in-8, pap. verg., br.
> Réimp. à 150 exemplaires.

1159. Les OEuvres de M. Pradon. *Amsterdam*, 1695 ; fig.,
pet. in-12, mar. rou., fil., tr. dor (*Thouvenin*).
> Imp. avec les caractères des Elzeviers.

1160. Théâtre complet de J. Racine, orné de 57 gravures
avant la lettre, d'après Prud'hon, Girodet, Gérard. *Paris,
Didot*, 1816 ; 3 vol. gr. in-8, pap. vél., br.
> Bel exemplaire.

1161. OEuvres complètes de J. Racine avec les notes de
tous les commentateurs, publ. par Aimé-Martin. *Paris,
Lefèvre*, 1825 ; 7 vol. in-8, pap. caval. vél.
> Avec la suite des figures de Moreau le jeune, publ. par Renouard,
> dos et coins cuir de Russie, non rog.

1162. OEuvres de J. Racine, publ. par P. Mesnard. *Paris, Hachette*, 1862 ; 4 vol. gr. in-8, pap. vél. fort., br.
 Tiré à 150 exemplaires sur ce papier, tom, I à IV.

1163. ESTHER, tragédie tirée de l'Escriture Sainte (par Racine). *Paris, Cl. Barbin*, 1689 ; in-12, *fig.*, v. br.
 Édition originale,

1164. ATHALIE, tragédie tirée de l'Escriture Sainte (par Racine). *Paris, Denis Thierry*, 1691 ; *fig. de Mariette*, d'après le dess. de *J.-B. Corneille* ; in-4, v. br.
 Édition originale.

1165. ATHALIE, tragédie tirée de l'Escriture Sainte (par Racine). *Paris, D. Thierry* ; 1692 (*le privilége porte achevé d'imp. pour la première fois le 3 mars 1691*) ; in-12, fig., mar. r., fil., dent. int., tr. dor. (*Hardy-Mennil*).
 Première édit. in-12 imprimée en France.

1166. Les Ennemis de Racine, par Deltour. *Paris*, 1859 ; in-8, br. — Eloge de Racine, par M. de la Harpe. *Amst.*, 1772 ; br., in-8. — Intermèdes d'Athalie. *Paris*, 1791 ; br., in-8.

1167. OEuvres de Crébillon, publ. par Parrelle. *Paris, Lefèvre*, 1828 ; 2 vol. in-8, gr. pap. vél., dos et c. m. viol., tête dor. Exemplaire orné de 22 portr. de Crébillon, dont un gravé par Fiquet, avant la lettre ; d'une suite de 10 fig. d'après Moreau, avant la lettre ; d'une suite de 10 fig. d'après Marillier, avant la lettre ; de deux suites d'après Peyrot, avant la lettre et eaux-fortes ; de deux suites d'après Deveria, avant la lettre sur chine et eaux-fortes, et de quelques portraits détachés. En 100 gravures.
 Avec un autographe de Crébillon sign.

1168. OEuvres complètes de Régnard, avec des remarques sur chaque pièce, par M. Garnier. *Paris, de l'imp. de Monsieur*, 1789-90 ; 6 vol. in-8, fig. de *Moreau le jeune*, mar. rouge, fil., tr. dor. *Derome*.

1169. OEuvres de M. Boursault, contenant les pièces de théâtre. *Amsterdam*, 1721 ; 2 tom., en 1 vol. pet. in-12, fig., vél.

1170. PYGMALION, scène lyrique de J.-J. Rousseau, mise en vers par Berquin. Le texte est grav. par Drouet et les vignettes dess. par Moreau le j., sont grav. par Ponce et de Launay. *Paris*, 1775; pet. in-4, pap. de Holl., dos et coins v.

1171. La Partie de chasse de Henry IV (avec les figures de Gravelot), par Collé. *Paris*, 1766. — Le Séducteur, par le marquis de Bièvre. *Paris*, 1783; en un vol. in-8, d.-rel.
Édition originale.

1172. Théâtre complet de Mercier. *Amsterdam*, 1778-84; 4 vol. in-8, pap. verg., br., *figures*.

1173. Molière, drame imité de Goldoni, en cinq actes, en prose, par Mercier. *Paris*, 1776; in-8, d.-rel. — Charles II, roi d'Angleterre, comédie (attr. à Mercier). *Venise*, 1789; in-8, br.

1174. Le Connétable de Bourbon, tragédie en cinq actes. *Paris*, 1785; in-18, pap. vél., mar. bl., fil., n. rog.

1175. OEuvres de Mme de Gouges, contenant Zamor et Mirza, drame en trois actes, Molière chez Ninon, etc. *Paris*, 1788; in-8, pap. de Holl., v. rac., tr. dor.

1176. Les Templiers, 1805; les Etats de Blois, par Raynouard, 1814; 2 vol. in-8, br.
Cette dernière pièce a été interdite en 1810 après la représentrtion d'essai.

1177. L'Auberge des Adrets, drame en trois actes, par Benjamin et Saint-Amand. *Paris*, 1823. — Robert Macaire, pièce par les mêmes, 2 br. in-8.

1178. Les Soirées de Neuilly, esquisses dramatiques et historiques, par de Fongeray. *Paris*, 1827; 2 vol. in-8, br., *portr. et fac-sim*.

1179. Hernani ou l'Honneur castillan, drame par Victor Hugo. *Paris*, 1830; in-8, portr., dos de mar. rou., n. rog.
Édition originale.

1180. La Maréchale d'Ancre, drame par Alfred de Vigny. *Paris*, 1831; in-8, br.
Édition originale.

1181. Chatterton, drame par le comte Al. de Vigny. *Paris,* 1835, in-8, front. grav. s. b.
>Avec envoi aut. sig. de l'auteur.

1182. Stockholm, Fontainebleau et Rome, trilogie dramatique sur la vie de Christine, en cinq actes et en vers, par Alex. Dumas. *Paris,* 1830; in-8, cart. d'amateur. *Lith. de Charlet, d'après Raffet.*

1183. Angèle, drame par Alex. Dumas. *Paris,* 1834; in-8, br.

1184. Caligula, tragédie par Alex. Dumas. *Paris,* 1838; in-8, pap. vél., br.
>Avec envoi aut. de l'auteur.

1185. Théâtre burlesque, choix de tragédies et comédies facétieuses. *Paris,* 1840; 2 vol. in-18, br.

1186. Théâtre impossible, par Ed. About. *Paris,* 1862; in-12, dos de mar. r., n. rog.

1187. Job, drame en cinq actes, avec prologue et épilogue, par le prophète Isaie, retrouvé, rétabli dans son intégrité et trad. littéralement sur le texte hébreu, par Pierre Leroux. *Paris,* 1866; gr. in-8, pap. vél. br.

1188. La Comédie enfantine, par L. Ratisbonne, vig. de Gobert et Froment. *Paris, Hetzel,* 1861; gr. in-8, pap. vél. dos et coins de mar. v., dor. en tête.

1189. Le Supplice d'une femme, drame de M. Emile de Girardin. *Paris,* 1865; in-8, pap. vél., br.
>Édition originale, tirée à 100 exemplaires.

1190. Le Supplice d'une femme, drame avec une préface, par Emile de Girardin. *Paris,* 1865. — Histoire du Supplice d'une femme, réponse à M. de Girardin, par Al. Dumas fils. *Paris,* 1865. Ens. 2 in-8, br.

1191. Hercule et Omphale, tragédie, par V. D. *Imp. à Strasbourg, veuve Berger-Levrault;* in-12, pap. de Holl., avec 17 photographies, br.
>Cet ouvrage n'a pas été mis dans le commerce.

1192. Théâtre lyonnais de Guignol, publ. pour la première fois avec des notes. *Lyon, Scheuring*, 1865 ; gr. in-8, fig., br.

1193. Polichinelle, drame en trois actes, publ. par Olivier et Tanneguy de Penhoët et illustré par G. Cruishanck. *Paris*, 1836 ; in-12, pap. vél., cart. — Mémoires d'un Polichinelle, par Mme Eug. Foa. *Paris*, 1840 ; in-18, fig., pap. vél. br.

1194. Polichinel, ex-roi des marionnettes, devenu philosophe, par Lorentz. *Paris*, 1848 ; in-8, pap. vél., br., *illustré*.

1195. OEuvres complètes de Shakespeare, trad. par Emile Montégut. *Paris, Hachette*, 1867 ; gr. in-8, br. tom. 1er, comédies, *illustré*.

1196. William Shakespeare, par Victor Hugo fils. *Paris*, 1864 ; in-8, pap. vél., br.

1197. Théâtre de Clara Gazul, publ. par Prosper Mérimée. *Paris*, 1830 ; in-8, br.

1198. Théâtre de Hrotsvitha, religieuse allemande du xe siècle, trad. pour la première fois en français par Ch. Magnin. *Paris, Duprat.*, 1845 ; in-8, fig., br.

1199. Faust, tragédie de Goëthe, nouvelle trad. complète en prose et en vers, par Gérard. *Paris, Dondey-Dupré*, 1835 : in-12, fig., pap. vél. fort, dos de mar. rou.

1200. Le Faust de Goëthe, trad. complète par Henri Blaze. — Goëthe les deux Faust, ballades et poésies, trad. par Gérard. *Paris*, 1840-43 ; 2 vol., in-12, br.

1201. Le Faust de Goëthe, trad. complète par Henri Blaze, illust. par Tony Johannot. *Paris, Lévy*, 1847 ; gr. in-8, pap. vél., fig. sur pap. de Chine, br.

1202. Chefs-d'œuvre du théâtre Indien, trad. du sanscrit, par Wilson, et de l'anglais, par A. Langlois. *Paris*, 1828 ; 2 vol. in-8, br.

1203. La Reconnaissance de Sacountala, drame sanscrit et pracrit de Calidasa, trad. par A.-L. Chéry. *Paris*, 1832; in-8, br.

1204. Tchao-chi-Kou-eul, ou l'Orphelin de la Chine, drame en prose et en vers, suivi de Nouvelles et de Poésies chinoises, trad. par Stan. Julien. *Paris*, 1834; in-8, br.

1205. Le Pi-Pa-Ki, ou l'Histoire du Luth, drame chinois de Kao-tong-Kia, rep. à Pékin en 1804, trad. par Bazin. *Paris, imp. roy.*, 1841; in-8, br. Mouillé.

Romans grecs. — Roman de chevaleries. — Romans, Contes et Nouvelles jusqu'à la fin du XVIIIe siècle.

1206. Longi pastoralium de Daphnide et Chloë, libri quatuor, græce et latine, editio nova, una cum emendationibus uncis inclusis (Cura Joan. Steph. Bernard). *Lut. Paris. (Amst.)*, 1754; pet. in-4, mar. rou., fil., dent. int., tr. dor. (*Capé*).

> Cette édition a été tirée à 125 exemplaires; elle contient les 29 figures, dessinées par Phil. d'Orléans et gravées par Autran, auxquelles on a ajouté des vignettes et culs de lampes d'Eisen et de Cochin.

1207. Les Amours pastorales de Daphnis et Chloé. *S. l.*, 1718; fig. du Régent, avec le petits pieds, mar. rou., fil., tr. dor. (*rel. de Padeloup*).

1208. Les Amours pastorales de Daphnis et Chloé (trad. d'Amyot). *S. l.*, 1781; in-12, fig., v. m., tr. dor.

1209. Les Amours pastorales de Daphnis et Chloé, trad. du grec de Longus, par Amyot. *Paris, Didot l'aîné*, an VIII; pet. in-12., pap. vél., br.

1210. Les Amours pastorales de Daphnis et Chloé. trad. de Longus, par J. Amyot. *Paris, Renouard*, 1803; in-12, tit., port. grav., br.

1211. Daphnis et Chloé, ou les Pastorales de Longus, trad. du grec par J. Amyot; nouv. édit. ornée de vign., dess.

par Eisen, Wille, etc., et grav. par Delongueil. *Paris, Leclère,* 1863; in-12, br.

> Ce vol. porte le n° 4 du tirage sur Chine à 6 exemp.

1212. Les Amours d'Ismène et d'Isménias. *La Haye,* 1743; in-12, fig., pap. de Holl., v., gr., fil., tr. dor.

1213. Les Amours de Zoroas et de Pancharis, poème érotique et didactique, sur le culte de Cythérée, pratiqué à Milet. *Paris,* 1802; 3 vol. in-8, fig., imp. sur pap. rose, mar. vert, dent., tr. dor., rel. par Bozérian.

1214. Dissertation sur le Roman de Roncevaux, par H. Monin. *Paris,* 1832; in-8, br.

1215. Notice sur Gilion de Trasignyes, roman français du xve siècle, suivie de quelques autres fragments, par G.-B. (G. Brunet). *Paris, Téchener,* 1839; br., in-8, pap. vél. rose.

> Tiré à 80 exemp.

1216. Analyse critique et littéraire du roman de Garin-le-Lohérain, avec Notices sur les romans de Chevalerie, par Leroux de Lincy. *Paris, Téchener,* 1835; in-8, pap. verg. br.

1217. Contes populaires des anciens Bretons, précédés d'un Essai sur les épopées de la Table Ronde. *Paris,* 1842; 2 vol. in-8, cart., n. rog.

1218. Roman des Douze Pairs de France, publ. par Paulin Paris. *Paris, Téchener,* 1836-1846; 13 vol. in-8, pap. verg. de Holl., dos de mar. vert. dor. en tête; il y a un cachet sur les titres.

1219. Histoire des Seigneurs de Gavres, roman du xve siècle, publ. par van Dale. *Bruxelles, s. d.;* in-4 pap. vél., cart.

> Le texte de cet ouvrage est lithog. et contient un grand nombre de vignettes coloriées.

1220. Le Roman du Saint-Graal, publ. pour la première fois par Fr. Michel. *Bordeaux,* 1841; in-8, pap. verg. de Holl., br.

> Édit. tirée à petit nombre.

1221. Brocéliande ses Chevaliers et quelques Légendes. *Rennes*, 1839; gr. in-8, pap. de Holl.

1222. Le Traicté des deux Amans, c'est assavoir Guisqard et la belle Sigismonde. *Réimp à Aix, chez Pontier;* pet. in-8, pap. rose, fig., br.

1223. Le Roman du roi Flore et de la belle Jeanne, publ. par Fr. Michel. *Paris, Téchener*, 1838; pet. in-8, pap. de Holl., dos et coins mar. viol. (*Niédrée*).

1224. Roman d'Eust. Lemoine, pirate du xiiie siècle, pub. pour la prem. fois par Fr. Michel. *Paris, Silvestre*; 1834; in-8, pap. bleu vél., br., fac-simile sur vélin.
> Tiré à 110 exemp. dont 3 sur ce papier.

1225. Amadis de Gaule, par Alp. Pagès. *Paris*, 1868, in-12, pap. verg., fig., br.
> Tiré à 400 exemp.

1226. Histoire et Cronicque du Petit Jéhan de Saintré et de la jeune Dame des belles Cousines, par Ant. de la Salle. *Paris, Didot*, 1830; gr. in-8, goth. fig., cart., n. rog.

1227. L'Hystoire et plaisante Chronique du Petit Jéhan de Sainctré et de la jeune Dame des Belles Cousines, publ. par Marie Guichard. *Paris, Gosselin*, 1843; in-12, br.

1228. L'Histoire des quatre fils d'Aymon, augm. de plus. figures. *Limoges, Chapoulaud, impr. libr.*, place des Bancs. S. d.; in-8, br., 126 pag., 27 *fig. sur bois.*—Notice sur le Juif-Errant, par G. Brunet. *Bordeaux*, 1845; br. de 9 pag.
> Tiré à 50 exemp. cart.

1229. Les quatre fils Aymon, par Ferd. Hénaux. *Liége*, 1844; gr. in-8, pap. fin, dos et coins mar. rouge, dor. en tête.

1230. Histoire de Gérard de Nevers et de la belle Euriant sa mie, par M. de Tressan. *Paris*, 1792; in-18, fig. de Moreau jeune, pap. vél., cart., n. rog.

1231. Aucassin et Nicolette; la Comtesse de Ponthieu, romans de chevalerie, tirés d'un manuscrit du xiiie siècle et publiés par Alf. Delvau. *Paris*, 1865; 2 vol. in-8, br.
> Tiré à petit nombre.

1232. Les Aventures du chevalier Jaufre et de la belle Brunissende, trad. par Mary Lafon, illust. par Gust. Doré. *Paris*, 1856; gr. in-8, pap. vél., br.

1233. Fierabras, légende nationale, trad. par Mary Lafon, et illustré de 12 grav., dess. par Gustave Doré. *Paris*, 1857; gr. in-8, pap. vél., br.

1234. Le Victorial; Chronique de don Pedro Nino, comte de Buelna, par Guttiere Diaz de Gomez, trad. par MM. de Circourt et de Puymaigre. *Paris*, 1867; in-8, br.

1235. Chroniques chevaleresques de l'Espagne et du Portugal, suivie du Tisserand de Ségovie, drame du XVIIe siècle, publ. par F. Denis. *Paris*, 1839; 2 vol. in-8, d.-rel., ch. viol.

1236. Les Nouvelles de Marguerite, reine de Navarre. *Berne*, 1780; 3 vol. in-8, pap. de Holl., fig. de *Freudenberg*, grav. par *Delongueil*, bas. rac., fil.

1237. L'Heptaméron des Nouvelles de Marguerite, reine de Navarre. *Paris*, 1853; 3 vol. in-8, pap. vergé, br., portr.

Publ. de la Société des Bibliophiles français.

1238. Le Romant Satyrique de Jean de Lannel, seig. du Chaintreau et du Chambort. *Paris*, 1624; pet. in-8, v. ant., fil., tr. dor.

1239. Histoire amoureuse de Dom Juan d'Autriche. *La Haye*, 1694; pet. in-12, br.

1240. Les Jeux d'esprit, ou la Promenade de la princesse de Conti à Eu, publ. par le marquis de la Grange. *Paris*, Aubry, 1862; pet. in-8, pap. verg., br.

Tiré à 325 exemp.

1241. Histoire amoureuse des Gaules, par le comte de Bussy-Rabutin, suivie de la France galante, publ. par Poitevin. *Paris*, 1858; 2 vol. in-12, pap. vél. f., br.

1242. La Diane des Bois, par le S. de Pré-Fontaine. *Rouen*, 1632; pet. in-8, front. grav., v. marb.

1243. La Journée des Madrigaux, suivie de la Gazette de Tendre (avec la carte de Tendre) et du Carnaval des Précieuses, publ. par Colombey. *Paris*, 1856; pet. in-8, pap. verg., cart., n. rog.

1244. Zaïde; Histoire espagnole, par M. de Segrais, avec un Traité de l'origine des Romans, par M. Huet. *Paris*, 1699; 2 vol. in-12, v. br.

1245. Nouvelles africaines. — Almanzaïde, Nouvelle. *Paris, Cl. Barbin*, 1673-74; in-16, v. rac.

1246. Histoire d'Héloïse et d'Abélard. — Le marquis de Basin, ou le Barbare époux. — Le Chevalier de la Tour Landry, ou l'Amant dupé. *La Haye*, 1693. — Les Galanteries amoureuses de la cour de Grèce (*à la Sphère*), 1693, 2ᵉ partie. — Almanzaïde, Nouvelle. *Paris, Cl. Barbin*, 1676. Ensemble 1 vol. pet. in-12, vél.

1247. Mémoires Secrets de M. L. D. D. O., ou les Avantures comiques de plusieurs grands princes de la cour de France, par Mᵐᵉ d'Aunoy. *Paris, J. Ribou*, 1696; pet. in-12, vél.

1248. Les Conversations (du maréchal de Clérembeau et du chev. de Mérée). *Paris, Barbin*, 1669; in-18, v. br.

1249. Mémoires de Madame la Mᵗᵉ de Fresne. *Amst.*, 1702; in-12, fig., v. gr.

1250. Le Prince infortuné, ou l'Histoire du chevalier de Rohan, par Sandras de Courtilz. *Amst.*, 1713; in-12, v. br.

1251. Hipalque, prince scythe, Histoire merveilleuse (par le S. de la Serre). — Entretiens des Ombres (par Bruzan de la Martinière). *Paris*, 1727; in-8, v. br. (*ex. Crozat*).

1252. Acajou et Zirphile, Conte (par Duclos). *A Minutie*, 1744; in-4, fig. de Cochin et Boucher, dos de mar. rouge.

1253. Les Princesses de Malabares, ou le Célibat philosophique. *A Andrinople*, 1734; in-12, br.

1254. Entretiens littéraires et galants, avec les Aventures de don Palmérin et de Thamire, par Perron de Castera. *Paris, Tissot*, 1738; 2 vol. in-12, rel. en vél., v., *armes de d'Aguesseau*.

1255. Les Avantures de Télémaque, par feu messire Fénelon, nouv. éd. conforme au manus. orig. *Amsterdam, Wetstein*, 1734; in-4, v. gr., fig. de A. Picard, Debrie, etc.

> Tiré à 150 exemp.
>
> L'exemplaire est composé d'un avertissement, discours sur le poème épique, X et XXVII p. — Télémaque, p. 1 à 418. — Ode, p. 419 à 424.

1256. Le Temple de Gnide, par Montesquieu, avec des Préliminaires de Charles Nodier; vign. dess. par Deveria et Laffitte, et grav. sur bois par Thompson. *Paris, Pinard*, 1824; gr. in-fol., max., pap. vél., cart.

> Tiré à 140 exemp.

1257 Amusements de la Toilette, ou Recueil des faits les plus singuliers, tragiques et comiques de l'Amour. *La Haye*, 1759; 2 vol. pet. in-8, br.

1258. Les Contes des Fées en prose et en vers, de Ch. Perrault, publ. par Ch. Giraud. *Paris, imp. imp.*, 1864; in-8, pap. verg., fig., br.

1259. Contes, Mémoires et autres OEuvres de Ch. Perrault, publ. par P.-L. Jacob, avec une Dissertation sur les Contes des Fées, par le baron de Walckenaer. *Paris, Gosselin*, 1842; in-12, br.

1260. Le Neveu de Rameau, Dialogue, ouvrage posthume et inédit, par Diderot. *Paris*, 1821; in-8, port., d.-rel.

1261. Histoire amoureuse de Pierre le Long et de Blanche ecritte par iceluy; la musique de M. Philidor. *Londres*, 1765, in-12, fig. et tit. grav. — Le Château d'Otrante, par Horace Walpole. *Amst.*, 1767; ens. 1 vol. in-12., v., m.

1262. Contes moraux, par Mercier, avec fig. de Marillier, grav. par de Ghendt et de Launay. *Paris, Merlin*, 1769; 2 part. en 1 vol. in-12, v. f., fil.

1263. Le Diable amoureux, Nouvelle espagnole (*par* *Cazotte. A Naples* (*Paris, le Jay*), 1772; in-8, fig., v., m.
    Édit. rare et recherchée pour ses figures grotesques.

1264. Le Diable amoureux, par Cazotte, précédé de sa Vie, de son Procès, de ses Prophéties et Révélations, par Gérard de Nerval. *Paris*, 1845; in-8, pap. vél., br.
    200 dessins de Beaumont.

1265. La Gazette de Cythère, ou Avantures galantes et récentes arrivées dans les principales villes de l'Europe, avec un Précis de la Vie de Mme Du Barry. *Londres*, 1774; in-8, fig., cart., n. rog.

1266. Les Nouvelles d'Ant. Fr. Grazzini, dit le Lasca. *Berlin*, 1776; 3 part. en 1 vol., pet. in-8, v., m.

1267. L'École des Pères, par Rétif de la Bretone. *Paris*, 1776; 2 vol. in-8, pap., fil., an. d.-rel.

1268. Le Paysan et la Paysanne pervertis, ou les Dangers de la Ville, par Rétif de la Bretonne. *Paris*, 1776, 8 vol. 12, nomb. fig. grav., br.

1269. Vie et Aventures de sens commun, Hist. allégorique, trad. de l'anglais. *Avignon*, 1777; in-8, br.

1270. Histoire de Gil-Blas de Santillane, par Lesage, vign. de Jean Gigoux. *Paris, Paulin*, 1835; g. in-8, br.

1271. Histoire de Manon Lescaut. *Paris, Bourdin*; in-8, br. fig. *sur Chine*.

1272. Contes à Rires, ou Récréations françaises, *Paris*, 1781; 3 vol. in-12, br.

1273. Petits Contes à Rires, ou Récréations françaises. *Amsterdam*, 1783; in-12; dos de m. r., cart., n. rog.

1274. Les Confessions du comte de... (par Duclos), écrites à un ami. *Amsterdam*, 1783; in-8, rel., basane fatiguée, fig. de *Desrais*.

1275. Les Après Soupers de la Société, petit théâtre lyrique et moral sur les Aventures du jour. *Paris*, 1783; 4 vol. in-16, fig. de Martinet, pap. de Holl., v. marb., tr. dor.

1276. Le Pot au Noir. *Londres*, 1788; in-8, cart., n. rog.

1277. Mon Serre-Tête, ou les Après Soupers d'un petit commis (par Mercier de Compiègne). *Frivolipolis*, 1788; in-12, d.-rel., v. fau.

1278. Les Dîners de M. Guillaume avec l'Histoire de son enterrement, par l'auteur de la Vie de Voltaire. *S. l.*, 1788; pet. in-8, fig., br.

1279. Le Cousin de Mahomet avec figures. *Constantinople*, 1770; 2 vol. in-16, v. marb., fil.

1280. OEuvres de la marquise de Palmarèze (par Mérard de Saint-Just. *Khel, Chanson*, 1789; 3 vol. in-18, dos de v. fau.

1281. Contes, Aventures et faits singulier, recueillis de l'abbé Prévost. *S. l.*, 1789; 3 vol. in-12, br.

1282. Zelomir, par Morel (Vindé), *imp. par Didot l'aîné*, 1801, avec 4 suite de grav. (*Eaux-fortes, avant la lettre, avec la lettre et décalque*); in-12; mar. rou., fil., tr. dor. (*Derome*).

1283. Primerose, par Morel de Vindé. *Paris, Leclère*, 1863; in-16, tiré sur gr. pap. de Chine, fig. de Lefebvre, grav. par Godefroy, br.
     Tiré à 6 exemp.

1284. Les Liaisons dangereuses, par Chauderlos de Laclos. *Londres*, 1796; 2 vol. in-8, fig. de *Monnet*, v., gr., fil.

1285. Le Voyage du Vallon tranquille, Nouvelle historique, par Charpentier. *Paris*, 1796; in-16, tiré sur gr. pap. de Holl., in-12, dos de v. fau. (*Simier*).

1286. Les Nuits d'hyver : Variétés, Contes et Nouvelles en prose et en vers. — Gérard de Welsen, Nouvelle historique en 7 livres, par Mercier de Compiègne. *Paris*, 1797; 2 vol. in-18, fig., br.

1287. Le Colporteur, Histoire morale et critique, par M. de Chevrier. *Londres, l'an de la Vérité;* in-12, v. fau., fil.

1288. Un Roman de Cœur, par Marat (le conventionnel). *Paris*, 1848; 2 vol. in-8, br.

1289. Moïna, ou la Villageoise du Mont-Cenis, *attribué à Joseph Bonaparte, depuis roi d'Espagne. Paris*, an VIII; in-18, br.

Romans modernes, XIXe siècle, et Romans étrangers.

1290. Atala et René, par Chateaubriand, 1re édit. *Paris*, 1805; in-12, fig., pap. verg., v. rac., fil., tr. dor.

1291. Charles Barimore, par M. de Forbin. *Paris, Maradan*, 1817; gr. in-8, pap. vél,, fig., br.

1292. Mémoires d'un Vilain du XIVe siècle, par Collin de Plancy. *Paris*, 1820; 2 vol. in-12, d.-rel.

1293. Histoire du Juif-Errant, écrite par lui-même, conten. une Esquisse rapide de ses voyages pendant 18 siècles. *Paris*, 1820; in-8, d.-rel., m. n.

1294. Les Duels, Suicides et Amours du bois de Boulogne, Recueil historique, par un Rodeur caché dans un arbre creux de ce bois. *Paris*, 1821; 2 vol. in-12, fig., dos de v.

1295. L'Élysée ou quelques Scènes de l'autre Monde. *Paris*, 1821; in-8, cart.

1296 Album romantique, composé de six Nouvelles. *Paris, Dupont*, 1822; pet. in-12, fig., br. Tiré à 100 exemp.

1297. Le Crapaud, roman espagnol. *Paris*, 1823; 2 vol. in-8, br. Édit. originale.

1298. Le Damné (par Mme Camille Bodin, connu sous le pseudonyme de Jenny Bastide). *Paris, Ponthieu*, 1824; 2 vol. in-12, imp. sur pap. tricolore, cart, en 1 vol., n. rog.

1299. Les Mauvais Garçons, par Alphonse Royer et Auguste Barbier. *Paris, Renduel*, 1830; 2 vol. in-8, tit. grav. sur bois, dess. de Tony Johannot, d.-rel-

1300. Les Buttes de Baville, par Mme Geor. Ducrest. *Paris,, Al. Mesnier*, 1831; 2 vol. in-12, imp. sur pap. de différentes couleurs, d.-rel.

1301. Mes Douze premières Années et Sœur Inès (par Mme la comtesse Merlin). *Paris*, 1831 ; 2 vol. in-12, pap. vél., dem.-rel.

> Avec dédicace de l'auteur.

1302. Histoire de la Sœur Inès, épisode de mes douze premières années, par Mme la comtesse Merlin. *Paris*, 1832 ; in-12, pap. vél., br.

> Avec envoi de l'auteur à Mme Récamier.

1303. Paris ou le Livre des Cent et Un. *Paris, Ladvocat*, 1832 ; 15 vol. in-8, dem.-rel., dos et c. v. rose, n. rogné.

1304. Le Conteur, recueil de Contes de tous les temps et de tous les pays, par A. Hugo, J. Arago, E. Mercœur, Ch. Nodier, etc., etc. *Paris*, 1833 ; in-12, dos de v.

1305. Le Népenthès, contes et nouvelles, par Loève-Veimars. *Paris*, 1833 ; 2 vol. in-8, br.

1306. Les Rebelles sous Charles V, par le vicomte d'Arlincourt, avec 3 fig. sur bois, de Tony Johannot. *Paris*, 1832 ; 3 vol. in-8, br.

1307. Le Brasseur roi, chronique flamande du XIVe siècle, par le vicomte d'Arlincourt. *Paris*, 1834 ; 2 vol. in-8, fig., br., ex. imp. sur pap. rose.

1308. La Sainte-Baume, par Jos. d'Ortigue. *Paris, Renduel*, 1834 ; 2 vol. in-8, br.

1309. Rose et Blanche ou la Comédienne et la Religieuse, par G. Sand. *Paris, Renault*, 1831 ; 5 vol. in-12, br.

1310. Mme de Sommerville, par Jules Sandeau. *Paris*, 1834 ; in-8, br.

> Édit. orig.

1311. L'Amulette, Étrennes à nos jeunes amis, par Ch. Nodier, de Meynard, Fr. Soulié, Gozlan, H. Berthoud, Th. Gauthier, de Pastoret, Guinot, Cabanon, E. Sue, etc. *Paris, Renduel*, 1834 ; in-12, vignette, v. gauf., tr. dor.

1312. Raoul de Pellevé, esquisses du temps de la Ligue, 1593-94. *Paris*, 1834 ; 2 vol. in-8, br., avec une eau-forte de Boisselet.

1313. Mémoires authentiques d'une sage-femme, par
Mᵐᵉ Alex. Jullemier. *Paris*, 1835 ; 2 vol. in-8, dos de v.

1314. Le Malheur du riche et le Bonheur du pauvre, par
Cas. Bonjour. *Paris*, 1836 ; in-8, dem.-rel.
Édit. orig.

1315. Le Livre de beauté, Souvenirs historiques, par
Mᵐᵉ Tastu, MM. Bouilly, Drouineau, Petrus Borel, Las-
sailly, etc., avec une préface de Ch. Nodier. *Paris*, 1834 ;
in-8, br. Mouillé.

1316. André le voyageur, Naufrage aux îles Crozet, suivi
du Brahme, par Ferd. Denis. *Paris*, 1840 ; in-8, fig.,
broch.

1317. Les Aventures de J.-Paul Choppart, par L. Desnoyers. *Paris*, 1843 ; in-8, dem.-rel., mar. vert.
Nomb. illustrations.

1318. Ali le Renard ou la Conquête d'Alger, Roman d'Eusèbe, de Salle. *Paris*, 1832 ; 2 vol. in-8, br.
Édit. orig.

1319. Émile, fragments, par Émile de Girardin. *Paris*,
1827-39 ; in-8, br.

1320. Scènes contemporaines laissées par feu Mᵐᵉ la vi-
comtesse de Chamilly, augm. du Dix-huit Brumaire,
avec les fig. col., de Henry Monnier. *Paris*, 1828-30 ;
2 vol. in-8, br.

1321. Scènes de la ville et de la campagne, par Henry
Monnier. *Paris*, 1844 ; 2 vol. in-8, br. (*Vignettes*).—Nouvelles scènes populaires. *Paris*, 1839 ; 2 vol. in-8, fig.,
broch.

1322. Picciola, par Saintine, précédé de recherches sur
l'emploi du temps dans les prisons d'État, par P. Jacob.
Paris, Gosselin, 1840 ; in-12, pap. vélin, dem.-rel., mar.
bleu.

1323. Champavert, Contes immoraux, par Petrus Borel le
lycanthrope. *Paris*, 1833 ; in-8, br.

1324. Mme Putiphar, par Petrus Borel (le lycanthrope). *Paris*, 1839 ; 2 vol. in-8, fig. en bois, dos et coins mar. bl., tr. dor.

1325. Contes d'Espagne et d'Italie, par Alfred de Musset. *Paris*, 1830 ; in-8, br.
   Édit. orig.

1326. Un Spectacle dans un fauteuil, par Alfred de Musset. *Paris*, 1833 ; in-8, br.; et 1834 ; 2 tom. en 1 vol. in-8, dem.-rel., v. rose.
   Édit. orig.

1327. La Confession d'un enfant du siècle, par Alfred de Musset. *Paris*, 1836 ; 2 vol. in-8, dem.-rel., ch. viol.
   Édit. orig.

1328. Samuel, roman sérieux, par Paul de Musset. *Paris*, 1833 ; in-8, br.
   Édit. orig.

1329. La Tête et le Cœur, par Paul de Musset. *Paris*, 1834 ; in-8, cart.
   Édit. orig.

1330. Mosaïque (par Prosper Mérimée). *Paris, Fournier*, 1833 ; in-8, br.

1331. La double Méprise, par Prosper Mérimée. *Paris*, 1833 ; in-8, br.

1332. Colomba, la Vénus d'Ille et les Ames du Purgatoire, par Prosper Mérimée. *Paris*, 1841 ; in-8, br.

1333. Carmen, par Mérimée. *Paris*, 1847 ; in-8, br.
   Édit. orig.

1334. Le Journaliste, par Émile Souvestre. *Paris*, 1839 ; 2 vol. in-8, br.
   Édit. orig.

1335. La Danse macabre, Histoire fantastique du xve siècle, par P.-L. Jacob, bibliophile. *Paris*, 1832 ; in-8, br.
   Édit. orig.

1336. Quand j'étais jeune, Souvenirs d'un vieux, par Paul Lacroix Jacob. *Paris*, 1842 ; 2 vol. in-8, br., *édit. originale*. — Suite de la convalescence du vieux conteur, par P.-L. Jacob. *Paris*, 1842 ; in-8, br.

1337. OEuvres choisies de Balzac. *Paris*, 1822; 2 vol. in-8, dos et coins veau fau. (*Trautz-Bauzonnet*).

1338. Romans et Contes philosophiques, par M. de Balzac, conténant: la Peau de chagrin, Sarrasine, la Comédie du diable, el Verdugo, Maître Cornelius, Mme Firmiani, l'Auberge rouge, Louis Lambert. *Paris, Gosselin*, 1832; 3 vol. in-8, br.

1339. Contes bruns par une tête à l'envers, par MM. Balzac, Chasles et Raban. *Paris*, 1832; in-8, br.

1340. La Peau de chagrin, par H. de Balzac, illust. par Janet Lange, Gavarni et autres. *Paris, Delloye*, 1838; gr. in-8, pap. vél., fig. gr. dans le texte et les gr. fig. sur pap. de Chine, mar. rouge, fil., tr. dor.

1341. Les Contes drolatiques, colléges et abbayes de Touraine et mis en lumière par le sieur de Balzac, ill. de 425 dessins de Gust. Doré. *Paris, Garnier*, 1858; in-8, broch.

1342. Petites Misères de la vie conjugale, par H. de Balzac, édit. illust. par Bertall. *Paris, Chlendowki*, s. d.; gr. in-8, pap. vél., br.

1343. Nouvelles et seules véritables Aventures de Tom Pouce, par Stahl, 150 vignettes par Bertall, 1845. — Le prince Coqueluche, son histoire intéressante et celle de son compagnon Moustafa, par Ed. Ourliac, vignettes par Delmas, 1846. — Paris marié; philosophie conjugale, par H. de Balzac, commenté par Gavarni. *Paris, Hetzel.* Ensemble 3 vol. pet. in-8, pap. vél., br.

1344. OEuvres de J. Janin. Les Catacombes. *Paris, Werdet*, 1839; 6 vol. in-12, fig., br. — La Confession. *Paris*, 1830; 2 vol. in-12, fig., br. — Fontainebleau, Versailles et Paris, juin 1837; in-18, port., br. — L'Ane mort et la Femme guillotinée. *Paris, Baudouin*, 1829; 2 vol. in-12, fig., dem.-rel. — Le Prince royal, avec un port., par Charlet, in-12, br.

1345. L'Ane mort, par Jules Janin, édit. illust. par Tony Johannot. *Paris, Ern. Bourdin*, 1842; gr. in-8, br.

1346. Les Amours du chevalier de Fosseuse, par J. Janin. *Paris*, 1867; in-8, pap. vél., br.

1347. Zigzags, par Th. Gauthier. *Paris, Magen*, 1845; in-8, broch.
    Première édit.

1348. OEuvres de Th. Gauthier, contenant: Poésies, 1845. — Voyage en Espagne, 1845. — Nouvelles, 1845. — Un Trio de romans, 1852. — Caprices et Zigzag, 1852. — OEuvres humoristiques, 1851. — Italia, 1852. — Les Grotesques, 1853. — Constantinople, 1854. — Les Beaux-Arts en 1855 et 56. — Théâtre de poche, 1855. — L'Art moderne, 1856. — Histoire de l'art dramatique, 1858-59. — Le roman de la Momie, 1859. — Romans et Contes, 1863. — Voyage en Russie, 1866. Ensemble, 23 vol. *Paris, Charpentier, Lévy*; in-12, br.

1349. Le capitaine Fracasse, par Th. Gauthier, avec 60 dessins de Gust. Doré. *Paris*, 1866; gr. in-8, pap. vél., br.

1350. Mémoires d'un touriste par (Stendhal). *Paris*, 1838; 2 vol. in-8, br.
    Édit. orig.

1351. OEuvres de Stendhal (*Henri Beyle*), contenant : Le Rouge et le Noir. — La Chartreuse de Parme, 1846. — Promenades dans Rome, 1853. — Vie de Mozart, de Rossini. — Racine et Schakespeare. — Romans et Nouvelles. — Mémoires d'un touriste, 1854. — Rome, Naples et Florence. — Chroniques italiennes. — Nouvelles inédites. — Correspondance inédite, 1855. — De l'Amour. — Chroniques et Nouvelles, 1856. — Histoire de la peinture en Italie, 1859. — Mélanges d'art et de littérature, 1867. Ensemble, 18 vol. in-12, br.

1352. Notre-Dame de Paris, par Victor Hugo, illust. de 55 grav. d'après les dessins de Boulanger, Daubigny,

T. Johannot, Meissonnier, etc., etc. *Paris, Perrotin,*
1844; gr. in-8, pap. vél., br.
> Exemp. de premier tirage.

1353. Les Misérables, par Victor Hugo. *Paris,* 1862; 10 vol.
in-8, pap. vél., br.

1354. Les Confidences, par Alph. de Lamartine.—Nouvelles
confidences, avec une partie entièrement inédite. *Paris,
Michel Lévy,* 1849-54 ; 2 vol. in-8, pap. vél., dos et coins
mar. vert, fil., dor. en tête. Chaque vol. contient 43 port.
et vign. grav., il y a aussi un beau dessin à l'aquarelle.

1355. Chroniques, Contes et Légendes, par Ch. A. Beney-
ton. *Paris,* 1854 ; in-4, pap. vél., br.

1356. Péchés de jeunesse, par Al. Dumas fils. *Paris,* 1847;
in-8, br.
> Édit. orig.

1357. La Dame aux Camélias, par Alex. Dumas fils, préface de Jules Janin, édit. illust. par Gavarni. *Paris,* 1858;
gr. in-8, br.

1358. Mme Bovary, Mœurs de province, par Gust. Flaubert.
Paris, 1857 ; in-12, br.

1359. Salambo, par G. Flaubert. *Paris,* 1863; in-8, br.

1360. Eux et Elles, histoire d'un scandale, par M. de Lescure. *Paris,* 1860; in-12, pap. vél., dos de mar.

1361. J'aime les morts, par A. de Gravillon. *Paris,* 1861 ;
in-8, pap. vergé, teinté, br. *Imp. par Perrin.*

1362. Le Prêtre marié, épisode de la Révolution française,
par le comte de Poligny, avec une introduction de Ch.
Nodier. *Paris, Techener,* 1863; in-12, br.

1363. Le Maudit, par l'abbé ***. *Paris,* 1864; 3 vol. in-8,
broch.
> Édit. orig.

1364. OEuvres d'Alfred Delvau. Le grand et le petit Trot-
toir—Du pont des Arts au pont de Kehl.— A la porte du
Paradis. — Histoire des Cafés. — Les Cythères parisiennes. Ens., 5 vol. in-12, fig., br.

1365. OEuvres d'Alf. Delvau. Les Heures parisiennes, eaux-
fortes. — Histoire des barrières, eaux-fortes. — Les Son-
neurs de sonnets. Ens., 3 vol. in-12, pap. verg., br. —
Françoise, chapitre inédit de l'hist. des Quatre Sergents
de la Rochelle. *Paris*, 1865; in-16, fig., br.

1366. Les Aventures de Robin Jouet, par Em. Carrey. *Tours,
Mame*, 1864; gr. in-8, fig., pap. vél., br. n. c.

1367. Idées et Sensations, par Edm. et J. de Goncourt.
Paris, 1866; gr. in-8, pap. vél., br.

1368. Le Livre de mes petits enfants, par M. Delapalme,
dessins de Giacomelli. *Paris, Hachette*, 1866; gr. in-8,
pap. vél. teinté, br.

1369. L'Enfer de l'esprit, par A. Vacquerie, avec une vignette tirée sur chine de L. Boulanger. *Paris*, 1840;
in-8, br.
　　Édit. orig.

1370. La Comédie au boudoir, par M. de Podestat, avec
sept eaux-fortes, par Lalanne, Perrin, Morin, etc. *Paris*,
1868; in-12, pap. verg., br.

1371. Le 101e Régiment de ligne, illustré par J. Noriac.
Paris, 1860; in-8, gr. pap. vergé, br.
　　Tiré à 13 exemp. sur ce pap.

1372. Pernette, par V. de Laprade (de l'Académie). *Paris*,
1869; in-8, br.

1373. L'Églantine, souvenirs de littérature contemporaine.
Paris, Janet; in-8, cart. *Fig.*

1374. Le grand Mistère ou l'Art de méditer sur la garde-robe,
par l'ingénieux Dr Swift, suivi des Pensées hasardées sur
les études, par Lesage. *La Haye*, 1729. — Voyage de Languedoc et de Provence en 1740. *Amst.*, 1744. Ensemble,
1 vol. in-12, dem.-rel.
　　Un double exemp. du Grand Mystère.

1375. Le Conte du Tonneau, par Jon. Swift, trad. de l'anglais. *Lausanne*, 1742; 3 vol. in-12, fig., v. m.

1376. Les Trois Justaucorps, conte bleu, avec les trois An-
neaux, par Jon. Swift. *Dublin*, 1721 ; in-12, dos de mar.
bl. — Le Procès sans fin ou Histoire de John Bull, par
J. Swift. *Londres*, 1753 ; in-12, v. mar.

1377. Voyages de Gulliver dans les contrées lointaines,
par Swift, édit. illustrée par Granville. *Paris*, 1839 ; 2 vol.
gr. in-8, br.

1378. Tom Jones ou l'Enfant trouvé, par Fielding, trad.
de L. De Wailly. *Paris*, 1844 ; 2 vol. in-12, br.

1379. Le Vicaire de Wakefield, trad. de Nodier. *Paris, Bour-
gueleret*, 1838 ; in-8, en-11 livrais., pap. vél. *Fig. sur chine.*
Bel exemp.

1380. Contes populaires de l'Allemagne, par le comte de
Corberon. *Paris*, 1836 ; gr. in-8, mar. viol. encad., tr.
dor., chiff. sur les pl. (*Simier*).

1381. Contes populaires de l'Allemagne, trad. par Cerfber
de Medelsheim. *Paris*, 1846 ; 2 part. en 1 vol. in-8, dos
et c. mar. rou., tête dor., 300 *vignettes*.

1382. Les Souffrances du jeune Werther, par Goethe (trad.
de La Bédoyère). *Paris, Didot*, 1809 ; in-8, pap. vél., br.
Fig. avant et après la lettre.

1383. Les Souffrances du jeune Werther, par Goethe, trad.
du comte de Labedoyère. *Paris*, 1845 ; in-8, pap. vergé,
br. *Fig. de Th. Johannot, 3 fig. de Moreau avant la lettre,
ajoutées.*

1384. Werther, par Goethe, trad. nouvelle, avec notice de
Pierre Leroux et une préface de Georges Sand, illust.
de 10 eaux-fortes de Tony Johannot, sur pap. de Chine.
Paris, 1845 ; gr. in-8, pap. vél., br.

1385. Lettres de Charlotte pendant sa liaison avec Werther, avec leurs port. *Londres*, 1787 ; 2 vol. in-16, v. ec.,
fil.

1386. Aventures du baron de Munchhausen, trad. de Th.
Gauthier fils. *Paris, Furne*, in-4, pap. vél., br. *Illustré
par G. Doré.*

1387. L'ingénieux Hidalgo don Quichotte de la Manche, par Cervantès, trad. de L. Viardot. *Paris, Dubochet,* 1836; 2 vol. gr. in-8, pap. vél., dem.-rel., dos et c. m. *Laval.* Tête dor. *Vign. de Th. Johannot.*

1388. L'admirable Don Quichotte de la Manche, par Mich. Cervantès, trad. par Damas-Hinard. *Paris,* 1855; 2 vol. in-12, br.

1389. Les Nouvelles de Miguel de Cervantès, trad. par L. Viardot. *Paris, Dubochet,* 1838; 2 vol. in-8, br.

1390. Aventures de Lazarille de Tormes, écrites par lui-même (Hurtado de Mendoça, trad. de l'abbé de Chames). *Paris, Didot,* 1801 ; 2 vol. in-8, pap. vergé, br. *40 gravures avant la lettre de Ransonnette.*

1391. Le Songe d'un antiquaire, nouvelle fantastique, par Kervyn de Valkaersbeke. *Gand,* 1853; in-12, fig., dos de v., n. rog.

1392. Les Voyages de Kang-Hi ou nouvelles Lettres chinoises, par M. de Levis. *Paris, Didot, l'aîné* 1810; 2 vol. in-12, cart., n. rog.

Facéties et Piéces burlesques. — Dissertations singulières, plaisantes et enjouées. — Ouvrages sur les femmes.

1393. Les Joyeusetés, Facéties et folâtres Imaginations de Carême-Prenant, Gautier-Garguille, Guillot-Gorju, Roger-Bontemps, Turlupin, Tabarin, Arlequin, Moulinet, etc. *Paris, Téchener,* 1834-37 ; 17 vol. in-16, fig. en bois, pap. de Holl., mar. du Levant de diff. couleurs, fil. et dent., tr. dor. (*Hardy*).

Réimp. tirée à 76 exemp., numéroté 58. Aug. Veïnant.

1394. Un Dit d'aventures, pièce burlesque et satirique du xiiie siècle, publ. par Trébutien. *Paris, Silvestre,* 1835; in-8, goth., pap. de Holl., dos et coins mar. v. dor. en tête.

1395. Le Sermon de Guichard de Beaulieu (xiii siècle), publ. pour la prem. fois. *Paris, Techener*, 1834; br. in-8.

> Tiré à 125 exemp.

1396. Les Miracles de Mme Sainte-Katherine de Fierboys en Touraine, 1375-1446, publ. par Bourassé. *Paris, Aubry*, 1861; pet. in-8, pap. de Holl., br.

1397. L'Épitaphe de frère Olivier Maillard, prédicateur du xve siècle. *Paris, de l'imp. de Lahure*, 1857; pet. in-8, pap. vél., br.

> Tiré à 62 exemp.

1398. Louange de la victoire du Roy de France, obtenue en la conqueste de Naples, avec les lamentations du Roy Alphonce. — Histoire tragique d'un jeune gentilhomme et d'une jeune dame de Narbonne. — Estrennes de l'Asne, par J. de Fonteny, Parisien. — Le bragardissime et joyeux Testament de la Bierre pour les festes de Carême-Prenant. — Discours véritable d'un usurier de Remilly en Savoye, lequel s'est pendu avec le licol de sa jument. — La Vision publique d'un très-épouvantable démon sur l'église de Quimper-Corentin. Ensemble, 6 pièces in-8, pap. de Holl., *publ. par René Muffat*.

1399. Le Débat de deux demoyselles, l'une nommée la Noyre et l'autre la Tannée, suivi de la Vie de saint Harenc et autres poésies de xve siècle. *Paris, Didot*, 1825; in-8, gr. pap. vél., cart. n. rog.

1400. L'Épitaphe de Triboulet, ensemble, le débat du Boucanier et du Gorrier et autres pièces inédites des xve et xvie siècles, rec. par Joly. *Lyon, Scheuring*, 1867; in-8, pap. vergé teinté, br.

> Tiré à 250 exemp.

1401. Le Blazon des hérétiques de Pierre Gringore. *Paris*, 1524 (1832); in-8 pap. verg. br.

> Réimp. à 66 exemp.

1402. Les Mondes célestes, terrestres et infernaux; le
monde petit, imaginé, risible, des sages et des fous, et
l'enfer des escholiers, des mal mariés, des put..... et des
ruffians, des soldats et capitaines poltrons, etc., etc.,
par Doni Florentin et traduit par Gab. Chappuis Tou-
rengeau. *Lyon*, 1578; in-12, fig., v. br.

1403. Recueil des chevauchées de l'asne faites à Lyon en
1566 et 1578, aug. d'une complainte inédite sur les maris
battus par leurs femmes. *Lyon, Scheuring*, 1862; petit in-8,
pap. de Holl., fig., br.

> Tiré à 200 exemp.

1404. Discours facétieux des hommes qui font saller leurs
femmes à cause qu'elles sont trop douces. A Rouen, chez
Ab. Cousturier, *réimp. à Paris chez Pinard*, 1830; petit
in-8, pap. de Holl.

> Tiré à 42 exemp., br.

1405. Le tracas de la foire du Pré, où se voyent les amou-
rettes, les tours de passe-passe, etc., dialogue burlesque.
Rouen, s. d., in-12, br., pap. verg.

> Réimp. à 60 exempl.

1406. Monologue nouveau et sort joyeulx de la chambe-
rière desproucue du mal d'amours à Lyon. *Paris, Pinard*, pet. in-8, goth., br. — Le Banquet des Cham-
brières faict aux estuves le jeudy gras. *Paris, Pinard*,
pet. in-8, goth., br. — Apologie des Chamberières qui
ont perdu leur mariage à la blancque. Pet. in-12.

> Réimp. tirée à petit nombre.

1407. Sensuit le sermont des Frappe-culz, nouveau et fort
joyeux, avec la responce de la dame, et les Estrennes
des filles de Paris. Pet. in-8, goth., pap. verg., br. —
Sermon joyeulx de M. Sainct Haren; nouv. imp. *Paris,
Techener*, pet. in-12, goth., pap. de Chine, fig. — Le Mariage des quatre fils Hemon et des filles Damp Simon.
Réimp. par Pinard, Paris, 1835; in-16, goth., fig., br.

> Tiré à 42 exemp.

1408. Les tracas de la foire du Pré, où se voyent les amou-
rettes, les tours de passe-passe, le courtage des fesses, etc.
Dialogue burlesque. *Rouen, Maury,* pet. in-12, pap. de
Holl., br. — La Farce joyeuse de Martin Baton qui rabbat
le caquet des femmes, à cinq personnages. *Rouen, chez
Oursel;* in-8, pap. de Holl., br.

1409.. Le Débat des Lavandières de Paris avec leur caquet.
Rouen, Ab. Cousturier. — Discours joyeux des Fripon-
niers et des Friponnières. *Rouen, chez Rich Aubert.* — Les
Présomtions des Femmes. *Rouen, Ab. C.* — Varlet à louer
et à tout faire. *Rouen, Ab. C., ces 4 pièces sont réimp. à
Paris, chez Pinard,* 1830; 31 pet. in-8, fig., pap. de Holl.

> Tirés à 42 exemp.

1410. Le Doctrinal des filles à marier, *réimp. par Téchener;*
in-12, pap. de Holl., fig., goth. (tiré à 30 exemp.). —
S'ensuyvent les ténèbres du champ Gaillard, le chant
est selon le champ des ténèbres de mariage. *Réimp. par
Lahure,* 1856; pet. in-8, goth., fig., pap. de Holl. (tiré à
62 exemp.). — Le Doctrinal des nouveaulx mariez. *Réimp.
à Chartres,* 1832; petit in-8, pap. de Holl.

> Tiré à 50 exemp.

1411. La Guerre et le Débat entre la langue, les membres
et le ventre. *On les vend à Paris, s. d., réimp. tirée à pet.
nombre;* in-4, gr. pap. de Holl., fig. en bois, cart., n. rog.

1412. Les Aventures de maître Renart et d'Ysengrin, son
compère, publ. par Paulin Paris. *Paris, Téchener,* 1861;
in-12 br.

1413. La brave Médecine de maistre Grimache, avec ré-
ceptes pour resjouir tous esprits mélancholiques. *Paris,
Téchener;* br. in-8, pap. vel., br.

> Réimp. de la coll. des Joyeusetés.

1414. Bigorne qui mange tous les hommes qui font le
commandement de leurs femmes. *Paris, Silvestre;* 8 pages
in-8, br., pap. de Chine.

1415. La Ruelle mal assortie ou entretiens amoureux d'une
dame éloquente avec un cavalier gascon plus beau de
corps que d'esprit, par Marguerite de Valois. *Paris,
Aubry*, 1855 ; pet. in-8, pap. verg., cart., n. rog.

1416. Les Moyens d'éviter merencolye, soy conduire et
enrichir en tous estats par l'ordonnance de raison, composé nouvellement par Dadouville. *Paris*, 1529; *J. Ny-
verde*, fig., in-18, br.
>Réimp. tirée à petit nombre.

1417. — Sermon du cordelier aux soldats ; ensemble la réponse des soldats au cordelier. *Paris*, 1612; *réimp. tirée
à petit nombre*, petit in-8, pap. de Holl., dos et coins
mar. bl.

1418. S'ensuyt le testament de Taste Vin, roy des pions.
Orléans, P. Guyot aîné, 1829 ; br. de 8 pages, goth.
>Tiré à 32 exemp., réimp. sur pap. de Holl.

1419. Les faicts merveilleux de Virgille, imp. à Paris par
Guill. Niverd. *Paris, réimp. par Pinard*, 1831 ; pet. in-8,
pap. de Holl., fig., goth., br.
>Tiré à 42 exemp.

1420. Le Voyage du Puys sainct Patrix auquel lieu on vois
les peines du Purgatoire, et aussi les joyes de Paradis
avec de curieuses fig. en bois. *Paris, Pollet*, 1839; pet.
in-8, goth., br.
>Tiré à 42 exemp.

1421. Chambrière à louer, à tout faire, par Christophe de
Bordeaux, Parisien. *A Rouen, chez Ab. Cousturier ;* pet. in-8,
fig., pap. de Holl., br.
>Réimp. tirée à 42 exemp.

1422. Les ditz et ventes d'amours. *Réimp. chez Pinard*, 1831;
pet. in-8, goth., pap. de Holl., tiré à 42 exemp., dos et
coins mar. bl. (*Niedrée*). Dor, en tête.

1423. Recueil de sermons macaroniques et comiques. —
Le Cocu consolateur, 1810. S. pour la consolation des
cocus. S. du curé de Colignac. — Exorde du S. du P.

gardien des Capucins. — S. prononcé par le P. Zorobabel-
Esprit-Tinc-Hebrayc. — S. d'un cordelier à des voleurs,
1752; ensemble un vol. in-12, pap. verg., dos de v. fau.

1424. Le Mirouer et exemple moralle des enfants ingrats,
comp. par Tyron. *Réimp. à Aix par Pontier*, 1836;
pet. in-4, 16 fig., pap. verg.
> Tiré à 66 exemp., br.

1425. Les quinze Joies du mariage auquel on a joint : le
Blason des fausses amours; le Loyer des folles amours
et le Triomphe des muses contre amour, par *Ant. de la
Salle. La Haye*, 1734 ; in-12, v. br.

1426. Procez et amples examinations sur la viede Caresme-
prenant, dans lesquels sont décrites les tromperies, as-
tuces, etc. *Paris*, 1609; in-8, pap. de Holl. cart.
> Réimp. de Crapelet tirée à petit nombre.

1427. OEuvres de Rabelais, avec les notes de Le Duchat. *Amsterdam, J.F. Bernard*, 1741; 3 vol. in-4, m. vert du Levant,
fil. à froid, dent. int., tr. d., *fig. de B. Picart, etc.* (Petit).
> Bel exemp.

1428. OEuvres de Rabelais. *Paris, Desoer*, 1820; 3 vol.
in-18, fig. sur bois, br.

1429. OEuvres de Rabelais avec un glossaire. *Paris*, 1837;
gr. in-8, port., dos de mar. v.

1430. OEuvres de Fr. Rabelais, pub. par le bibliophile
Jacob. *Paris*, 1841; in-12, br. — Les Héros de Rabelais
ou aventures drolatiques de Gargantua, Panurge et Pan-
tagruel, mis en vers libres par Fragonard et Jules de La-
marque. *Paris*, 1851, in-12, br.

1431. OEuvres de Rabelais, précédées d'une notice par
P. L. Jacob, bibliophile, annotées et pub. par L. Barré
et illustrées par Gustave Doré. *Paris, s. d.*, petit in-4, br.
> Exemp. du 1er tirage.

1432. Le Rabelais moderne ou les œuvres de M. F. Rabelais mises à la portée des lecteurs. *Amsterdam*, 1752 ;
6 vol. in-12, dos de v. br., n. rog.

1433. Rabelais analysé ou explication de 76 fig. grav. pour ses œuvres, par les meilleurs artistes, avec l'ancienne clef et celle de La Motteux, par Francisque Michel. *Paris, Barba*, 1830; in-8, fig., cart., n. rog.

1434. Mitistoire barragouyne de Fanfreluche et Gaudichon, par Guill. des Autelz. *Réimp. par Crapelet* en 1850; in-8, pap. de Holl., fig., br.

> Tiré à 62 exemp

1435. Propos rustiques, baliverneries, contes et discours d'Eutrapel, par Noël du Fail, publ. par Marie Guichard. *Paris, Gosselin*, 1842; in-12, br.

1436. Déploration de Guillaume Crétin sur le trépas de Jean Okeghem, musicien, par Thoinan. *Paris, Claudin*; in-8, pap. vél., br.

> Tiré à 150 exemp.

1437. Aventures burlesques de Dassoucy, publ. par Colombey. *Paris*, 1858; in-12, port., pap. vél., fil., br.

1438. Les Contes ou les nouvelles Recréations et joyeux devis de Bonaventure Despériers, publ. par Ch. Nodier. — Le Cimbalum mundi et autres œuvres de Despériers, publ. par le bib. Jacob. *Paris*, 1841; 2 vol. in-12, br.

1439. La vraie Histoire comique de Francion, par Ch. Sorel de Souvigny, publ. par Colombey. *Paris*, 1858; in-12, frontis. grav., pap. vél., fil., br.

1440. Histoire maccaronique de Merlin Coccaie, prototype de Rabelais, publ. par G. Brunet et Jacob. *Paris*, 1859; in-12, pap. verg., br.

1441. Péripatétiques résolutions et remontrances sententieuses du docteur Buscambille aux perturbateurs de l'Estat. *Paris*, 1529; par Va du C**, gouverneur des singes, petit in-12, pap. verg.

> Tiré à petit nombre.

1442. Les Débats et facétieuses rencontres de Gringalet et de Guillot Gorgeu, son maître, augmentés de ses ordon-

nances touchant la police humaine. *Rouen, s. d.*, in-16 ;
pap. vél., dos et coins de mar. bl., fil., n. rog.

1443. Recueil des Plaisants devis récités par les supposts
du seigneur de la Coquille. *Lyon, L. Perrin*, 1857 ; in-8,
fig., pap. verg. teinté, dos et coins mar. bl., n. rog.

1444. Les œuvres de Tabarin, publ. par d'Harmonville.
Paris, 1858 ; in-12, pap. vél. fort, br.

1445. Le Trésor des pièces angoumoisines inédites ou
rares, publ. par la Société arch. et hist. de la Charente.
Paris, Aubry, 1863 ; in-8, pap. verg., br.

1446. Marottes à vendre, ou Triboulet tabletier, dont la
gibecière contient un rare assemblage de hochets, bre-
loques, colifichets et babioles de toutes espèces. *Au Parnasse burlesque ex officina de la Banque du bel esprit ;* in-12,
pap. vél., dos et coins mar., tr. dor.

1447. Question notable décidée, s'il n'est rien de meilleur
ou pire que la langue. *S. l.*, 1647 ; in-12, cuir de Russie,
tr. dor. (*Thouvenin*).

1448. Le Barbon, par le sieur de Balzac. *Paris, Aug. Courbé*,
1648 ; in-8, gr. pap. de Holl., fig., mar. or., dos à nerfs,
large dent. int. (*Hardy-Mennil.*)

1449. Les Bigarrures et Touches du seigneur des Accords,
avec les escraignes dijonnaises et les contes facétieux du
s. Gaulard, gentilhomme de la Franche-Comté Bourgui-
gnotte. *Paris*, 1662 ; pet. in-12, fig., v. br.

1450. Liber vagatorum. Le livre des Gueux. *Strasbourg*,
1862, in-12, fig., grav., pap. de Holl., dos et coins mar.
or., fil., n. rog.

    Réimp. tiré à 115 exemp.

1451. Les Conférences académiques sur toutes sortes de
sujets utiles et agréables, par J.-D.-S. de Riche-Source.
Paris, 1663, in-4, fig., v. br.

1452. Histoire comique des états et empires de la Lune et
du Soleil, et œuvres comiques, galantes et littéraires de

Cyrano de Bergerac, publ. par le bibl. Jacob. *Paris*, 1858; 2 vol. in-12, pap. vél., fort, br.

1453. Les Loix de la Galanterie (1644). *Réimp. par Aubry*, 1855; pet. in-8, pap. verg., cart., n. rog.

 Tiré à 250 exemp.

1454. Arlequin comédien aux Champs-Élysées, nouvelle historique et comique. *Paris*, 1694; in-12, br.

1455. Les Enluminures du fameux Almanach des jésuites, intitulé : la Déroute des Jansenistes, avec l'onguent pour la brûlure, par J. Barbier d'Aucourt. — Réponse à la lettre d'une personne de condition. *Liége, chez J. Le Noir*, 1683; in-12, fig., cart., n. rog.

1456. Le Moyen de parvenir, par Béroalde de Verville. A*** 100, 070 057; 2 vol. pet. in-12, front. gr. mar., rouge, dent. int., tr. dor.

1457. L'art de désopiler la rate en prenant chaque feuillet pour se T. le D. *Venise*, 178,873; 2 vol. in-12 dem. rel.

1458. Rome, Paris et Madrid ridicules, avec des remarques et un recueil de poésies, par M. de B***. *Paris*, 1713; in-12, front. grav., rel. en vél.

1459. Mémoires politiques, amusans et satiriques de Mess. Jean Nicole de Brasay. A *Veritopolis, chez Jean disant vrai*, 1716; 3 vol. in-12, fig., v. br.

1460. La Bagatelle ou Discours ironiques où l'on prête des sophismes ingénieux au vice et à l'extravagance pour en faire mieux sortir le ridicule. *Amst.*, 1719; 3 vol. in-12, rel. en vél.

1461. Les Priviléges du Cocuage, ouvrage nécessaire tant aux cornards actuels qu'aux cocus en herbe. *Avicon, chez J. Cornichon, à l'enseigne du Coucou*, 1722; pet. in-12, v. m.

1462. Les Chats, par de Moncriff, avec les fig. de Coypel et de Caylus. *Paris*, 1727; in-8, v. br.

1463. Les Chats, extraits de pièces rares et curieuses en vers et en proses anecdotes, chansons, superstitions, etc.,

recueillis par Jean Gay. *Paris*, 1866 ; in-12, pap. de
Holl., br.

Tiré à 300 exemp.

1464. Le Je ne sais quoi, par Cartier de Saint-Philip.
Utrecht, 1730 : 2 vol. in-12, v. m.

1465. Ouvrage de Pénélope, ou Machiavel en médecine,
par Alethéius Demetrius, avec la clé. *Berlin*, 1748 ; 3 vol.
in-12, cart., n. rog.

1466. Le Renard ou le Procès des Bêtes, orné de fig., grav.
en bois. *Amst.*, 1743 ; in-8, br., n. coup.

1467. Le Livre de quatre couleurs. *Aux quatre élémens, de
l'imp. des Quatre-Saisons*, 4444 ; in-12 br.

1468. Le Livre jaune, contenant quelques conversations
sur les Logomachies. *Bâle*, 1748 ; in-8, v., fil.

Cet exemp., imp. sur papier jaune, est signé à la suite de l'épître
dédicatoire à M. de Corberon, par l'auteur Bazin. Sur le verso du
faux titre se trouve copiée une lettre du cardinal de Rohan à l'auteur.

1469. Le Livre jaune, contenant quelques conversations
sur les Logomachies, par Bazin. *Bâle*, 1748 ; in-8, imp.
sur pap. jaune, dos de mar. v., fil.

1470. Le Fantasque, par D. F. *Amst.*, 1745 ; in-12, v. m.

1471. Le Voyage de Mantes, ou les vacances de 17**, relation comique, avec les fig. de Moreau. *Amst.*, 1753 ;
in-18, v. m.

1472. Amilec ou la graine d'hommes. *S. l.*, 1753 ; in-18,
tit. grav., v. fau.

1473. La Berlue. *Londres, à l'enseigne du Linx*, 1759 ; in-18,
pap. de Holl. br.

1474. Les Sotises du tems, ouvrage critique et moral, badin et sérieux. *Lahaye*, 1754 ; 2 tom. en 1 volume in-12,
v. marb.

1475. Le petit Prophète de Boehmischbroda, par Grimm,
1753 ; *s. l. n. d.*, br. in-8,

Eau-forte : le véritable petit prophète dans son grenier, jolie figure.

1476. Eloge de l'Ane, par un docteur de Montmartre. *Paris,
s. d.*, in-16, tiré in-8 sur gr. pap. vél., br.

1477. Sermons facétieux ou ridicules et anecdotes curieuses
sur les prédicateurs. *Paris, Delarue, s. d.*, in-8, imp. sur
pap. jaune, br.

1478. Recueil des facéties parisiennes pour les six premiers mois de 1760 ; in-8, v. mar., manque le titre.

1479. Causes amusantes et peu connues. *Berlin,* 1769 ; 2 vol.
in-12, fig., v. m.

1480. Encyclopédie comique ou Recueil anglais de gaietés,
plaisanteries, traits d'esprit, bons mots, anecdotes etc.
Version libre de l'anglais, par Berlin. *Paris, s. d.*, 2 vol.
in-12, fig., br. — Les Rieurs anglais, ou suppl. à l'encycl.
comique. *Paris,* an X, 2 vol. in-12, fig., br.

1481. Relations singulières ou le Courier des Champs-Éli-
sées, par l'abbé Lambert. *Paris,* 1772, in-12 br.

1482. Polisonniana ; l'homme inconnu ou les équivoques
de la langue, dédié à Bacha Bilboquet. *S. l. n. d.* in-12,
v. marb.

1483. Les petites Maisons du Parnasse, ouvr. comico-litté-
raire, par le cousin Jacques ; Bouillon, 1783-84 ; in-8 cart.

1484. Les Œuvres du sieur Hadoux, maître de danse et citoyen de La Haye : contenant la vertue récompensée ou
le Dragon vert et le petit Cabret, suivi de toutes les chansons faites à la Haye en 1782 ; le tout commenté et rendu intelligible par Rhiba d'Acunenga (Brahin du
Cange), proff. omni genere. *A Criticopolis, l'an des Muses,*
1783 ; in-8, pap. de Holl., br.

1485. Lorgnette philosophique trouvée par un père ca-
pucin sous les arcades du Palais-Royal, et publié par
un célibataire. (Grimod de la Reynière). *Londres,* 1785 ;
2 part. en 1 vol. in-16, dos de m. (*Hering-Muller*).

1486. Amusement d'un philosophe solitaire ; A. Bouillon,
aux dépens de la société Typog., 1782. 3 vol. in-8, br.,
n. coup.

1487. Le fond du sac, recueil de contes en vers et en prose, publiés par Leclerc. *Paris*, 1866, in-8, br.

> Cette édition diffère de l'ancienne.

1488. Le fond du sac, par Nougaret, membre éveillé de l'académie des dormants. *Venise, Pantalon-Phébus*, 1780; fig., 2 vol. in-16, pap. de Holl., dos de mar. rou.

1489. Facéties du vicomte de Mirabeau; A Côte-rotie de l'imp. de Boivin. 2 vol. in-12, fig., cart.

1490. Histoire d'un Pou françois, ou l'espion d'une nouvelle espèce. *Paris*, 1784; in-8, br.

1491. L'occasion et le moment ou les petits riens, par un amateur sans prétention. *Paris*, 1782; 2 t. en 1 vol. in-16, pap. de Holl. mar.. cit., pl., tr. dor.

1492. Les entretiens de l'autre monde sur ce qui se passe dans celui-ci, ou dialogues grotesques et pittoresques de la cour de Louis XV. *Cythère*, aux dépens des divinités, 1785; 2 part. en 1 vol., d.-rel.

1493. Autant en emporte le vent, ou recueil de pièces un peu.... un peu.... on le verra bien. *Gaillardopolis*, 1787; 2 t. en 1 vol. petit in-12, d.-rel.

1494. Les états généraux de Cythère, imitation très-libre du comte Algarotti par le ch. de Cubière, s. l. 1789; in-8, dos de mar. rou.

1495. Mémoires de l'Académie des sciences, inscriptions, belles-lettres et beaux-arts, ci-devant établie en Champagne contenant : dissertations sur un ancien usage, sur les Ecreignes, sur les idiomes provinciaux, sur l'usage de battre sa maîtresse, sur les Fols que fournissait la ville de Troyes, et ornés d'un portrait de Grosley. *S. D.* 1768; in-12, br.

1496. Les yeux, le nez et les t.... ouvrages curieux, galant, et badin, composée pour le divertissement d'une dame de qualité avec les poésies diverses du sieur du commun. *Amsterdam.* 1760; 3 t. en 1 vol., dos et coin mar., br., n. rog. (*Thouvenin*).

1497. Le sopha, conte moral, par M. de Crébillon fils. *Londres*, 1781 ; 2 vol. in-32, pap. de Holl. v., ecc., tr. dor.

1498. Le gage touché, histoires galantes et comiques. *Amsterdam, P. Marteau*, 2 vol. in-12, fig., v. mar.

1499. Les bijoux indiscrets, par Crébillon fils. *Au Monomotapa* s. d. 2 vol. in-12, fig., br.
Édit. orig.

1500. Cléon, Rhéteur, Cyrénéen, ou apologie d'une partie de l'histoire naturelle. *Amsterdam*, 1750. —La Messaline, trad. de l'italien de Fr. Pona impr. à Venise en 1638. *S. L.* 1761. Ens. 1 vol. in-12, v., fau. fil., tr., dor. (*Derome*).

1501. Bibliothèque facétieuse. *Claudin*, 1858.
Regrets funèbres sur la mort de Rondibilis, — sur l'enlèvement des reliques de saint Fiacre pour la guérison du c... de Richelieu. — Défense du pet ; — le Nez pourry de Renaudot, in-12, br.

1502. Bibliotheca scatologica ou Catalogue raisonné des livres traitant des vertus, faits et gestes de Mess. Luc, à Rebours. Trad. du prussien par trois savants en us. *A Scatopolis*, 5850 (*Paris, Jouaust*) ; gr. in-8, imp. sur pap. scatôchrome, dos et coins mar., br.

1503. Histoire secrette du prince Croqu'étron et de la princesse Foirette. A Gringuenaude, chez Fleurimont-Mordant, rue du Gros-Visage, à l'enseigne du Privé Conseil. *Lille, Horemans ;* in-12, pap. verg., br.
Tiré à pet. nombre.

1504. Les Francs-Péteurs, poème en quatre chants, précédé d'un Aperçu historique sur la Société des Francs-Péteurs, fondée à Caen dans la première moitié du xviii° siècle. *Caen*, 1854 ; in-12, br.

1505. L'Art de péter, essai théorique physique suivi de l'Histoire de Pet-en-l'Air et de la reine des Amazones, où l'on trouve l'origine des Vuidangeurs. *Westphalie*, 1776 ; in-8, br.
Exemp. sur pap. de Chine ; la figure à l'eau-forte est tirée en rouge et en noir. Réimpression faite à Lille.

1506. Les Farceurs de l'ancien régime, œuvres choisies de Vadé. *Paris*, 1834; in-8, fig., br.

1507. Dictionnaire aristocratique, démocratique et misti-gorieux..... publié en lanternois par Krirostauphe Clé-deçol, professeur de castagnettes, trad. par Ydaloh..... râcleur de boyau; prix marqué 100 francs. *Partout et nulle part;* in-18, fig., cart., n. rog.

1508. Un Pot sans couvercle et rien dedans ou les Mystères du souterrain de la rue de la Lune, par L. Randal. *Paris,* an VII; in-8, fig., br.

1509. L'Enfant de la Courtille ou le Chef de cabales, par Asinus Baudet, du mont Parnasse; Mur mitoyen de la Chaumière, etc. *Paris*, 1810; 2 tom. en 1 vol. in-12, fig., cart. — Les Compères et les Bambins, lubie d'Aristénète. *Paris*, 1807; in-12, cart., n. rog.

1510. Voyages de l'ours de Saint-Corbinian, les Aventures du chat de Gabrielle et l'Histoire philosophique du Pou voyageur, par Saint-Albin. *Paris*, 1825; in-12, fig., br.

1511. Plainte et Révélations adressées par les filles de joie de Paris à la Congrégation. *Paris, Garnier*, 1830; br. in-8 (*mouillé*).

1512. L'Habit d'Arlequin chronique d'hier, par André Imberdis, avec une vignette de Tony Johannot. *Paris*, 1832; in-8, br.

1513. Triomphe du Corbeau contenant les perfections, raretés et vertus souveraines, avec le Triomphe du Mo-narque lorrain, par Ant. Uzier, Commingeois. *Nancy, Cayon-Liébault*, 1839; pet. in-8, fig., pap. verg., cart.
  Tiré à petit nombre.

1514. Histoire chronologique, artistique, soporifique et mellifluc du très-noble, très-excellent et très-vertueux Pain d'Épice de Reims, publ. par Tarbé. *Reims*, 1842; pet. in-8, dos et coins v. fauv., fil., n. rog.

1515. Histoire naturelle drolatique des professeurs du Jardin des Plantes, par Gosse. *Paris*, 1847; in-12, br.

1516. Œuvres philosophiques, médicales, posthumes, humanitaires et complètes du docteur Cloetboom, ornées du portr. de sa cuisinière vue par derrière. *Bruxelles*, 1857; in-18, fig,. pap. vél., dos et coins mar., dor. en tête.

1517. Le Quart d'heure, gazette des gens demi-sérieux. *Paris*, 1859; 4 tom. en 2 vol. in-12, d.-rel. m. r.

1518. Les Patenotres d'un surnuméraire, conseils d'un grand oncle recueillis et mis en lumière, par J. Delaroa. *Lyon, L. Perrin*, 1860; in-18, pap. vél. br.

1519. Trois Dizains de contes gaulois. *Paris, Poulet-Malassis*, 1862; in-8, pap. vél. fort, d.-rel., v. br.

Tiré à petit nombre.

1520. Macaroneana andra overum. Nouveaux mélanges de littérature macaronique, par Oct. Delepierre. *Londres*, 1862; in-8, gr. pap. vél., dos de mar., n. rog.

Tiré à petit nombre.

1521. Les Mystifications de Caillot-Duval, publ. par Loredan-Larchey. *Paris*, 1864; pet. in-8, front. gr., pap. verg., br.

1522. Les Contes rémois, par de Chevigné, dessins de E. Meissonnier. *Paris*, 1864; in-18 br, 6e édit., ex. sur pap. vél.. rose, n. coupé.

Port. de l'auteur, de **M. Sourdille de Lavalette** et nombreuses vign.

1523. La Malice des choses, par Art. de Gravillon, avec 100 vignettes grav. par Bertall. *Paris*, 1867; gr. in-8, pap. vél. br.

1524. La Puce de Madame Desroche, publ. par Jouaust. *Paris*, 1868; in-12, pap. de Holl., br. en v.

1525. Les Femmes célèbres de l'ancienne France, mémoires historiques sur la vie publique et privée des Femmes françaises du ve au xviiie siècle, par Leroux de Lincy. *Paris*, 1847; in-4, pap. vél., 70 pl. col., rel. en toile angl., encadr., fil., tr. dor.

1526. Les Femmes célèbres de 1789 à 1795 et leur influence
sur la Révolution, par Lairtullier. *Paris*, 1840; 2 vol.
in-8, br.

1527. Les Femmes, leur condition et leur influence dans
l'ordre social, par le vicomte de Ségur. *Paris*, 1820; 2
vol. in-8, fig., br.

1528. La Femme dans l'antiquité, et d'après la morale
naturelle, par Jos. de Rainneville. *Paris*, 1865; in-8,
pap. verg. teinté, br.

1529. Introduction à l'Histoire universelle, suivie du discours d'ouverture et d'un fragment sur l'Éducation des
Femmes au moyen âge, par Michelet. *Paris,* 1843; in-8,
broché.

1530. Recherches sur les prérogatives des Dames chez les
Gaulois sur les cours d'amour, par Rolland. *Paris,* 1787;
in-12, br.

1531. Recueil factice de pièces sur le mariage. — Les
Causes du désordre, publ. par un vrai citoyen. *Paris*, 1784.
— Réflexions sur les mariages mal assortis. — La
Manière de connaître le caractère des enfants avant
leur naissance, etc., 1825. — Considérations sur le
mariage et le divorce, par Grégoire, 1823. — Du Mariage
et du Divorce, par Chapuis, an VII. — Instruction sur
le mariage, par Brydayne, 1827. Ens. 1 vol. in-12, dos
de mar. r., n. rog.

1532. Origine des Grâces, par Mlle Dionis. *Paris*, 1777;
in-8, br., *fig. de Cochin.*

1533. Les Vierges martyres, sages et folles, par Esquiros.
Paris, 1846-49; 3 vol. in-18, br.

1534. Les Femmes entretenues, dévoilées dans leurs fourberies galantes. *Paris*, 1821; 2 vol. in-12, fig., dos de v.

1535. Anandria ou les Confessions de Mlle Sapho, contenant les détails de sa réception dans la secte anandrine,
sous la présidence de Mlle Raucourt. *En Grèce*, 1789;
in-12, pap. de Holl., dos de v.

1536. Projet d'une loi portant défense d'apprendre à lire aux femmes, par Sylvain Maréchal. *Lille*, 1844 ; gr. in-8, vél., d.-rel., dos et c. mar. violet, tête dor.

1537. Histoire morale des femmes, par Legouvé. *Paris*, 1849 ; in-8, br.

    Édit. orig.

1538. La Femme au xviiiᵉ siècle, par Éd. et J. de Goncourt. *Paris*, 1862 ; in-8, br.

1539. Deux Femmes, par Louise de Constant (sœur de Benjamin C.), avec préface de Nodier. *Paris*, 1836 ; in-8, broché.

1540. Les Femmes en Orient, par Mᵐᵉ la comtesse Dora d'Istria. *Zurich*, 1859 ; 2 vol. in-8, port., dos de mar. r., n. rog.

Philologie. — Cours de littérature. — Critiques. — Études littéraires. — Satires. — Esprits. — Pensées. — Ana. — Proverbes.

1541. Recherches sur les sources antiques de la littérature française, par J. Berger de Xivrey. *Paris*, *Crapelet*, 1829 ; gr. in-8°, tiré à 6 ex. sur gr. pap. verg. de Holl., cart.

1542. Coup d'œil sur la littérature, par Dorat, pour servir de suite à ses œuvres. *Amsterdam*, 1780 ; 2 vol. in-8°, d.-rel.

1543. Tableau de la littérature française au xviᵉ siècle, par Saint-Marc-Girardin et Ph. Chasles. *Paris*, 1829 ; in-8, br.

1544. Tableau de la littérature française au xviiᵉ siècle, par Demogeot. *Paris*, 1859 ; in-8°, cart.

1545. Leçons et Modèles de littérature française ancienne et moderne, par Tissot. *Paris*, 1835 ; 2 vol. gr. in-8, fig., imp. sur pap. de Chine, cart.

1546. L'Émeraude, morceaux choisis de littérature moderne. *Paris*, 1832; in-12, pap. vél., port., rel. en soie moirée, tr. dor.

1547. Les Manuscrits françois de la bibliothèque du Roi, pub. par M. Paulin Paris. *Paris*, 1836-48; 7 vol. in-8, broché.

1548. Lettres à M. de Salvandy sur quelques manuscrits de la bibliothèque royale de La Haye, par Jubinal. *Paris*, 1846; gr. in-8, dos de v. bl. *Vogel.*

> Tiré à 200 exemp.

1549. Deux Années de mission à Saint-Pétersbourg; Manuscrits, Lettres et Documents historiques, sortis de France en 1789, par le comte de La Ferrière. *Paris, imp. imp.*, 1867; gr. in-8, br.

1550. Études de mœurs et de critique sur les poètes latins de la décadence, par D. Nisard. *Paris*, 1834; 2 vol. in-8, broché.

> Édit. orig.

1551. Étude morale et littéraire sur les épîtres d'Horace, par J. Étienne. *Paris*, 1851; in-8, br.

1552. Les Arts et la Poésie à Sparte, par Beulé. *Paris*, 1853; in-8, br.

> Envoi à M. Raoul-Rochette.

1553. Tableau historique et critique de la poésie française et du théâtre français au xvie siècle, par Sainte-Beuve. *Paris*, 1828; 2 vol. in-8, br.

1554. Lettres sur les fabulistes anciens et modernes, par Jauffret. *Paris*, 1827; 3 vol. in-12, br.

1555. Histoire ou Recherches sur l'origine des contes, par Paul Gudin. *Paris*, 1803; 2 vol. in-8, dos de mar. rouge n. rog.

1556. Lettres sur les contes des fées. — Mémoires sur les abeilles solitaires. — Notices biographiques, par Walckenaer. *Paris*, 1862; in-12, br.

1557. Essai sur les légendes pieuses du moyen âge, par Alf. Maury. *Paris*, 1843; in-8, br.

1558. Des Chansons populaires chez les anciens et chez les Français, suivie d'une Étude sur la chanson contemporaine, par Ch. Nisard. *Paris, Dentu;* 2 vol. in-12, fig., br.

1559. De l'état de la poésie française dans les xiie et xiiie siècles, par de Roquefort-Flaméricourt. *Paris*, 1815; in-8, v. fau (*Doll*).

1560. Le même. *Paris*, 1821; in-8, br.

1561. Études sur l'Astrée et sur Honoré d'Urfé, par Norbert Bonafous. *Paris, Didot,* 1846; in-8, br.

1562. Bibliothèque critique ou Recueil de diverses pièces critiques dont la plupart ne sont point imp., publ. par Sainjore. *Basle,* 1709; 4 vol. in-12, vél.

1563. Le même ouvrage, 4 vol. in-12, v. br.

1564. De la Décadence des lettres et des mœurs, depuis les Grecs et les Romains jusqu'à nos jours, par Rigoley de Juvigny. *Paris*, 1787; in-4, anc. rel., m. rou., fil., tr. dor., port.

1565. Opuscules de M. Fréron. *Amsterdam*, 1753; 3 vol. in-12, v. m.

1566. Fréron ou l'illustre Critique, par Ch. Monselet, eaux fortes de Morin. *Paris*, 1864; pet. in-8, pap. verg. de Holl., br.

1567. Recueil des Factums d'Ant. Furetière, publ. par Ch. Asselineau. *Paris*, 1859; 2 vol. in-12, pap. verg., br.

1568. Cours de M. Michelet au collége de France en 1847 et 1848, sur différents sujets de littérature et d'histoire. *Paris*, 1848; in-8, br.

1569. La Critique littéraire sous le premier Empire, par J. F. Boissonade, avec des notes de Colincamp et de Naudet. *Paris*, 1863; 2 vol. in-8, port. br.

1570. Critiques d'art et de littérature, par Cl. de Ris. *Paris*, 1862; in-12, br.

1571. OEuvres de Gustave Planche, contenant : Portraits littéraires et nouveaux portraits, Portraits d'artistes, Etudes sur l'école française, Etudes sur les arts et études littéraires. *Paris, Charpentier, Amyot* et *M. Levy.* Ensemble, 10 vol. in-12, dos de veau à nerfs.

1572. Portraits littéraires, par Gustave Planche. *Paris, Werdet,* 1836; 2 vol. in-8, br.

1573. Nouveaux Lundis, par M. de Sainte-Beuve. *Paris,* 1863-68; 10 vol. in-12, br.

1574. Caractères et Paysages, par Ph. Chasles. *Paris,* 1833; in-8, cart.
  Édit. orig.

1575. Les Sociétés badines, bachiques, chantantes et littéraires, par Art. Dinaux, publ. par Gust. Brunet. *Paris,* 1867; 2 vol. in-8, port., pap. vél., br.

1576. Récréations philologiques ou Mélanges agréables de diverses pièces. *Stougard,* 1747; 2 vol. in-12, fig., cart.

1577. Matanasiennes, lettres suivies de notes sur des riens philologiques (attr. à M. Rostain, de Lyon). *Lyon,* 1837; gr. in-8, br.

1578. Mémoires historiques, politiques, critiques et littéraires, par Amelot de la Houssaie. *Amsterdam,* 1737; 3 vol. in-12, v. m.

1579. Lettres au Prince de... sur Rabelais et sur d'autres auteurs accusés d'avoir mal parlé de la religion chrétienne. *Londres,* 1768; in-8, dem.-rel., m. Laval (*Petit*).

1580. Essai sur Amyot et les traducteurs français au xvie siècle, par A. de Blignières. *Paris,* 1851; in-8, dem.-rel., ch. bl.

1581. Ronsard considéré comme imitateur d'Homère et de Pindare, par Gaudar. *Metz,* 1854; gr. in-8, cart.

1582. Jean Passerat, chapitres inédits d'un de ses ouvrages, établissant ses véritables opinions religieuses et pouvant servir de suite aux édit. les plus complètes de la satyre Ménippée, par L. Lacour. *Paris*, 1856; br. in-8.

Tiré à 60 exemp.

1583. Recueil factice de cinq pièces sur Théophile. — Ateinte contre les impertinences de Théophile, ennemy des bons esprits, 1624. — La Remonstrance à Théophile, en vers, 1620. — Discours remarquable de la vie et mort de Théophile. *Paris*, 1626. — Le Testament de Théophile, 1626. — La honteuse Fuite des ennemis de Théophile, 1625. Ensemble, 1 vol. pet. in-12, dos et coins, v. bl.

1584. Le Triumvirat littéraire au XVIᵉ siècle : Lipse, Scaliger et Casaubon, par Ch. Nisard. *Paris* ; in-8, br.

1585. Histoire de Pierre de Montmaur, par M. de Sallengres. *La Haye*, 1715 ; figures, 2 vol. in-12, dos de v., n. rog.

1586. Ephémérides de Groslay, publ. par Patris-Debreuil. *Paris*, 1814 ; 2 vol. in-12, dem.-rel.

1587. Etude sur Bayle, par Lenient. *Paris*, 1855. — Essai sur la critique religieuse de Pierre Bayle, par Em. Jeanmaire. *Strasbourg*, 1862. Ensemble, 2 vol. in-8, br.

1588. Réponse aux questions d'un provincial, par Bayle. *Rotterdam* ; 5 vol. in-12, v. fau.

1589. Le Roman de Molière et la Comédie de J. de la Bruyère, par Ed. Fournier. *Paris*, 1863-66 ; 3 vol. in-12, br.

1590. Guillaume du Vair, étude d'histoire littéraire avec des documents tirés des mss. de la Bibl., par Cougny. *Paris*, 1857 ; in-8, br.

1591. Histoire de la vie et des ouvrages de J. de La Fontaine, par Walckenaer. *Paris*, *Nepveu* ; gr. in-8, pap. vél. fort, fig. br.

1592. Corneille et Gerson dans l'Imitation de Jésus-Christ, par Onésime Leroy. *Paris*, 1842 ; in-8, fig. br.

1593. Aménités littéraires et recueil d'anecdotes, par Cho-mel. *Amsterdam*, 1773; 2 part. en 1 vol. — Variétés ou Recueil de divers écrits (par M. le Camus). *Amsterdam*, 1744. — Commerce de lettres curieuses et savantes, (par M. de Grimarest père). *Paris, Cramoisy*, 1700. Ensemble, 3 vol. in-12, v. br.

1594. Anecdotes littéraires ou Histoire de ce qui est arrivé de plus singulier et intéressant aux écrivains français, de François Ier à nos jours. *Paris*, 1752; 3 vol. in-12, v. m.

1595. Recherches sur la vie et sur les œuvres du père Cl. Menestrier, suiv. d'un Recueil de lettres inédites adressées au P. Guichenoy, par P. Allut. *Lyon, Scheuring*, in-8, pap. de Hollande teinté, br., portr.

1596. Eloge de Gresset, par Maximilien Robespierre. *Paris, Jouaust*, 1868; in-8, pap. vergé, br.

   Tiré à 113 exemp.

1597. Mémoires historiques, critiques et littéraires, par Bruys. *Paris*, 1751; 2 vol. v. m. — Mélanges historiques et critiques. *Amsterdam*, 1768; 2 vol. in-12, v. m.

1598. Voyage à Montbar, détails sur Buffon suivis de réflexions sur la déclamation, de l'éloge d'Ath. Auger, etc., par feu Hérault de Séchelles. *Paris*, an IX ; in-8, br. *Curieux.*

1599. Mémoires sur d'Holbach, Helvétius, Diderot, par Damiron. *Paris*, 1851-53 ; 3 br. in-8, br.

1600. Etudes philosophiques et littéraires sur le Rhin et les burgraves ; lettre à Victor Hugo, par Philoxène Boyer. *Paris*, 1849 ; in-8.

   Avec un envoi autog. sign. de l'auteur.

1601. Chez Victor Hugo, par un passant, avec 12 eaux-fortes, par Max. Lalanne. *Paris*, 1864; in-8, papier vél., br.

1602. Études sur Gœthe, par Marmier, 1835; in-8. — Essai sur Herman et Dorothée, par Weiss. — Les Origines de Werther, par A. Baschet. Ensemble, 1 vol. et 2 br. in-8, br.

1603. Étude sur Chaucer, considéré comme imitateur des trouvères, par Sandras. *Paris*, 1859; in-8, br.

1604. Étude sur la vie et les OEuvres de Lope de Véga, par Ernest Lafond. *Paris*, 1867; in-8, br.

1605. Dialogues satyriques et moraux, par M. Petit. *Amsterdam, P. Mortier*, 1688; in-12, br.

Sur le titre, une vignette représente Paris à cette époque.

1606. Causeries et Méditations historiques et littéraires, par Ch. Magnin. *Paris*, 1843; 2 vol. in-8, br.

1607. Essai sur l'usage de la raillerie et de l'enjouement dans les conversations. *La Haye*, 1710; in-12, front. gr., br.

1608. L'Éloge de la Folie, par Erasme, trad. par Gueudeville. *Leide*, 1715; in-12, fig., v. br. — Idée d'une république heureuse ou l'Eutopie de Th. Morus, trad. par Gueudeville. *Amst.*, 1730; fig.. v. m.

1609. L'Éloge de la Folie, par Érasme, et trad. par Gueudeville, avec les belles fig. de Holbein. *Amsterdam*, 1731; in-12, v. br.

1610. La Louange de la Folie, trad. par Petit, d'un traité d'Erasme, intitulé : *OEncomium Moriæ*. Satyre en prose. *Paris*, 1670; in-12, v. br.

1611. Diversitez curieuses pour servir de récréation à l'esprit (par l'abbé Bordelon). *Amst.* (*à la Sphère*), 1696; 8 part. en 2 vol. in-12, v. br.

1612. De l'Esprit (par Helvetius). *Paris*, 1758 ; in-4, v. fau.

On a ajouté au livre un front. gravé et plusieurs pièces, lettre, arrêt, réquisitoire, mandement, censure et chansons sur l'esprit.

1613. L'Esprit de M. de Voltaire, 1759. — Esprit, Maximes et Principes de J.-J. Rousseau. *Neuchâtel*, 1764; 2 vol. in-12, mar. r., tr. dor. — Voyage à Ermenonville, con-

tenant des anecdotes inédites, le plan des jardins, et la
Flore d'Ermenonville. *Paris*, 1819; in-12, dos de m. r.

1614. L'Esprit des autres et l'Esprit dans l'histoire, par
Ed. Fournier. *Paris*, 1857-60; 2 vol. in-12, br.

1615. Maximes, Pensées et Anecdotes, par M. Chamfort.
Londres, 1796. — Correspondance interceptée. *Paris*,
1788. Ensemble, 1 vol. in-12, v.

1616. Maximes et Pensées de H. de Balzac. *Paris, Plon*,
1852; in-12, dos de mar., fil., non rog.

1617. Essais divers. Lettres et Pensées de M{{me}} de Tracy.
Paris, 1852-55; 3 vol. in-12, pap. vél., br.

1618. Esquisses morales, Pensées, Réflexions et Maximes,
par Daniel Stern. *Paris, Techener*, 1859; in-12, port., br.

1619. Pensées de Jean Paul, extraites de tous ses ouvrages,
trad. de l'allemand par le marquis de La Grange. *Paris*,
1836; gr. pap. fil., br.

1620. Encyclopediana ou Dictionnaire des anas. *Paris*,
1791; in-4, d.-rel.

1621. Anonimiana ou Mélanges de poésies, d'éloquence et
d'érudition. *Paris*, 1700; in-12, v. br.

1622. Ducatiana ou Remarques de feu le Duchat sur divers sujets d'histoire et de littérature, par Formey.
Amst., 1738; 2 vol. in-12, fig., br.

1623. Furetiériana ou les bons Mots et les remarques,
histoire de morale, de critique, de plaisanterie et d'érudition de M. Furetier. *Paris*, 1696; in-12, v. br. — Furetiériana ou les bons Mots et les remarques de M. Furetière, abbé de Chalivoy. *Brusselles, Fr. Foppens*, 1696;
pet. in-12, front. gr., cart.

1624. Matanasiana ou Mémoires littéraires, historiques et
critiques du D{{r}} Matanasius. *La Haye*, 1740; 2 tom. en
1 vol. port., v. m.

1625. Menagiana ou les bons Mots et remarques critiques
de M. Ménage. *Amsterdam*, 1762; 4 vol. in-18, fig., cart.,
n. rog.

1626. Molierana, par C... Daval. *Paris*, 1801 ; in-18, port., rel. — Grassotiana, 1856 ; in-32, br. — Molierana et Fontainiana, in-32 br.

1627. Maintenoniana, avec notes, (par Bosselman de Belmont de Lille). *Amsterdam*, 1773 ; in-8, bas.

1628. Conversations de Mme de Maintenon et ses Proverbes inédits, publ. par M. de Monmerqué. *Paris*, 1828-29 ; 3 vol. in-18, cart., n. rog.

1629. Poggiana ou la Vie, le Caractère et les bons Mots de Pogge Florentin, avec son Histoire de la République de Florence. *Amsterdam, P. Humbert*, 1720 ; 2 tom. en 1 vol. pet. in-8, port., rel. en vél.

1630. Scaligeriana, Thuana, Perroniana, Pithœana et Colomesiana. *Amst., Mortier*, 1740 ; 2 vol. in-8, dos et coins mar. rouge, fil., n. rog.

1631. Voltariana ou Éloges amphigouriques de M. Arouet, s. de Voltaire, par Travenol et Mannory. *Paris*, 1748 ; 2 vol. in-8, pap. de Holl., br.

1632. Histoire générale des Proverbes, Adages, Sentences, Apophthègmes, etc., par de Mery. *Paris*, 1828 ; 3 vol. in-8, veau fauv. fil., tr. dor. *Bauzonnet.*

1633. Dictionnaire portatif des proverbes françois et des façons de parler comiques et burlesques. *Utrecht*, 1751 ; in-12, br. en cart.

1634. Dictionnaire des proverbes et des locutions proverbiales de la langue française, par Quitard. *Paris*, 1842 ; in-8, br.

1635. Dictionnaire des proverbes français, par M. de la Mésangère. *Paris*, 1823 ; in-8, br.

1636. Proverbes romantiques par Romieu. *Paris*, 1827 ; in-8, br.

Édit. orig.

1637. Le Brahme voyageur ou la Sagesse populaire de toutes les nations, par Ferd. Denis. *Paris*, 1834 ; in-12, fig. de Devéria et de Tony Johannot, br.

1638. La Fleur des proverbes français, publ. par Duplessis. *Paris*, 1851; in-16, pap. vél., br.

1639. Le Livre des proverbes français, publ. par Leroux de Lincy. *Paris*, 1859; 2 vol. in-12, pap. vél., f. br.

Épistolaires. — Mélanges littéraires.

1640. Correspondance de Charles IX et de Mandelot en 1572; lettre des Seize à Philippe II d'Espagne. *Paris*, 1830; br. in-8. — Clément V et Philippe-le-Bel, par Rabanis. 1858; in-8, br.

1641. Lettres inédites de Diane de Poytiers, publ. d'après les manuscrits de la Bibl. imp., par G. Guiffrey. *Paris*, (*Lyon*, *L. Perrin*), 1866; in-8, pap. vergé, br.

1642. Lettres d'Abailard et d'Héloïse, trad. sur les mss. de de la Bibl. roy. par Oddoul, précédées d'un Essai historique par M. et Mme Guizot. *Paris*, 1839; 2 vol. in-8, br. *Fig. sur chine de Gigoux.*

1643. Lettres du comte d'Avaux à Voiture, suivies de pièces inédites extraites des papiers de Conrart, publ. par Amédée Roux. *Paris*, 1858; pet. in-8 pap. verg. teinté, br.

1644. Lettres inédites de l'abbé de Chaulieu. *Paris*, 1850; in-8, br.

1645. Correspondance de Roger de Rabutin, comte de Bussy (1666-1693), publ. par Lalanne. *Paris*, 1858; 6 vol. in-12, br.

1646. Quelques lettres de Louis XIV et des princes de sa famille, 1688-1713. *Paris*, *Aubry*, 1862; pet. in-8, pap. vél. br.

1647. Lettre de Fénelon à Louis XIV. *Paris*, *Renouard*, 1825; in-8, pap. vél., cart., non rogné. *Médaillon.*

1648. Lettres et Opuscules inédits de Fénelon. *Paris*, *Ad. Leclère*, 1850; in-8, pap. vél. cart., n. rog.

1649. Lettres de Mme de Sévigné, publ. par Monmerqué. *Paris, Hachette*, 1862; 14 vol. et 2 fasc. gr. in-8, pap. vél. fort br. avec l'album des gravures.

> Tiré à 150 exemp. sur ce pap.

1650. Lettres de Ninon de l'Enclos au marquis de Sévigné. *Amst.*, 1750; 2 vol. in-12, front. et port. grav., v. m.

1651. Correspondance entre Boileau Despréaux et Brossette, publiée par Laverdet, avec une Introduction de J. Janin. *Paris, Techener*, 1858; gr. in-8, pap. verg., fac-simile, br.

1652. Lettres inédites de Jean et de Louis Racine, précédées d'une notice, par leur petit-fils l'abbé De la Roque. *Paris*, 1862; in-8, br. — Correspondance littéraire inédite de Louis Racine avec Réné Chevaye, de Nantes, pub. par Dugast-Matifeux. *Paris*, 1858; gr. in-8, br.

1653 Correspondance complète de Mme la duchesse d'Orléans mère du régent. *Paris*, 1859; 2 vol. in-12, br. — Nouvelles lettres de Mme la duchesse d'Orléans, pub. par Gust Brunet. *Paris*, 1859; in-12, dos de v.

1654. Lettres de Mme la marquise de Pompadour de 1753 à 1762. *Londres*, 1774; 4 tome en 1 vol. in-8, rel. en vél.

1655. Lettres originales de la comtesse Du Barry. *Londres*, 1779. — Remarques sur les anecdotes de la comtesse Du Barry, par Mme Sarra G****. *Londres*, 1777. Ensemble 1 vol. in-12, v. m.

1656. Lettres de la marquise du Deffand à Horace Walpole et à Voltaire, de 1759 à 1780. *Paris*, 1827; 4 vol. in-8, br. — Correspondance inédite de Mme du Deffand. *Paris*, 1809; 2 vol. in-8, cart.

1657. Correspondance inédite de Mme du Deffand, avec une notice par M. de Sainte-Aulaire. *Paris*, 1859; 2 vol. in-8, br.

1658. Correspondance complète de la marquise du Deffand avec ses amis, pub. par M. de Lescure, avec deux port. de Nargeot, et fac-simile. *Paris, Plon*, 1865 ; 2 vol. gr. in-8, br.

1659. Correspondance inédite de l'abbé Galiani avec Mme d'Epinay, le baron d'Holbach, etc. *Paris*, 1818; 2 vol. in-8, br.

1660. Lettres inédites de Voltaire, recueill. par M. de Cayrol, pub. par Saint-Marc Girardin. *Paris*, 1857; 2 vol. in-8 br.

1661. Lettre d'une Péruvienne, par Mme de Graffigny, avec la trad. en italien, par Déodati, édit. ornée du portrait de l'auteur, grav. par Gaucher, et de six fig. av. la lettre d'après les dessins de Lebarbier. *Paris*, 1797 ; gr. in-8, pap. vél. fort, mar. rouge, fil. encadr., tr. dor., doub. de tabis.

1662. Correspondance de Grimm et de Diderot, (pub. par Taschereau). *Paris*, 1829 ; tom. 1 à 15, et correspondance inédite, supprimée, in-8, br. Ensemble 16 vol.

1663. Mémoires inédits de Grimm. *Paris*, trad. par Zinmann. *Paris*, 1850, 2 vol. in-8, br. (Nouveaux mémoires secrets et inédits), 1834 ; 2 vol. in-8, d.-rel.

1664. Lettres inédites de Buffon, J.-J. Rousseau, Voltaire, de Lalande, de Larcher, et autres ad. à l'acad. de Dijon, pub. par C. X. Girault. *Paris*, 1819; in-8, br., fac-simile.

1665. Le même ouvrage, d.-rel.

1666. Correspondance inédite de Buffon, publ. par H. Nadault de Buffon. *Paris, Hachette*, 1860 ; 2 vol. in-8, pap. vél., br.

1667. Correspondance inédite de Collé faisant suite à son journal par H. Bonhomme. *Paris*, 1864; in-8, br., *port. et fac-simile.*

1668. Lettres écrites en 1786 et 1787, par Ballanche, avec un fac-simile. *Paris, Duprat*, 1838; pap. vél., br.

1669. Lettre de l'abbé Morellet à Mme Necker, pub. par M. de Châteaugiron. *Paris, Didot*, 1826; in-8, gr. pap. vél. teinté, dos de v. v.

Tiré à 25 exemp.

1670. Lettres en partie inédites de Mme Roland, Mlles Phlipon, aux demoiselles Cannet, à Bosc, Servan, Lanthenas, Robespierre, et publ. par Dauban. *Paris*, 1867; 2 vol. in-8, fig.

1671. Lettres inédites de la marquise de Créqui à Senac de Meilhan, 1732-1789; publ. par M. de Sainte-Beuve. *Paris*, 1856; in-12, pap. vél. br.

1672. Correspondance entre le comte de Mirabeau et le comte de la Marck, pendant les années 1789-90 et 91; publ. par de Bacourt. *Paris*, 1851; 3 vol. in-8, br.

1673. Lettres à Émilie sur la mythologie, par Demoustier. *Paris, Renouard*, 1809; 2 vol. in-8, fig. de Moreau le jeune, dos et coins v. v., n. rog.

1674. Correspondance inédite de Victor Jacquemont avec sa famille et ses amis, 1824-1832; publ. par M. Prosper Mérimée. *Paris*, 1867; 2 vol. in-8, br.

1675. Lettres philosophiques, politiques et littéraires, par F. Grille. *Paris, Techener*, 1851; in-8, br.

1676. Correspondance de Fran. de la Noue, surnommé Bras-de-Fer, par Kervyn de Volkaersbeke. *Gand*, 1854; gr. in-8, port. et fac-simile, br.

1677. Lettres de Henri VIII à Anne Boleyn, publiées par Crapelet. *Paris*, 1835; gr. in-8, pap. vél., br.

1678. Lettres de lord Chesterfield à son fils, trad. par Am. Renée. *Paris*, 1842; 2 vol. in-12, br.

1679. Lettres de Junius, trad. de l'anglais par J. Parizot. *Paris*, 1830; 2 vol. in-8, br.

1680. Gœthe et Bettina; leur correspondance, trad. de S. Albin. *Paris*, 1843; 2 vol. in-8, br.

1681. Clément XIV et C. Bertinazzi, corresp. inéd. *Paris*, 1828; in-8, d. rel.

1682. Clément XIV et Carlo Bertinazzi; correspondance inédite publiée par H. de Latouche. *Paris*, 1860; in-8, br.

1683. Recueil factice, portant le titre de Mélanges historiques, contenant 122 pièces par MM. Amenton, G. Peignot, Guérard, Millin, Audiffret, Pauline de Bradi, Letronne, Ch. Pougens, etc., etc. Ensemble 12 vol. in-8, veau fauv., fil.

1684. Bibliothèque de poche; recueil de curiosités, par une Société de gens de lettres, première série. *Paris, Paulin et Le Chevalier*, 1847-1855; 10 vol. in-12, br. — Bibliot. de poche; recueil de curiosités, deuxième série. *Paris, Delahaye*, 1858-1862; 10 vol. in-12. br.

1685. Varia, morale, politique et littérature. *Paris, Levy*, 1860-64; 5 vol. in-12, br.

1686. Mélanges de littérature et d'histoire. par Audibert. *Paris*, 1839; in-8, br.

1687. Mélanges tirés d'une petite bibliothèque romantique, par Ch. Asselineau, avec un front. gr. à l'eau-forte par Al. Nanteuil, et tiré en trois coul. *Paris*, 1866; pet. in-8, pap. verg., br.

1688. Mélanges philosophiques, littéraires et historiques, par Vinet. *Paris*, 1844; 2 vol. in-8, br.

1689. Mélange de vers et de prose, par S. P. Talassa-Aitci. *Hambourg, chez Malpigi*, 1799; in-12, pap. vél., mar. fil. n. rog.

1690. Recueïl de différentes choses, par M. le marquis de Lassay. *Lausanne*, 1756; 4 vol. in-12, v. m.

1691. Mélanges ou lettres de Mérard Saint-Just. *Chez l'auteur*, 1794; pet. in-12, dos et coins mar. v. dos à nerfs, tr. dor.

    Tiré à 25 exemp.

1692. Dialogue en vers, pour célébrer nos Victoires et la Paix. *Paris*, an VIII. —Lettre au comte de Nadaillan sur le goût des livres, par Mérard Saint-Just. *Nancy*, 1785. Ensemble 2 vol. pet. in-8, pap. vél., dos et coins mar. bl.

1693. Variétés ingénieuses ou Recueil et Mélanges de pièces
curieuses et amusantes, par D***, acad. *Paris*, 1725; in-12 v.
gr. — Fragment, d'histoire et de littérature (par Laroque
de Rouen), *A la Sphère (La Haye)*, 1706; in-12, v. br.

1694. Variétés historiques, physiques et littéraires ou Recherches d'un savant. *Paris*, 1752; 3 vol. in-12, v. m.

1695. Tablettes d'un curieux ou Variétés historiques, littéraires et morales. *Bruxelles*, 1789; 2 vol. in-12, dos
de v.

1696. OEuvres agréables et morales ou Variétés littéraires
du marquis de Pezai. *Liége*, 1791; 2 vol. in-18, fig., pap.
de Holl., br.

1697. Variétés littéraires ou Recueil de pièces, tant originales que traduites, conc. la philosophie, la littérature
et les arts, nouv. édit. (par Suard et l'abbé Arnaud).
Paris, 1804; 3 vol. in-8, d.-rel., v. fauv.

1698. Bibliothèque volante ou élite de pièces fugitives
(par le S. Jolli). *Amsterdam*, 1700; 2 tom. en 1 vol. pet.
in-12, mar. rouge, tr. dor.

> Cet exemp. renferme la 1re partie du tome 2 qui est très-rare.

1699. Essais en vers et en prose, par J. Rouget de Lisle.
Paris, 1796; in-8, d.-rel.

> Envoi autog. de l'auteur au citoyen Thurot.

1700. Essais littéraires et philosophiques; in-8, d.-rel., ch.
vert.

> Recueil d'essais litt. et phil., par un solitaire. — Discours sur la
> condition du paysan et celle du philosophe, par C. D. c. b., an VII.
> — Les huit âges de la vie humaine. — Essai sur les catacombes de
> Paris, par T. D., 1812. — Le philosophisme mis dans tout son jour,
> 1812. — La mort d'un esprit phil. fort, 1813, etc.

1701. Essais littéraires et historiques par de Schlegel.
Bonn, 1842; in-8, br. en cart.

1702. Opuscules (de Grosley), en prose et en vers *Paris*, 1810;
in-8, cart.

> Éloge de Rousseau. — Discours sur l'athéisme. — Testament de
> Grosley. — Lettres à Voltaire, Montesquieu, etc.

1703. Opuscules philosophiques et littéraires, la plupart posthumes ou inédits (publ. par Suard et Vauxcelles. *Paris,* 1796; pap. vél. pet. in-8, mar. citron enc. dent. tr. dor. doub. de tab. *Bozérian jeune.*

1704. Pièces échappées du feu. *A Plaisance,* 1717; in-12, v. fil. gauff. tr. dor. (*Serre.*)

1705. Singularités historiques et littéraires. *Paris,* 1738; 2 tom. en un vol. in-12, rel. en vél.

1706. Nouveaux Mémoires pour servir à l'Histoire de l'esprit et du cœur par le marquis d'Argens et Mlle Cochois. *La Haye,* 1745; 2 tom. en 1 vol. in-12, rel. en vél.

1707. Epitres diverses sur différents sujets (par le baron de Baar). *Amst.* 1750; 3 vol. in-12, n. rog.

1708. La Laïs philosophe, ou Mémoires de Mme D*** et ses Discours à M. de Voltaire, sur son impiété, sa mauvaise conduite et sa folie. *A Bouillon,* 1764; in-12, fig. cart.
Avec une longue note bibliog. manus. et signé de Cayrol.

1709. Babioles littéraires et critiques, en prose et en vers. *Hambourg,* 1764-64; 5 tom. en un vol. in-8, v. f. fil.

1710. Le Porte feuille d'un philosophe ou Mélange de pièces philosophiques, satyriques et galantes (par Dulaurens). *Cologne, P. Marteau,* 1770; 3 vol. in-12, v. m.

1711. Pot-Pourri, en vert et en prose, publ. par Wanberck. *Francfort,* 1781-82, 4 vol. in-8, br.

1712. L'Espion dévalisé. *Londres,* 1783; in-12, pap. de Holl., dem.-rel.

1713. Ramassis, par M. de la Rochefoucault, *S. L.* 1783; in-12, pap. de Holl., fort, dem.-rel.

1714. Chef-d'œuvres politiques et littéraires de la fin du xviiie siècle ou choix des productions les plus piquantes que les lumières et le ridicule etc., ont fait éclore dans cette époque intéressante. *Paris,* 1788; 3 vol. in-8, cart., d'amateur.

1715. Les Matinées du printemps, Œuvres diverses par Mercier de Compiègne. *Paris,* 1797; 2 vol. in-8, br.

1716. Les Révélations indiscretes du XVIII° siècle, par Bossuet, Cabanis Cerutti, Chenier, Diderot, Duclos, Saint-Martin, Voltaire, Washington, etc., publ. par Auguis. *Paris*, 1814 ; pet. in-12, dos de mar. cit. n. rog.

1717. Les Matinées de Versailles, esquisses morales et dramatiques, par Chouber Lerond. *Paris*, 1830 ; in-8, cart. n. rog.

1718. Le Bouquet de violettes (par Fr. Grille, Malvoisine). *Angers*, 1840 ; in-8, cart.

1719. Feuilletons, par Dupuis. *Orléans*, 1840 ; in-18, pap. vél. dem.-rel.

> Avec envoi aut. sig. de l'auteur.

1720. Mosaïque par Galoppe d'Onquaire. *Amiens*, 1844 ; in-8, br.

> Donné à Clapisson.

1721. Heures de loisir, notes par J.-P. Faber, (de la Soc. d'Émulation de Cambrai). *Paris*, 1857 ; in-8, br. l'un des 12 ex. sur papier de coul. Env. d'auteur.

1722. Moyen âge dévoilé ; le Monde dantesque, première galerie illustrée, les Papes de la terre, de l'enfer et du purgatoire, par Seb. Rhéal de Ceséna. *Paris*, 1857 ; in-4, fig. br.

1723. Le Chemin de Rome, s'il vous plaît, (*par Edouard Delessert*), avec la photog. de l'auteur. *Lyon*, 1860 ; in-8, pap. verg. teinté br.

1724. Les Odeurs de Paris, par Louis Veuillot. *Paris*, 1867 ; in-8, br.

> Première édition.

1725. Recueil de rapports sur les progrès des lettres et des sciences en France. par MM. Daubrée, Combes, Ravaisson, etc. *Paris*, *Imp. Imp.*, 1867 ; 5 vol. et 19 fasc. in-8, br.

> Rapport sur l'Hygiène, la Chirurgie, la Mécanique, la Géologie expérimentale, la Physiologie, etc., publ. du Ministère de l'Instruction publique.

1726. Essai sur la gravure par Duplessis. Lettre sur le déplacement d'Italie, des monuments de l'art, par Q. de Quincy, 1815. — Le Spectre rouge. — Les Garçons de cafés, pamphlet, 1856; etc. Mémoires sur le marquis d'Argens, Naigeon, Sylvain Maréchal, Ens. 10 br. in-8.

1727. Les Propos de table de Martin Luther, trad. et publ. par Gustave Brunet. *Paris*, 1864; in-12, br.

1728. Choix de nouveaux opuscules sur toutes sortes de sujets intéressants et amusants par une société danoise. *Copenhgue*, 1771; 4 vol. in-8, v. fau.

1729. Lettre au directeur de l'Article touchant le mss. de la bibl. de Berne, n° 354, perdu pendant 28 ans, suiv. de quelques pièces inédites du xiiie siècle tirées de ce manuscrit. publ. par A. Jubinal. *Paris*, 1838; br. in-8, dem.-rel. — Notice sur les armes défensives et spécial. sur celles qui ont été usitées en Espagne, dep. l'antiquité jusqu'au xvie siècle inclus., par le même. *Paris*, 1840; br. in-8, cart. Ens : 2 br.

1730. Mélanges, Souvenirs de Voyages et Études de critique et d'histoire littéraire, par D. Nisard. *Paris*, 1838; 2 vol. in-8, br.

Polygraphes.

1731. OEuvres choisies du roi René, publ. par de Quatrebarbes. *Paris*, 1849; 2 vol. in-fol. br. fig.
Tomes 1 et 2 des OEuvres complètes.

1732. OEuvres de B. de Palissy, revues sur les ex. de la bibl. du roi avec notes par Faujas de St-Fond et Gobet. *Paris*, 1777; in-4, cart.

1733. OEuvres complètes de Bernard Palissy, publ. par Ant. Cap. *Paris*, *Dubochet*, 1844; in-12. br.

1734. Bernard Palissy, 1500-89; Étude par Delecluze 1838, — Saintes au xvie siècle; la commune, l'atelier

de Palissy, la Cour de justice, par Dangibeaud, 1863.
Palissy, Étude par Audiat, 1868. — Étude par Dumesnil. — Étude par J. Salles, 1856; ens. 4 vol. et
1 br.

1735. OEuvres de Voiture, nouvelle édit. publ. par Am.
Roux. *Paris, F. Didot*, 1858; in-8, br.

1736. OEuvres de J. Rotrou. *Paris, Desoer*, 1820; 5 vol.
in-8, pap. verg. cart. n. rog.

1737. OEuvres de Cyrano de Bergerac, publ. par Le Blanc.
Paris, 1855; in-12, br.

1738. OEuvres de M. Sarasin. *Paris, Aug. Courbé*, 1656;
in-4, avec un beau port. de Nanteuil, rel. en vél.

1739. OEuvres d'Adrien de Sarrazin. *Paris*, 1825; 6 vol.
in-12, fig. de Devéria, pap. vél. br.

1740. OEuvres de M. Scarron. *Amsterdam, Wetstein*, 1752;
7 vol. in-18, fig. br.

1741. Les OEuvres de M. de Saint-Évremond, avec sa vie,
par M. des Maizeaux. *Amsterdam, Mortier*, 1726; 5 vol.
in-12, fig. de B. Picart, v. br.

1742. OEuvres mêlées de Saint-Evremont, publ. par Ch.
Giraud. *Paris, Techener*, 1866; 3 vol. in-12, pap. vél.
br.

1743. OEuvres diverses de M. de Fontenelle, avec les fig.
de B. Picart. *La Haye*, 1728-29; 3 vol. in-fol., v. gr. *aux
armes du Dauphin.*

1744. OEuvres complètes de Fontenelle. *Paris*, 1818; 3 vol.
in-8, br.

1745. OEuvres de Moncrif, nouv. édit. augm. de l'Histoire des Chats. *Paris*, 1791; 2 vol. in-8, br.

1746. OEuvres de Duclos. *Paris, Belin*, 1821; 3 vol. in-8,
br.

1747. OEuvres diverses de M. de Segrais, contenant : ses
mémoires anecdotes, ses églogues, son théâtre et ses
contes. *Amsterdam*, 1723; 2 tom. en un vol. in-12, port.
v. fau.

1748. OEuvres complètes d'Alexis Piron, publ. par Rigoley de Juvigny. *Amsterdam*, 1776; 9 vol. in-12, v. fau. fil.

1749. OEuvres inédites de Piron, prose et vers, accompagnées de lettres adressées à Piron, par Mlles Quinault et de Bar, publ. par H. Bonhomme, orné de trois fac-similes. *Paris*, 1859; in-8, pap. verg. dos de mar. rouge, dor. en tête.

> Un aut. attribué à Piron. Se trouve à la fin du volume.

1750. OEuvres de VOLTAIRE, avec préfaces, notes. etc., par Beuchot, et la table par Miger. *Paris, Lefèvre*, 1829-1840; 72 vol. in-8. pap. caval. vél. br.

1751. Pièces inédites de Voltaire, imp. d'ap. les manuscrits originaux. *Paris, Didot*, 1820; in-8, pap. vél., br.

1752. Le dernier volume des OEuvres de Voltaire; contes, comédies, pensées, suivis de son Testament et de l'Histoire de son cœur, par J. Janin. *Paris*, 1862; in-8, br. *Port. de Mad. du Châtelet.*

1753. Correspondance inédite de Voltaire, avec P.-M. Hennin, publ. par Hennin fils. *Paris*, 1825; in-8, br.

1754. Lettres inédites de Voltaire. *Paris*, 1818; in-8, br., pap. verg.

> Portrait lithog. d'après J. Vernet qui le fit, en 1778, lorsque Voltaire vint siéger à l'Académie française pour la dernière fois. Ces lettres sont adressées à d'Argenson, d'Argental (16), à Lanoue (6), comtesse de Lutzelbourg (16), de Rochefort (18), de Schouvalof (19), etc.

1755. Voltaire et le Président de Brosses, correspondances inédites, publ. par Foisset. *Paris*, 1858; in-8, br.

1756. Histoire littéraire de M. de Voltaire, par le marquis de Luchet. *Cassel*, 1781; 6 vol. in-8, v. m.

1757. Commentaire sur le théâtre de Voltaire, par Laharpe, d'ap. le manusc. autographe, et approprié aux éditions de ce théâtre. *Paris*, 1814; in-8, cart.

1758. Erreurs de Voltaire, par l'abbé Nonnote. *Paris*, 1823; 3 vol. in-8, bas.

1759. Voltaire à Ferney, sa corresp. avec la duchesse de Saxe Gotha, suiv. de lettres et notes inédites, recueillies par E. Bavoux. *Paris*, 1860; in-8, br.

1760. Voltaire et Rousseau, par H. lord Brougham, avec lettres inéd. de Voltaire d'Helvétius, de Hume. *Paris*, 1845; in-8, br. *2 portraits sur acier, d'après les originaux.*

1761. L'Oracle des nouveaux philosophes, pour servir d'éclaircissement aux OEuvres de Voltaire. *Berne*, 1759; in-12, cart. — Voltairimeros, ou première journée de Voltaire dans l'autre monde. *Bruxelles*, 1779; 2 tom. en 1 vol., in-12, cart.

1762. Voltaire ou le Triomphe de la phil. moderne, poème par Berchoux (1814). Vie polémique de Volt. Hist. de ses proscriptions (par Sabatier de Castres), 1802. — Voltaire, apologiste de la Religion chrétienne (par Mérault), 1826.— Tableau philosophique de l'esprit de Voltaire (par l'abbé Sabatier de Castres); *Genève*, 1771. Ens., 4 vol. in-8, br. et rel.

1763. Voltaire et ses maîtres. — Eug. Noël, Voltaire. — Gaberel, Voltaire et les Génevois. — D'Albanès, Voltaire et Mme du Châtelet. — Léouzon le Duc, Voltaire et la police. — Harel, discours sur V.-Barraguey, la fille de Voltaire, pièce. — Lurine, la comédie à Ferney, pièce. 1844-67. Ens., 5 vol. et 3 br. in-8 et in-12.

1764. Les ennemis de Voltaire, par Ch. Nisard. *Paris*, 1853; in-8, br.

1765. Vie de Voltaire, suivie d'anecdotes sur sa vie privée, par T. J. D. V. (Duvernet). *Paris*, 1797; in-8, br.

1766. Vie privée de Voltaire et de Mme du Châtelet, pend. un séjour de six mois à Cirey (par Mad. de Grafigny). *Paris*, 1820; in-8, dem.-rel.

1767. Ménage et Finances de Voltaire, par Nicolardot. *Paris*, 1854; in-8, br.

1768. La Jeunesse de Voltaire, par G. Desnoiresterres. *Paris*, 1867; in-8, br.

1769. La Jeunesse de Voltaire. — Voltaire au château de Cirey, par Gust. Desnoiresterres. *Paris*, 1868; 2 vol. in-8, br.

1770. Le Roi Voltaire, sa généalogie, sa jeunesse, ses maîtresses, etc., etc.; par Ars. Houssaye. *Paris*, 1858; in-8, gr. pap. de Holl., br.

1771. Mémoires anecdotiques sur Voltaire, par Longchamps et Wagnière. *Paris*, 1838; 2 vol. in-8, port., br.

1772. OEuvres inédites de J.-J. Rousseau, par Musset Pathay. *Paris, Peytieux*, 1825; 2 vol. in-8, gr. pap. vél., dem.-rel., v. bl.

1773. Lettres inédites de J.-J. Rousseau à Marc-Rey, publ. par Bosscha. *Amsterdam*, 1858; in-8, br. *2 fac-simile.* — OEuvres et Corresp. inédites de J.-J. Rousseau, publ. par Streckeisen-Moulton. *Paris*, 1861; in-8, br.

1774. Histoire de la vie et des ouvrages de J.-J. Rousseau, par Musset Pathay. *Paris, Dupont*, 1827; in-8, br.

1774 *bis*. La même, suivie de pièces inédites (par le même). *Paris*, 1821; 2 vol. in-8, cart.

1775. Les Charmettes, J.-J. Rousseau et Mad. de Warens, par Ar. Houssaye. *Paris*, 1863; in-8, br.

1776. Essai sur la vie de J.-J. Rousseau, par G.-H. Morin. *Paris*, 1851; in-8, br.

1777. Relation ou Notice des derniers jours de J.-J. Rousseau et des circonstances de sa mort, par Lebègue de Presle, avec addit., par Magellan. *Londres*, 1778; in-8, v. viol., fil.

1778. Explication de la maladie de J.-J. Rousseau et de l'influence qu'elle a eue sur son caractère et ses écrits accomp. de considérations sur la dysurie, par le docteur Mercier. *Paris*, 1859; br. in-8.

1779. Mémoires corresp. et ouvrages inédits de Diderot, d'ap. les manusc. confiés à Grimm; préface, mémoire, par Mad. de Vandeul, fille de Diderot. *Paris, Paulin*, 1830; 4 vol. in-8, br.

1780. OEuvres de Thomas. *Paris, Bélin*, 1819 ; 2 vol. in-8, br.

1781. OEuvres badines et morales, historiques et philosophiques, de Jacq. Cazotte, première édit. complète, ornée de fig. avant la lettre. *Paris, Bastien*, 1817 ; 4 vol. in-8, br.

1782. OEuvres de Palissot, nouv. éd. augm. *Paris, imp. de Monsieur*, 1788 ; 4 vol. in-8, pap. vél. fort, mar. rou., tr. dor. (Derôme).

Exemplaire de Mme Palissot.

1783. OEuvres mêlées en vers et en prose (par M. Masson de Morvilliers). *Paris*, 1789 ; in-8, pap. de Holl., veau fauv., fil., dor. en tête.

1784. OEuvres anciennes et posthumes de J. et A. Chenier, mises en ordre par Ch. Robert. *Paris*, 1826 ; 10 vol. in-8, pap. vél., dem.-rel., dos et c. mar. rouge, n. rog. *Portraits*.

1785. Préface pour les OEuvres diverses et inédites de J. Chenier. *Ed. de Bruxelles*, 1816 ; in-8, de CXI pag., br.

Cette préface n'a jamais paru. Sa suppression forcée a obligé de la remplacer par un discours préliminaire.

1786. OEuvres complètes de P. Poivre, intendant des isles de France et de Bourbon. *Paris*, 1797 ; in-8, dos de v.

1787. OEuvres littéraires de Joseph Rosny. — Le Régime décemviral, fait historique, drame en trois actes. *Paris, an V*, pap. vél. — Le tribunal d'Apollon ou Jugement de tous les auteurs vivants, libelle injurieux, partial et diffammatoire. *Paris, an VII*. — Le Tableau comique ou l'Intérieur d'une troupe de Comédiens. *Paris, an VII, fig*. — Le Rève d'un philosophe ou Voici toute mon ambition. *Paris, an VIII*. — Voyage autour du Pont-Neuf, etc. 1802. Ens., 6 vol. in-18, rel. et br.

1788. OEuvres complètes de H. Rigault, précédées d'une notice biographique et littéraire, par Saint-Marc Girardin. *Paris*, 1859 ; 4 vol. in-8, br.

1789. OEuvres de J. de Maistre : Considérations sur la France. *Londres* (Bâle), 1797; 1 vol.— Le même ouvrage. *Lyon*, 1850; 1 vol. — Lettres et opusc. inédits. 1851; 2 vol. — Quatre chapitres sur la Russie, 1859; 1 vol. — Lettres inédites, 1858; 1 vol. — Mémoires politiques et correspondance diplomatique, 1858; 1 vol. Ens., 7 vol. in-8, br.

1790. OEuvres du comte Rœderer. *Paris*, 1853-59; 8 vol. gr. in-8, br.

1791. OEuvres posthumes d'Alph. Rabe, précédées d'une pièce en vers par V. Hugo. *Paris, Dumont,* 1835; 2 vol. in-8, br.
    Édition originale.

1792. Les OEuvres de M. de Senancour, contenant : Obermann, Isabelle, Rêveries et de l'Amour. *Paris,* 1833; 6 vol. in-8, br.

1793. OEuvres complètes de La Mennais, revues et mises en ordre par l'auteur. *Paris*, 1836-37; 12 vol. — OEuvres posthumes de La Mennais, par Forgues. *Paris, Paulin,* 1855-58; 6 vol. — OEuvres inédites de La Mennais, publ. par Blaize (Correspondance). *Dentu,* 1867; 2 vol. — Essai biographique sur La Mennais, par Blaize, 1858. Ens., 21 vol. in-8, br.

1794. OEuvres d'Alfred de Musset, contenant : Nouvelles, 1841. — Poésies complètes, 1842. — Poésies nonvelles, 1850. — Contes, 1854. — Comédies et Proverbes, 1859-60. — OEuvres posthumes, 1865. — Mélanges, 1867. *Paris, Charpentier.* Ens., 8 vol. in-12, br.

1795. OEuvres d'Alf. de Vigny, 6 vol. in-12, br. Journal d'un poëte. — Théâtre. — Poèmes antiques. — Stello. —Servitude et grandeur militaires.—Cinq-Mars, 1845-67.

1796. OEuvres de Fr. Grille, 8 vol. in-12, br.—La Fleur des pois, Carnot et Robespierre. — Autographes de savants et d'artistes, 2 vol. — Le Bric-à-Brac, 2 vol. — Miettes littéraires, 3 vol., 1853.

1797. Collection d'œuvres diverses, de M. A. Thiers ; salon de mil huit cent vingt-deux. *Paris, Maradan*, 1822 ; 5 fig. lithog., in-8, br. — Les Pyrénées et le Midi de la France pendant les mois de novembre et décembre 1822. *Paris*, 1823 ; in-8, dem.-rel. — Law, et son système de finances, extrait de l'Encyclopédie progressive, 1826 ; in-8, br. — La monarchie de 1830. *Paris*, 1831 ; in-8, br. Ens., 4 vol.

1798. Collection de Récits historiques, mélanges littéraires et scientifiques, par Ed. Terwecoren de la Compagnie de Jésus. *Bruxelles*, 1852-56 ; 7 tom. rel. en 5 vol., gr. in-8, dos de mar. v.

1799. OEuvres complètes de Benvenutto Cellini, orfèvre et sculpteur Florentin, trad. et publ. par Leclanché. *Paris, Paulin*, 1847 ; 2 vol. in-12, pap. fin cart., n. rog.

Collection Jannet.

1800. Le Livre de l'internelle consolation, première version françoise de l'Imitation de Jésus-Christ ; éd. publ. par Moland et d'Héricault. *Paris, Jannet*, 1856 ; in-16, pap. ver., cart., n. rog.

1801. Réflexions, Sentences et Maximes morales de La Rochefoucauld, nouv. éd. publiée par G. Duplessis. *Paris, Jannet*, 1853 ; in-16, pap. vergé, cart. r.

1802. Gérard de Rossillon, Chanson de geste anc., publiée en provençal et en français, par Fr. Michel. *Paris, Jannet*, 1856 ; in-16, pap. verg., cart. r.

1803. Floire et Blanceflor, Poëmes du XIIIᵉ siècle, publ. par Ed. du Méril. *Paris, Jannet*, 1856 ; in-16, pap. ver., cart. r.

1804. Les Romans de Dolopathos, publ. pour la prem. fois en entier par Ch. Brunet et A. de Montaiglon. *Paris, Jannet*, 1856 ; in-16, pap. verg., cart. r.

1805. OEuvres complètes de Franç. Villon, éd. revue par P.-L. Jacob. *Paris, Jannet*, 1854; in-16, pap. verg., cart. r.

1806. Recueil de poésies françaises du xve et xvie siècles, réunies par A. de Montaiglon. *Paris, Jannet*, 1855-65; 9 vol. in-16, pap. verg., cart. r.

1807. OEuvres complètes de Gringore, réunies par Ch. d'Héricault et de Montaiglon. *Paris, Jannet*, 1858; in-16, pap. verg., cart. r.

   Tome Ier. OEuvres politiques.

1808. OEuvres de Coquillart, publ. par Ch. d'Héricault. *Paris, Jannet*, 1857; 2 vol. in-16, pap. verg., cart. r.

1809. OEuvres de Roger de Collerye, éd. avec Notes, par Ch. d'Héricault. *Paris, Jannet*, 1855; in-16, pap. verg., cart. r.

1810. OEuvres françoises de B. des Périers, revues par L. Lacour. *Paris, Jannet*, 1856; 2 vol. in-16, pap. verg., cart. r.

1811. OEuvres comp. de Rémy Belleau, publ. par Gouverneur. *Paris, Franck*, 1867; 3 vol. in-16, pap. verg., cart. rose. *Portrait*.

1812. OEuvres complètes de Ronsard, publ. par P. Blanchemin. *Paris, Jannet et Franck*, 1857-67; 8 vol. in-16, pap. verg., cart. r.

1813. Les Tragiques, par A. d'Aubigné, nouv. éd., revue par L. Lalanne. *Paris, Jannet*, 1847; in-16, pap. verg., cart. r.

1814. OEuvres complètes de Saint-Amant, publ. par Ch. Livet. *Paris, Jannet*, 1855; 2 vol. in-16, pap. verg., cart. r.

1815. OEuvres compl. de Racan, publ. par Tenant de la Tour. *Paris, Jannet*, 1857; 2 vol. in-16, pap. verg., cart. r.

1816. OEuvres choisies et posthumes de Senecé, publ.
pour la première fois par Em. Chasles et A. Cap, *Paris,
Jannet*, 1855; 2 vol. in-16, pap. verg., cart. r.

1817. Chansons de Gauthier Garguille, nouv. éd., revue
par E. Fournier. *Paris, Jannet*, 1858; in-16, pap. verg.,
cart. r.

1818. Ancien Théâtre-François; coll. des ouvrages dramatiques les plus remarquables depuis les Mystères
jusqu'à Corneille, publié par Viollet-le-Duc. *Paris, Jannet*, 1854-57; 10 vol. in-16, pap. verg., cart. r.

1819. Les Comédies de Pierre de Larivey, Champenois.
Paris, Jannet, 1865; 2 vol. in-16, pap. verg., cart. r.

1820. Histoire de la Vie et des ouvrages de P. Corneille,
par J. Taschereau. *Paris, Jannet*, 1855; in-16, pap. verg.,
cart. r.

1821. Mélusine, par Jehan d'Arras, éd. publiée par Ch.
Brunet. *Paris, Jannet*, 1854; in-16. pap. verg., cart. r.

1822. Le Roman de Jehan de Paris, publié d'après les
prem. éditions par E. Mabille. *Paris, Jannet*, 1855, in-16,
pap. verg., cart. r.

1823. Le Roman comique, par Scarron, éd. revue par
V. Fournel. *Paris, Jannet*, 1857; 2 vol. in-16, pap. verg.,
cart. r.

1824. Histoire amoureuse des Gaules, par Bussy Rabutin,
revue par P. Boiteau. *Paris, Jannet*, 1856; 3 vol. in-16,
pap. verg., cart. r.

1825. Les Aventures de Don Juan de Vargas, trad. de l'espagnol par Ch. Navarin. *Paris, Jannet*, 1853; in-16. pap.
verg., cart. r.

826. Hitopadésa ou l'Instruction utile; Recueil d'apolo-
gues et de contes, trad. du sanscrit, avec Notes par Ed.
Lancereau. *Paris, Jannet*, 1855; in-16, pap. verg., cart.
rose.

1827. Nouvelles françoises en prose des XIIIᵉ et XIVᵉ siècles,
publ. avec des Notes, par Moland et d'Héricault. *Paris,
Jannet*, 1856; 2 vol. in-16, pap. verg., cart. r.

1828. Le Livre du chevalier de la Tour Landry, publ. par
de Montaiglon. *Paris, Jannet,* 1854; in-16, pap. verg.,
cart. r.

1829. Les Cent Nouvelles Nouvelles, publ. avec des Notes,
par Th. Wright. *Paris, Jannet,* 1858; 2 vol. in-16, pap.
verg., cart. r.

1830. Hieronymi Morlini parthenopei, Novellæ fabulæ et
comœdia; ed. aucta. *Paris, Jannet,* 1855; in-16, pap.
verg., cart. r.

1831. Les Facétieuses nuits de Straparole, trad. par Lou-
veau et de P. de Larivey. *Paris, Jannet,* 1857; 2 vol. in-16,
pap. verg., cart. r.

1832. Les Quinze joies de Mariage, conformes au manuscrit de la bibl. de Rouen. *Paris, Jannet,* 1857; in-16, pap.
verg., cart. r.

1833. Les Evangiles des Quenouilles, éd. revue. *Paris,
Jannet,* 1855; in-16, pap. verg., cart. r.

1834. La Nouvelle fabrique des excellents traits de vérité,
par Ph. d'Alcripe, nouv. éd. *Paris, Jannet,* 1853.

1835. OEuvres de Rabelais, seule éd. conforme aux derniers textes, revus par l'auteur avec les variantes. *Paris,*
1858; in-16, pap. verg., cart. r.
Tome Ier.

1836. Les Caquets de l'Accouchée, éd. revue par Ed.
Fournier. *Paris, Jannet,* 1865; in-16, pap. verg., cart. r.

1837. Le Dictionnaire des Précieuses, par de Somaize,
augm. d'une clef historique, par Livet. *Paris, Jannet,*
1856; 2 vol. in-16, pap. verg., cart., r.

1838. OEuvres de Branthôme, publ. par Mérimée. *Paris,
Jannet,* 1858; 3 vol. in-16, pap. verg., cart. r.

1839. Variétés historiques et littéraires, pièces volantes
rares, revues et aug., par Ed. Fournier. *Paris, Jannet,*
1855; 10 vol. in-16, pap. verg., cart. r.

1840. Les Aventures du baron de Faeneste, par Ag. d'Aubigné, nouv. éd. revue par Mérimée. *Paris, Jannet*, 1855;
in-16, pap. verg., cart. r.

1841. Mémoires de Marguerite de Valois, publ. avec Notes,
par Lud. Lalanne. *Paris, Jannet*, 1858; in-16, pap. verg.,
cart. r.

1842. Mémoires de Henri de Campion, éd. avec Notes de
Moreau. *Paris, Jannet*, 1857; in-16, pap. verg., cart. r.

1843. Mémoires et Journal de d'Argenson, publ. par le
marquis d'Argenson. *Paris, Jannet*, 1857; 5 vol. in-16,
pap. verg., cart. r.

1844. Mémoires de Jacques de Saulx, comte de Tavanne,
suiv. de l'Histoire de la guerre de Guyenne, par Bal-
thazar, nouv. éd., revue par C. Moreau. *Paris, Jannet*,
1858; in-16, pap. verg., cart. r.

1845. Mémoires et Corresp. de la marquise de Courcelles,
éd. publiée par P. Pougin. *Paris, Jannet*, 1855; in-16,
pap. veag., cart. r.

1846. Mémoires de Mad. de la Guette, nouv. éd., publiée
par Moreau. *Paris, Jannet;* in-16, pap. verg., cart. r.

1847. Histoire du Pérou, par le père Anello Oliva, trad. de
l'espagnol par Ternaux Compans. *Paris, Jannet*, 1857;
in-16, pap. verg., cart. r.

1848. Le Panthéon et Temple des oracles, par Fr. d'Hervé,
nouv. éd., revue sur le manusc. de l'auteur. *Paris, Jannet*, 1858; in-16, pap. verg., cart. r.

Ouvrages de Gabriel Peignot.

1849. Opuscules philosophiques et poétiques du frère Jérôme, mises au jour par son cousin Gab. Peignot. *Paris*,
1796; pet. in-12, dos et coins mar. rou.

1850. Manuel Bibliographique, ou Essai sur les bibliothèques anciennes et modernes, par G.-P. (Gab. Peignot).
Paris, 1800; in-8, br.

1851. Bagatelles poétiques et dramatiques, par G. P. B. D.
L. H. S. (Gab. Peignot, bibliophile de la Haute-Saône).
Paris et Vesoul, 1801 ; 2 part. en un vol. in-8, pap.
azuré de Holl., br.

1852. Dictionnaire raisonné de bibliologie, par Gab. Peignot. *Paris*, 1802 ; 3 vol. in-8, v. mar., fil.

1853. Les Fanatiques modernes, par Gab. Peignot. *Paris*,
an X, 1802 ; br. in-12.

1854. Essai de curiosités bibliographiques, par Gab. Peignot. *Paris, Renouard*, 1804 ; in-8, br.

1855. Dictionnaire critique, littéraire et bibliographique
des Livres condamnés au feu, supprimés ou censurés,
par Gab. Peignot. *Paris, Renouard*, 1806 ; 2 vol. in-8, br.

Avec des notes marginales manuscrites.

1856. Bibliographie curieuse ou Notice raisonnée des
livres imp. à 100 ex. au plus, suivie d'une notice de
quelques ouvrages, tirés en pap. de couleur, par Gab.
Peignot. *Paris*, 1808 ; in-8, gr. pap. vél. azuré.

Tiré à 100 exemplaires.

1857. Amusements philologiques ou Variétés en tous
genres, par G. P. Philomneste. *Paris*, 1808 ; in-8, pap.
azuré, dos de m. ch.

Édition originale.

1858. Le Portrait du Sage (par Gab. Peignot). *Paris*, 1809 ;
in-12, pap. vél. azuré, br., tiré à 75 ex.

Avec un envoi aut. sig. de l'auteur. Très-rare.

1859. Principes élémentaires de Morale, suivis de la
Science du bonhomme Richard et du Sifflet, le tout
publ. par Gab. Peignot. *Paris*, 1809 ; in-12, cart. — Élé-
ment de Morale, etc., suivi d'Opuscules de Francklin,
pub. par Peignot. *Dijon*, 1838 ; in-18, cart.

1860. Répertoire bibliographique universel, par Gab. Peignot. *Paris, Renouard*, 1812 ; in-8, br.

1861. De la Maison royale de France ou Précis généalogique et anecdotique sur la famille des Bourbons, par Gab. Peignot. *Paris*, 1815; in-8, br.

1862. Précis chronologique du règne de Louis XVIII, par Gab. Peignot. *Paris*, 1816; in-8, br.

1863. Traités du choix des livres, par Gab. Peignot. *Paris*, 1817; in-8, d.-rel.

1864. Dictionnaire historique et bibliographique, par Gab. Peignot. *Paris*, 1822; 4 vol. in-8, br.

1865. Lettres bourguignonnes ou Correspondances sur divers points d'histoire littéraire de biographie et de bibliographie, par Amanton. *Paris*, 1823; br. in-8.

1866. Amusements philologiques ou Variétés en tous genres, 2e édit., par Gab. Peignot Philomneste. *Dijon*, 1824; in-8, pap. vél. fort, cart. n. rog.

1867. Recherches historiques et littéraires sur les Danses des morts et sur l'origine des Cartes à jouer, avec 5 lithog. et vign., par Gab. Peignot. *Dijon*, 1826; in-8, br.

1868. Essai chronologique sur les Hivers les plus rigoureux, dep. 396 ans avant J.-Ch. jusqu'en 1820, suivi de quelques recherches sur les effets les plus singuliers de la foudre, depuis 1676 jusqu'en 1821, par Gabriel Peignot. *Paris, Renouard*, 1821; in-8, pap. verg., br.

1869. Manuel du Bibliophile ou Traité du choix des Livres, par Gab. Peignot. *Paris*, 1829; 2 vol. in-8, br.

1870. Documents authentiques et Détails curieux sur les dépenses de Louis XIV, par Gab. Peignot. *Paris, Renouard*, 1827; in-8, pap. verg. fort, br.

1871. Histoire de la Passion de J.-Christ, composée en 1490 par le père Ol. Maillard, publiée par G. Peignot. *Paris, Crapelet*, 1828; gr. in-8, pap. vél., cart.

1872. Choix de Testamens anciens et modernes, remarquables par singularité ou leur bizarrerie, par Gab. Peignot. *Paris*, 1829; in-8, br.

1873. Recherches historiques sur la personne de Jésus-Christ et sur celle de Marie, par un ancien bibliothécaire (Gab. Peignot). *Dijon*, 1829 ; in-8, br.

1874. Catalogue d'une partie de mes Livres (par Gab. Peignot). *Dijon, Lagier*, 1832 ; br. in-8.

1875. Détails historiques sur le Château de Dijon, par Gab. Peignot, 1833. — Lettres sur Dijon, etc., avec des Notes, par G. Peignot. *Paris*, 1863. Ensemb . 2 br. in-8.

1876. Le Livre des Singularités, par Gab. Peignot Phil omneste. *Dijon*, 1841 ; in-8, gr. p. vél. fort, portr., br.
> Une note manuscrite indique qu'il n'a été tiré que deux exempl. sur ce papier.

1877. Predicatoriana ou Révélations singulières sur les Prédicateurs, entremêlées d'Extraits piquants de Sermons bizarres, par Philomneste (G. Peignot). *Dijon*, 1841 ; in-8, pap., fil., br.

1878. Amusements philologiques ou Variétés en tous genres, par Philomneste (Gab. Peignot). *Dijon*, 1842 ; in-8, ex. en pap. de Holl., br.
> Avec un envoi aut. sig. de l'auteur.

1879. Lettres de Gab. Peignot, à son ami Baulmont, publ. par Em. Peignot, son petit-fils. *Dijon*, 1857 ; in-8, pap. vél., br.

Œuvres de Ch. Nodier.

1880. Pensées de Shakspeare, extraites de ses ouvrages (par Ch. Nodier). *Besançon, imp. de Metoyer*, 1801 ; in-12, pap. de Hol. azuré.
> Exemplaire réglé au carmin en feuille, non broché. Édition originale.

1881. Les Proscrits, par Ch. Nodier, suivi de la lettre d'un curé des Vosges à l'éditeur. *Paris, Lepetit et Gérard, an X*, 1802 ; in-12, 1 fig., *édit. originale*. — Le peintre de

Saltzbourg, par Ch. Nodier. *Paris, Maradan, an XI*, 1803 ; in-12, 1, fig., édit. originale. Ensemble 1 vol. d.-rel.

1882. Le dernier Chapitre de mon Roman (par Ch. Nodier); seconde édit. *Paris, Mme Cavanagh*, an XI, 1803 ; in-12, fig., br.

> C'est la première édit. portant le titre de 2e de ce curieux roman dans le génre de Faublas.

1883. Essais d'un jeune Barde, par Ch. Nodier. *Paris, Mme Cavanagh*, an XII, 1804 ; in-12, br., rog.

> Édition originale.

1884. Les Tristes ou Mélanges tirés des Tablettes d'un Suicidé, publ. par Nodier. *Paris*, 1806 ; in-8, pap. fil., br.

> Édition originale.

1885. Les Tristes ou Mélanges tirés dés tablettes d'un Suicidé, publ. par Ch. Nodier. *Paris, Demonville*, 1806 ; in-8, br.

> Édition originale. Les titres des chapitres ont été écrits à la main.

1886. Dictionnaire raisonné des Onomatopées françaises, par Ch. Nodier. *Paris, Demonville*, 1808; in-8, br.

1887. Apothéoses et Imprécations de Pythagore (publ. par Ch. Nodier). *Crotone (Besançon)*, 1808; in-8, tiré sur gr. pap. vél., à 17 exempl.

> Celui-ci, portant le n° 5, est dédié à M. Dornier de Malpas. exemplaire cart. non rogné.

1888. Questions de Littérature légale, Du Plagiat, de la Supposition d'auteurs, des Supercheries qui ont rapport aux livres, ouvr. qui peut servir de suite au Dictionn. des Anonymes et à toutes les bibliographies (par Nodier). *Paris*, 1812; in-8, cart.

> Édition originale.

1889. Histoire des Sociétés secrètes de l'Armée et des Conspirations militaires, qui ont eu pour objet la destruction du gouvernement de Bonaparte (attrib. à Ch. Nodier). *Paris*, 1815; in-8, br.

1890. Jean Sbogar (par Ch. Nodier). *Paris, Gide fils et H. Nicolle*, 1818; 2 vol. in-12, dos de v.
   Édition originale.

1891. Romans, Nouvelles et Mélanges de Ch. Nodier : Stella ou les Proscrits, 2ᵉ édit. — Lettre d'un Solitaire des Vosges à l'éditeur. — La Filleule du Seigneur. — Une heure de Vision. — Sanchette ou le Laurier rose. — Le Peintre de Saltzbourg, 2ᵉ édit., suivi des Méditations du Cloître. *Paris, Gide fils*, 1820; 2 fig. au bistre, 2 tom. en un vol. in-12, dos de v. fauve.

1892. Lord Ruthven ou les Vampires, par l'auteur de Jean Sbogar (Charles Nodier). *Paris*, 1820; 2 vol. in-12, br. (*avec cachet*).

1893. Adèle (par Ch. Nodier). *Paris, Gide fils*, 1820; in-12, dos de v.
   Édition originale.

1894. Mélanges de littérature et de critique, par Nodier, mis en ordre par Barginet. *Paris*, 1820; 2 vol. in-8, br.
   Édition originale. Voir *La France littéraire* de Quérard.

1895. Promenades de Dieppe aux montagnes d'Écosse, par Ch. Nodier. *Paris, Barba*, 1821 ; in-12, pap. verg., ornée de trois dessins d'Isabey, dont 1 col. et 2 pl. bot. de Borey de Saint-Vincent, col. et 1 carte br.
   Édition originale.

1896. Smarra ou les Démons de la nuit, songes romantiques, par Ch. Nodier. *Paris, Ponthieu*, 1821 ; in-12, br.
   Édition originale.

1897. Trilby ou le Lutin, par Ch. Nodier. *Paris*, 1822; in-12, br.
   Édition originale.

1898. Essai critique sur le Gaz hydrogène et les divers modes d'éclairages artificiel, par MM. Ch. Nodier et Amédée Pichot. *Paris*, 1823; in-8, br.
   Édition originale.

1899. Bibliothèque sacrée grecque-latine, ouvrage rédigé d'après Mauro Boni et Gamba, par Ch. Nodier. *Paris*, 1826 ; in-8, br.

Édition originale.

1900. Mélanges tirés d'une petite bibliothèque ou Variétés littéraires, par Ch. Nodier. *Paris, Crapelet*, 1829 ; in-8. — Catalogue d'une partie de livres rares et curieux dépendant de la bible de Ch. Nodier, dont la vente se fera le 6 juin 1827. *Paris, Merlin*, 1827 ; in-8. Ens. 1 vol. in-8, veau rac.

1901. Dictionnaire raisonné des onomatopées françaises, par Ch. Nodier, 2ᵉ édit. *Paris, Delangle*, 1828 ; in-8, br.

1902. Questions de littérature légale, du Plagiat, de la Supposition d'auteurs, des Supercheries qui ont rapport aux livres, par Ch. Nodier. *Paris, Crapelet*, 1828 ; gr. in-8, pap. verg. de Holl., cart. n. rog.

1903. La Philomèle, poème latin attribué à Albus ovidius juventinus, publ. avec des notes critiques, par Ch. Nodier. *Paris, Delangle*, 1829 ; gr. in-8, pap. de Holl., br.

1904. Poésies de Ch. Nodier, publ. par Delangle. *Paris*, 1829 ; in-12, pap. verg., br.

1905. Examen critique des Dictionnaires de la langue française, par Ch. Nodier. *Paris, Delangle*, 1829 ; in-8, br.

1906. Histoire du roi de Bohême et de ses 7 châteaux (par Nodier). *Paris*, 1830 ; in-8, gr. pap. jonquille.

Édit. orig. ; l'un des 6 exemp. sur papier de couleur, cart.; non rogné, nomb. vignettes.

1907. Fragment sur les institutions républicaines, ouvrage posthume de Saint-Just, précédée d'une notice par Ch. Nodier. *Paris, Techener*, 1831 ; in-8, br.

1908. Jean Sbogar, édition corrigée et augm. par l'auteur (Ch. Nodier). *Bruxelles*, 1832 ; in-8, br.

1909. OEuvres de Charles Nodier. *Paris, Renduel*, 1832 ; 13 vol. in-8, br.

1910. Id. — La Fée aux Miettes. — Souvenirs, 2 vol. —
Souvenirs de Jeunesse; ens. 4 vol. in-8, br.
1911. Inès de Las Sierras, par Ch. Nodier. *Paris, Dumont,*
1837; in-8, d.-rel.

   Quelques feuillets tachés et un petit cachet sur le titre.

1912. Les quatre Talismans, conte suivi de la légende de
sœur Béatrix, par Nodier. *Paris, Dumont,* 1838; in-8,
pap. vél., br.
1913. Bonaventure Desperiers, Cirano de Bergerac, par
Ch. Nodier. *Paris, Techener,* 1841; in-12, pap. verg., br.
1914. Description raisonnée d'une jolie collection de
livres. — Nouveaux Mélanges tirés d'une petite bibliothèque, par Ch. Nodier. *Paris, Techener,* 1844; in-8, pap.
verg., avec les prix. — Prospectus pour les œuvres de
Ch. Nodier, en 5 vol., par J. Janin; 1 feuille in-8.
   Pièce très-rare.
1915. Franciscus columna, dernière nouvelle par Ch.
Nodier, avec une notice de Jules Janin. *Paris,* 1844;
in-12, br.
1916. Contes de Charles Nodier, avec les eaux-fortes de
Tony-Johannot. *Paris, Hetzel,* 1846; gr. in-8, pap. vél.,
dos et coins mar. rouge, dor. en tête.
1917. OEuvres de Charles Nodier, contenant : Romans,
1840-1855. — Souvenirs et portraits, 1841. — Contes,
1841. — Nouvelles, 1841-1845. — Les sept Châteaux du
roi de Bohême, illustrés, 1852. — Contes de la veillée,
1855. — Souvenirs de la Révolution, 1856. — Contes
fantastiques, 1859. — Nouvelles, 1860. — Souvenirs de
jeunesse, 1861. — Ch. Nodier et sa vie, 1867. *Ensemble,*
14 vol. *Charpentier,* in-12, br.

HISTOIRE

1918. Dictionnaire historique et critique de Pierre Bayle. *Paris, Desoër*, 1820 ; 16 vol. in-8, br.

1919. Encyclopédie de l'antiquité, origine et progrès des sciences, par Girault-Duvivier. *Paris*, 1830 ; 4 vol. in-8, br.

1920. Dictionnaire général de biographie et d'histoire de mythologie et de géographie ancienne et moderne, par Dezobry et Bachelet. *Paris*, 1863 ; 2 vol. gr. in-8, br.

1921. Dictionnaire critique de biographie et d'histoire, par Jal. *Paris, Plon*, 1867 ; gr. in-8, nomb. fac-simile, br.

1922. Recherches sur la géographie ancienne et sur celle du moyen-âge, par Walckenaer. *Paris*, 1822 ; in-4, br., pl.

1923. Atlas de géogr. anc. pour les œuvres de Rollin, publ. par Letronne. *Paris, Didot*, 1843 ; in-4, cart.

1924. Atlas de géographie ancienne et moderne, publ. par Sanson d'Abbeville et Duval. *Paris, P. Mariette*, 1646-50 ; in-fol. 39 cart. col.

> Cet ouvrage renferme des cartes de l'Afrique et de l'Amérique très-curieuse.

1925. Atlas illustré de géographie commerciale et industrielle, dressé par Vuillemin et gravé par Langevin et Gerin, avec illustrations de Testard et Guesnu. *Paris*, 1851 ; in-fol., max., cart. col., dos de mar. br. plats en toile gauff., tr. dor.

1926. Histoire générale des Voyages de découvertes maritimes et continentales, trad. par Joanne et Old Nick. *Paris, Paulin*, 1840 ; 3 vol. in-12, br.

1927. Le Tour du Monde. *Paris,* 1860-65 ; 6 années br.,
par semestre.

1928. Les Navigateurs, ou choix de Voyages anciens et
modernes, recueillis par F. Denis. *Paris, Jannet* ; in-12,
fig., pap. vél., dos de mar. n. rog.

1929. Lettres d'un Voyageur, par G. Sand. *Paris,* 1837 ;
2 vol. in-8, br.
> Éd. orig.

1930. Xavier Marmier. — OEuvres et Voyages, dont : Lettres sur l'Amérique, sur l'Adriatique, la Hollande, le
Nord, le Caucase, l'Égypte, la Russie, etc., etc. *Paris,*
1841 à 1867 ; 27 vol. in-12, br.

1931. Lettre de milady Montagu, pendant ses voyages en
Europe, Asie et Afrique, publ. par Henrion. *Paris,* 1830 ;
in-18, cart. n. rog.

1932. Voyages d'un philosophe ou Observations sur les
mœurs et les arts des peuples de l'Afrique, Asie et
Amérique. *Lyon,* 1769 ; in-12, bas. rac., *ex-Letronne.* —
Le même. *Paris, an IV,* in-18, pap. vél., fig., cart. n. rog.

1933. Album de la Syrie et de l'Égypte, illust. de 40 vign.
Paris, 1841 ; in-4, br. — Le Tyrol, Trente et Inspruck,
par Fr. Mercey. *Paris,* 1842 ; in-4, fig.

1934. Histoire et description des principales villes de l'Europe : Nîmes, Trente, Inspruck et Berne. *Paris, Desenne,*
1835 ; in-4, pap. vél., fig. sur papier de chine, dos et
coins mar. br., dor. en tête, n. rog. Le doreur a mis le
titre la tête en bas.

1935. L'Indicateur fidèle, guide des voyageurs, par Michel.
Paris, 1765 ; petit in-4, br., *18 cartes col.*
> Cet ouvrage dédié à Cassini de Thury, seigneur de Villetaneuse,
> contient les villes, bourgs, ponts, prairies traversés par les grandes
> routes ; avec un itinéraire des coches par eau, carosses, etc. — Un
> coin du titre de dédicace est enlevé.

1936. Journal d'un voyage en Savoie et dans le midi de la
France, en 1804 et 1805, par H. de la Bédoyère. *Paris,*
Crapelet ; in-8, pap. de Holl., br.

1937. L'Archipel des îles normandes : Jersey, Guernesey, etc., avec une carte, par Th. Lecerf. *Paris*, 1863; in-8, br.

1938. Le Livre de Marco Polo, rédigé en français sous sa dictée en 1298, par Rusticien de Pise, publié pour la première fois d'après trois manuscrits de la bibl. imp., par G. Pauthier. *Paris, F. Didot*, 1865; 2 part., in-8, br., carte.

1939. Journal du voyage de Vasco de Gama en 1497, trad. du portugais par Ar. Morelet. *Lyon, Perrin*, 1864; in-4, pap. teinté de Holl., cart.

Tiré à 250 exemplaires.

1940. Les Alpes, descriptions et récits par Berlepsch, avec 16 illustrations d'après les dessins de Rittmeyer. *Genève*, 1869; gr. in-8; br.

1941. Promenades d'un artiste sur les bords du Rhin, la Hollande et la Belgique, avec 26 gravures d'après Stanfield et Turner. *Paris, Renouard*; gr. in-8, pap. vél., dos et coins veau fau., dor. en tête. *Niédrée*.

1942. Impressions de voyage (sur les bords du Rhin), par Alex. Dumas. *Paris* (1833); 2 vol. in-8, bonne d.-rel., v. fau.

Édition originale. Frontispice très-curieux à l'eau-forte par Célestin Nanteuil sur le 1er vol. — Le même, épreuve d'essai sur le 2e vol. — Un coin du tome Ier est un peu écorné.

1943. Fragmens d'un voyage en Italie, Grèce et en Asie en 1829-30, par Gauthier d'Arc. *Paris*, 1831; in-12, pap. verg., cart.

Tiré à 100 exemplaires.

1944. Voyage dans la Macédoine, contenant des recherches sur l'histoire et les antiquités de ce pays, par Cousinery. *Paris, Imp. roy.*, 1831; 2 vol. in-4, br., cartes.

1945. Voyage en Bosnie, en 1807 et 1808, par A. Chaumette-des-Fossés. *Paris, impr. de Didot*, 1822; in-8, pap. vél. fort, veau fauve dent., tr. dor. (*Simier*).

Avec envoi de l'auteur. à ma bonne mère.

1946. Journal du voyage de Michel de Montaigne en Italie,
en 1580-81, avec des notes de Querlon et un portr. grav.
par Saint-Aubin. *Paris*, 1774; in-4, pap. de Holl., d.-rel.

1947. Voyage en Italie, contenant l'histoire, les anecdotes,
les antiquités, les ouvrages de peinture, sculptures, etc.,
etc., par de Lalande. *Paris*, 1786 ; 9 vol. in-12, cart.

1948. Voyage en Italie, par J. Janin, illustr. d'un gr.
nomb. de vign. anglaises. *Paris, Er. Bourdin*, 1839 ; gr.
in-8, mar. bl., large encadr., tr. dor.

1949. Voyage en Italie, par H. Taine. *Paris, Hachette*,
1866; 2 vol. in-8, br.

1950. La Toscane et le midi de l'Italie, notes de voyage,
par F. de Mercey. *Paris, A. Bertrand*; 2 vol. in-8, br.

1951. La Campagne de Rome, par Ch. Didier. *Paris*, 1842;
in-8, br.

1952. Voyage de Naples à Amalfi, par Gauthier d'Arc.
Paris, Pinard, 1829 ; pet. in-12, pap. vél., cart.

> Avec un envoi autog. signé de l'auteur.

1953. Voyage dans la Russie méridionale et la Crimée, par
la Hongrie, la Valachie et la Moldavie, exécuté en 1837, par
Anat. Demidoff Le Play, Rousseau de Nordmann, etc.,
orné de 64 vig. par Raffet. *Paris, Bourdin*, 1841; 4 vol.
gr. in-8, br. avec un atlas d'histoire naturelle, de
95 pl. et cart. col. en feuille et 2 albums lithog. par
Raffet, gr. in-folio, dos de chag. vert.

1954. Mémoire du voïage en Russie, fait en 1586, par
Jehan Sauvage, suivi de l'Expédition de Fr. Drake en
Amérique, publ. par L. Lacour. *Paris*, 1855; pet. in-8,
pap. verg. cart. n. r.

> Tiré à 183 exemplaires.

1955. Voyage du ci-devant duc du Châtelet en Portugal,
par J. Bourgoing, *Paris*, an VI; 2 tom. en 1 vol. in-8,
bas. rac., tr. dor., carte et planche.

> Détails sur le tremblement de terre de Lisbonne, etc.

1956. La Vie et les Aventures, et le Voyage de Groenland du R. P. Pierre de Mésange, cordelier. *Amst.*, 1720 ; 2 vol. in-12, fig., v. br.

1957. Voyage dans les mers du Nord, à bord de *la Reine-Hortense*, par Charles Edmond (Choiecki). *Paris, Levy,* 1857 ; gr. in-8, pap. vél. br. *Figures.*

1958. Instructions à l'usage des voyageurs en Orient, publ. pour l'histoire, par M. de Pastoret. *Paris, Impr. imp.,* 1856 ; in-8, br.

1959. Expéditions et Pèlerinages des Scandinaves en terre sainte, au temps des croisades, par P. Riant. *Paris*, 1865 ; in-8, br.

1960. Voyage d'oultremer en Jhérusalem, par le seigneur de Caumont, l'an 1418, publ. par le marquis de Lagrange. *Paris*, 1858 ; in-8, pap. vergé, br.

1961. Voyage de Jérusalem et autres lieux saints, en 1644, par Charles du Rosel, publ. par Bonneserre de Saint-Denis. *Paris*, 1864 ; in-8, pap. de Holl., br.

1962. Voyage autour de la mer Morte et dans les terres bibliques, en 1850-51, par M. de Saulcy. *Paris*, 1852 ; 2 vol. gr. in-8, et atlas, br.

1963. Six mois en Orient en 1851 et 1852, par Bottu de Limas. *Lyon, Scheuring*, 1861 ; in-8, fig., pap. vergé teinté, br.

1964. Damas et le Liban, extraits du Journal d'un voyage en Syrie au printemps de 1860. *Londres*, 1861 ; in-8, pap. vél., cart., n. rog.

Tiré à petit nombre.

1965. Souvenirs d'un voyage en Asie-Mineure, par G. Perrot, ancien membre de l'École française d'Athènes. *Paris*, 1864 ; in-8, br.

1966. Voyage en Arménie et en Perse, par Jaubert, avec une notice sur l'auteur, par Sédillot. *Paris ;* in-8, portr., br.

1967. L'Ambassade de la Compagnie orientale des Provinces-Unies vers l'empereur de la Chine, par P. de Goyer et de Keyser, publ. par Le Carpentier. *Leyde*, 1665; in-fol., v. br. *Figures*.

1968. Ambassades mémorables de la Compagnie des Indes orientales des Provinces-Unies vers les empereurs du Japon, enrichi de fig. et cartes. *Amsterdam*, 1680; in-fol., v. br.

1969. La Chine ouverte, par Old-Nick. *Paris*, 1845; in-8, br. *Nombr. illustr.*

1970. Le Fleuve Amour, histoire, géographie, ethnographie, par C. de Sabir. *Paris*, 1861; in-4, br. *Figures et cartes*.

1971. Les Chevaux du Sahara et les mœurs du désert, par le gén. Daumas. Nouv. édit. revue et augmentée par l'émir Abd-el-Kader. *Paris*, 1862; gr. in-8, pap. vél., port. photog., br. — Le Sahara algérien, par Daumas. *Paris*, 1845; gr. in-8, br. — Du même, la Grande-Kabylie, études historiques. *Paris*, 1847; gr. in-8, br.

1972. Voyage du duc de Montpensier à Tunis, en Egypte, en Turquie et en Grèce; lettres par Ant. de Latour. *Paris*, 1847; gr. in-8, pap. vél. fort, br., avec un album dess. par Sinety, et lithog. par Dauzats. 5 livr. gr. in-folio.

1973. Egypte et Ethiopie; le Soudan, par P. Trémaux. *Paris, Hachette;* 2 vol. in-8, br.

1974. Douze ans dans la Haute-Ethiopie (Abyssinie), par Arn. d'Abbadie. *Paris, Hachette*, 1868; in-8, br.
Tome 1er seul paru.

1975. Histoire du Canada et voyages que les frères récollects y ont faicts pour la conversion des infidelles, avec le Dict. de la langue huronne, par le F. R. Gab. Sagard Théodat. Nouv. édit. publ. par Em. Chevalier. *Paris, Tross*, 1866; 4 vol. in-8, pap. vél. azuré, br.

1976. Voyage de Jacques Cartier au Canada, en 1534; nouvelle édit. publ. d'après celle de 1598, par Michelant,
avec deux cartes et des documents inédits sur le Canada,
par Al. Ramé. *Paris, Tross,* 1865; in-8, pap. vergé, br.

1977. Bref Récit et succincte narration de la navigation
faite en 1535 et 1536, par J. Cartier, aux îles de
Canada, etc., Hochelaga, Saguenay et autres, réimp. fi-
gurées de l'édit. originale de 1545, publiée par D'Avezac.
Paris, Tross, 1863; in-8, pap. vergé, br.

1978. Le grand Voyage du pays des Hurons en la Nouvelle-
France dite Canada, avec un dictionnaire de la langue
huronne, par Gab. Sagard Théodat. Nouv. édit. publ.
par Em. Chevalier. *Paris, Tross,* 1865; 2 vol. in-8, fig.,
pap. vél. azuré, br.

1979. Cités et ruines américaines, recueillies par Dés.
Charnay, avec un texte par M. Viollet-le-Duc. *Paris,*
1863; gr. in-8, fig. sur bois, br.

1980. La Havane, par Mme la comtesse Merlin. *Paris,* 1844;
3 vol. in-8, br.

1981. Voyage à Cayenne, dans les deux Amériques et chez
les anthropophages, par L.-Ange Pitou. *Paris,* 1805;
2 vol. in-8, d.-rel. bas. *Figures.*

L'auteur donne des notions sur Collot et Billaud, les déportés de
nivôse, les îles Sichelles, etc.

**Histoire universelle ancienne et moderne. — Histoire
ancienne. — Juifs. — Phéniciens grecs. — Histoire romaine.**

1982. L'Art de vérifier les dates des faits historiques, des
chartes, etc., par un religieux bénédictin de la cong. de
Saint-Maur (dom Clément). *Paris, Alex. Jombert,* 1783-87;
3 vol. in fol., v. gr., fil.

1983. Dictionnaire de biographie, mythologie et géographie anciennes, pour servir à l'intelligence des auteurs
grecs et latins, avec 1,000 pl. grav. d'après l'antique, par
Theil. *Paris, Didot,* 1865; gr. in-12, pap. vél., br.

1984. Dictionnaire des antiquités romaines et grecques, accompagné de 2,000 grav. d'ap. l'antique, par Ant. Rich, trad. par Cheruel. *Paris, F. Didot*, 1861; in-8, bel. rel. en vél. de Holl., dor. en tête, n. rog.

1985. Tablettes chronologiques de l'histoire universelle, par Lenglet Dufresnoy. *Paris*, 1744; 2 vol. pet. in-8, v. fauv. — L'Histoire justifiée contre les romans, par L. Dufresnoy. *Amst.*, 1735; in-12, v. br.

1986. Manuel d'histoire universelle ancienne et moderne, par le Dr Ott. *Paris, Paulin*, 1840-42; 2 vol. in-12, br.

1987. Histoire universelle en style lapidaire (par Sylvain Marechal). *Paris, imp. de Crapelet*, 1800; gr. in-8, pap. vél. fort, v. rac., dent., fil.

1988. Mémoires d'histoire ancienne et de philologie, par Egger. *Paris*, 1863; in-8, fig., br.

1989. Etude sur les barbares et le moyen âge, par Littré. *Paris*, 1867; in-8, br.

1990. Histoire des progrès de la civilisation en Europe, depuis l'ère chrétienne jusqu'au xixe siècle, par Roux-Ferrand. *Paris, Hachette*, 1857; 6 vol. in-8, br.

1991. Tableau chronologique de l'histoire moderne, 1826. — Précis de l'histoire moderne, 1850. — Précis de l'histoire de France, 1838, par Michelet. *Paris, Hachette.* Ens. 3 vol. in-8, br.

1992. Les Princes de l'Europe au xvie siècle : François 1er, Philippe II, Catherine de Médicis, les papes, les sultans, d'après le rapport des ambassadeurs vénitiens, par Ar. Baschet. *Paris*, 1862; in-8, br., *fac-simile.*

1993. OEuvres choisies de l'abbé de Vertot. *Paris, Louis Janet*, 1819; 12 vol. in-8, cart., n. rog.

1994. Histoire des Juifs, écrite par Flavius Joseph, trad. par Arnauld d'Andilly. *Bruxelles*, 1701; 5 vol. in-12, fig., v. br.

1995. Les Juifs d'Occident, recherches sur l'état civil, commercial et littéraire des Juifs en France, en Espagne et en Italie pend. le moyen âge, par A. Beugnot. *Paris*, 1824; in-8, br.

1996. Les Ruines de Ninive ou Description des palais détruits des bords du Tigre, par Feer. *Paris*, 1864; in-8, fig., br.

1997. Mission de Phénicie, dirigée par M. Ern. Renan. Planches exécutées sous la direct. de Thobois, architecte. Texte, liv., 1 à 3; pl. liv., 1 à 5; gr. in-fol., br.

1998. Examen analytique et Tableau comparatif des synchronismes de l'histoire des temps héroïques de la Grèce, par Petit-Radel. *Impr. royale*, 1827; in-4, pap. vergé, br. — Rapport historique sur les progrès de la littérature et de l'histoire ancienne depuis 1789, par Dacier. *Paris*, 1810, in-4, br.

1999. Voyage du jeune Anacharsis en Grèce, par Barthelemy, 4e édition. *Paris*, *Didot*, an VII; 7 vol in-4, gr. pap. vél., cart.

2000. Histoire de la démocratie athénienne, par Filon. *Paris*, 1854; in-8, br.

2001. Recherches sur le luxe chez les Athéniens, par Ch. Meiners, suivi du traité du luxe des dames romaines, par l'abbé Nadal. *Paris*, 1823; in-8, dos de v.

2002. Fêtes et courtisanes de la Grèce (par Chaussard), 4e édit. *Paris*, 1821; 4 vol. in-8, br. *Figures*.

2003. L'Acropole d'Athènes, par Beulé. *Paris*, 1853-54; 2 vol. in-8, pap. vél., br. — Étude sur le Péloponnèse, par Beulé. *Paris*, 1855; in-8, pap. vél., br.

2004. Recherches sur les établissements des Grecs en Sicile, par Brunet de Presle. *Paris*, *imp. roy.*, 1845; in-8, pap. verg., cart., br.

2005. La Vérité sur la mort d'Alexandre le Grand, par Littré. — La Mort de César, par Nicolas de Damas. *Paris*, 1865; pet. in-8, sur pap. de Chine, br.
Manque le front. gr.

2006. Athènes aux xve, xvie et xviie siècles, par le comte de Laborde. *Paris*, 1854 ; 2 vol. gr. in-8, pap. vél. *Planches nombr.*

2007. Recherches et matériaux pour servir à l'histoire de la domination française, aux xiiie, xive et xve siècles, dans les provinces de l'empire Grec, par Buchon, avec neuf pl. de médailles, etc. *Paris, Desrez*, 1841; 2 vol. gr. in-8, et atlas, br.

2008. Histoire de l'empire de Constantinople sous les empereurs françois, par Geoffroy de Ville-Hardouin, avec la suite par Phil. Mouskes; la 2e partie contient l'Histoire de ce que les François et les Latins ont fait de plus mémorable dans l'empire de Constantinople, par Dufresne-Ducange. *Paris, imp. roy.*, 1657 ; 2 part. en 1 vol. in-folio, v., br. *Aux armes de France.*

2009. Antiquités romaines ou Tableau des mœurs des Romains, par Adam. *Paris*, 1818 ; 2 vol. in-8, dem. rel., v. viol.

2010. Études médicales sur l'ancienne Rome, par J. Rouyer. *Paris*, 1859 ; in-8, br.

2011. Histoire de la décadence des mœurs chez les Romains, par René Binet. *Paris*, an III; in-12, dos de v.

2012. Mœurs romaines, du règne d'Auguste à la fin des Antonins, par Friedlænder, trad. par Vogel. *Paris*, 1865 ; 2 vol. in-8, br.

2013. Des journaux chez les Romains, recherches précédées d'un Mémoire sur les annales des Pontifes, par Victor Leclerc. *Paris, Didot*, 1838 ; in-8, br.

2014. Monuments de la vie privée des douze Césars. — Monuments du culte des dames romaines (par H. d'Hancarville). *Caprée (Nancy)*, 1780; en 1 vol. in-4, pap. vergé, dem.-rel., m. v. *Figures.*
 Bon exemp.

2015. Les Impératrices romaines ou Histoire de la vie et des intrigues secrètes des femmes des douze Césars, par M. de Serviez. *Paris*, 1828; 3 vol. in-12, v. br.

2016. Sabine ou Matinée d'une dame romaine à sa toilette, trad. de Ch. Bœttiger. *Paris, Maradan*, 1813 ; 13 pl. grav., broch.

2017. Réflexions sur les divers génies du Romain dans les divers temps de la République, par Saint-Évremond. *Paris, Renouard*, 1795 ; in-8, pap. vél., port., mar. vert à comp., fil., tran. dor., anc. rel.

2018. Justini Historiæ philippicæ cum commentariis Bongarsii, Modii, etc., curante A. Gronovio. *Lugd.-Bat., Luchtmans*, 1760 ; in-8, vél., fil. dor. *Signature de M. Boissonnade.*

    Bel exemp.

2019. Florus, cum notis integris Cl. Salmasii, et select. variorum. *Amstelodami, ex officina elzeviriana*, 1774 ; in-8, front. grav., vél.

2020. Les Commentaires de César, trad. nouvelle avec des cartes et figures. *Amst.*, 1755 ; 2 vol. in-12, v. fau., chif. sur les plats.

2021. Histoire de la République romaine, par Michelet. *Paris, Hachette*, 1843 ; 2 vol. in-8, br.

2022. Histoire romaine, par Th. Mommsen, trad. par Alexandre. *Paris*, 1863-68 ; 6 vol. in-8, br.

2023. Étude sur l'histoire romaine, par Prosper Mérimée. *Paris*, 1844 ; 2 vol. in-8, br.

2024. Le Violier des histoires romaines, anc. trad. des Gesta Romanorum, éd. revue par G. Brunet. *Paris, Janet*, 1858 ; in-16, pap. verg., cart., r.

2025. État du monde romain, vers le temps de la fondation de l'empire, par M. Duruy. *Paris*, 1853 ; in-8, br.

2026. Histoire de Jules César (par S. M. l'empereur Napoléon III). *Paris, impr. imp.*, 1865-66 ; 2 vol. in-folio, pap vél., pl. et cartes en coul., br.

2027. Rome au siècle d'Auguste ou Voyage d'un Gaulois à Rome, par Ch. Dezobry. *Paris*, 1846 ; 4 vol. in-8 et atlas, br.

2028. Examen critique des historiens anciens de la vie et du règne d'Auguste, par Egger. *Paris*, 1844; in-8, br.

2029. Auguste, sa Famille et ses Amis, par Beulé. *Paris, Lévy*, 1867; in-8, pap. vél., br.

2030. Rome galante ou Histoire secrète sous les règnes de J. César et d'Auguste. *Paris*, 1696; 2 vol. in-12, fig., cart., n. rog.

2031. Tibère et l'héritage d'Auguste, par Beulé. *Paris*, 1868; in-8, br.

2032. Julia Severa ou l'An 492, par Sismonde de Sismondi. *Paris*, 1822; 3 vol. in-12, pap. verg., br.

2033. Les Galanteries et les Débauches de l'empereur Néron et de ses favoris, par Petrone. *A la Sphère (Cologne)*, *P. Marteau*, 1694; 2 tom. en 1 vol. pet. in-12, fig., v., broch.

2034. Héliogabale ou Esquisse morale de la dissolution romaine sous les Empereurs (par Chaussard). *Paris*, 1802; in-8, br. *Fig.*

HISTOIRE DE FRANCE

Antiquités. — Gaulois, Celtes — Mœurs et usages. — Traités sur les Rois, la Féodalité. — Histoire générale.

2035. Nouveau Dictionnaire géographique de la France, par Briand de Verzé, publ. par Warin Thierry. *Paris*, 1858; 2 vol. in-8, br.

2036. Dictionnaire topogr. de la France, par Peigné. *Paris*, 1863; in-8, cart.

2037. Étude sur la signification des noms de lieux en France, par Houzé. *Paris*, 1864; in-8, br.

2038. Introduction et Nouvelle description de la France, dans laquelle on voit la description des villes, maisons royales, châteaux et monuments les plus remarquables, par Piganiol de la Force. *Paris*, 1752-54; 15 vol. in-12, cartes, plans et blasons col., veau fau.
Bel exemp. de de Bure l'aîné avec sa sign. aut.

2039. Histoire des grandes forêts de la Gaule et de l'ancienne France, par Al. Maury. *Paris*, 1850; in-8, br.

2040. Histoire des races maudites de la France et de l'Espagne, par Franç. Michel. *Paris*, 1847; 2 vol. in-8, br.

2041. Mémoires de l'académie celtique. *Paris*, 1807; tom. I à V, br. et en livraisons.

2042. Mémoires de la société des antiquaires de France, 1817 à 66, tom. 1 à 10, 1re série; 2me série, 1 à 29. Ens. 39 vol. in-8, br. et atlas du tome 9.

2043. Mémoires de l'Académie des Inscriptions et Belles-Lettres, Antiquités de la France. *Paris*, 1860; in-4, br.
Tom. 4, 2e série.

2044. Voyage chez les Celtes, ou de Paris au mont Saint-Michel par Carnac, suivi d'une notice sur les monuments celtiques des environs de Paris avec de nombreuses lithographies, par Carro. *Paris*, 1857; gr. in-8, broch.

2045. Le Temple d'Auguste et la nationalité gauloise, par Aug. Bernard. *Lyon*, 1863; in-fol., cart. *Planches.*

2046. Voyage bibliographique, archéologique et pittoresque en France, de Dibdin, trad. de Licquet. *Paris*, 1825; 4 vol. in-8, cart.

2047. Observations historiques sur la nation gauloise, par l'abbé Dordelu du Fays. *Paris*, 1746. — Réflexions critiques sur les Observations de l'abbé D. *Paris*, 1647. Ensemble 2 vol. in-12, v. mar.

2048. Les Druides, par J.-B. Bouché, de Cluny; Voyage en Bourgogne et Mélanges, par le même. *Paris*, 1844-45; en 1 vol. in-8, pap. vélin, dem.-rel.; v. rose.

2049. L'Esprit de la Gaule, par J. Raynaud. *Paris, 1864*; in-8, br.

2050. Histoire de la Gaule méridionale sous la domination des conquérants germains, par Fauriel. *Paris, 1836*; 4 vol. in-8, br.

2051. Nouvelles Recherches sur la France, recueil de Mémoires sur quelques provinces, villes et bourgs du royaume. *Paris*, 1766; 2 vol. in-12, v. m.

2052. La Guerre de Jules César dans les Gaules, par M. de Pécis. *Parme, de l'impr. roy.*, 1786; 3 vol. in-8, pap. de Holl., riche rel. de Bozérian en mar. rouge, fil., dent., tr. dor., doubl. de tabis.

2053. Histoire de Jules César (et de la guerre des Gaules), par S. M. l'empereur Napoléon III. *Paris, impr. imp.*, 1865-66; 2 vol. in-folio, pap. vél., pl. et cartes en coul., broch.

2054. Alesia, Étude sur la septième campagne de César en Gaule. *Paris*, 1859; in-8, pap. vél., cart., br.

2055. L'Origine des François et de leur empire, par M. Audigier. *Paris*, 1676; 2 vol. pet. in-8, vél.

2056. Le Berceau de la France, par Daucourt. *Paris, Didot l'aîné*, 1780; 2 vol. in-16, pap. de Holl., mar. v., dent., doubl. de tabis, tr. dor., anc. rel.

2057. Les Archives de la France, par le marquis de Laborde. *Paris, Renouard, 1867*; in-12, pap. vél., br.

2058. Histoire de la liberté religieuse en France et de ses fondateurs, par Dargund. *Paris, Charp.*, 1859; 4 vol. in-12, br.

2059. Histoire de la vie privée des Français, par Legrand d'Aussy, nouv. éd. par de Roquefort. *Paris*, 1815; 3 vol. in-8, pap. fil., br.

2060. Le Mode françois ou Discours sur les principaux usages de la nation françoise. *Londres*, 1786; in-8, br.

<blockquote>Cet ouvrage est de Sobry, l'édit. presque entière a été supprimée par le ministre Breteuil; les exemp. qui ont été sauvés se vendaient jusqu'à 4 Louis (Barbier).</blockquote>

2061. Tableau des mœurs françaises aux temps de la chevalerie, tiré du roman de sir Raoul et de la belle Ermeline, par L. C. P. D. V. *Paris*, 1825 ; 4 vol. in-8, dos de v.

2062. Tableau des mœurs au xe siècle ou la Cour et les Lois de Howel-le-Bon, publié par Crapelet. *Paris*, 1832 ; gr. in-8, pap. vél., br.

2063. Essais historiques sur les modes et sur le costume en France (par Charpentier). *Paris*, 1776 ; in-12, br.

2064. Du costume militaire des Français en 1446, par R. de Belleval. *Paris*, 1866 ; in-4, pap. de Holl., br. *Fig.*

2065. Coutumes, Mythes et Traditions des provinces de France, par Al. de Nore. *Paris*, 1846 ; in-8, br.

2066. Histoire du Drapeau, des Couleurs et Insignes de la monarchie française ; des Enseignes milit. chez les anciens, par Rey. *Paris*, 1837 ; 2 vol. in-8 et atlas, pap. fil., br. *24 pl.*

Mouillé légèrement à la table du tom. 2.

2067. Considérations historiques et artistiques sur les monnaies de France, par B. Fillon. *Fontenay-Vendée*, 1851 ; in-8, dem.-rel., ch., br. *Médailles et 4 planches.*

2068. Études historiques sur les clercs de la Bazoche, par Adolp. Fabre. *Paris, Potier*, 1856 ; in-8, fig., br.

2069. Les Écossais en France, les Français en Écosse, par Francisque Michel. *Londres*, 1862 ; 2 vol. in-4, encad. en rouge, pap. vél., nomb. fig. et blasons, br.

2070. Les Français peints par eux-mêmes. *Paris, Curmer*, 1841 avec le Prisme ; 9 vol. gr. in-8, cart. toile anglaise. *Figures coloriées.*

Un titre de 1843 au tom. Ier.

2070 bis. — Les mêmes, 1841 ; 9 vol. br. *Fig. noires.*

2071. Histoire des Français des divers états ou Histoire de France aux cinq siècles derniers, par Monteil. *Paris*, 1853 ; 5 vol. in-12, br.

2072. Influence de l'histoire des divers états, par Al. Monteil. *Paris*, 1840 ; in-12, br. — Les Français pour la première fois dans l'histoire de France, par **A. M.** *Paris*, 1841 ; in-12, bas., fil.

2073. Dictionnaire féodal, par Collin de Plancy. *Paris*, 1820 ; 2 vol. in-8, dos de v. r.

2074. Dictionnaire de l'ancien régime et des abus féodaux, par Paul D... de P... *Paris*, 1820 ; in-8, br.

2075. Abrégé chronologique des grands fiefs de la couronne de France. *Paris*, 1759 ; in-8, br.

2076. Recueil des roys de France, leurs couronne et maison, par J. du Tillet, sieur de la Bussière. *Paris*, 1618 ; pet. in-4. *Figures*.

    Exemp. de de Thou et sign. de La Mennais.

2077. Chroniques sur les cours de France, par le baron de Crespy le Prince. *Paris*, 1843 ; 2 vol. in-8, cart. *Aux armes de Russie.*

2078. Jacques de Bie ; les vrais Portraits des rois de France, nouvelle édit. enrichie de nouv. port. 1636. —La France métallique, tiré des plus curieux cabinets de médailles, 1636. — Les Familles de France, illustrées par les monuments des médailles anciennes et modernes. *Paris, Camusat*, 1636. 3 tomes en 1 vol. in-folio, port. et médailles grav., vél. de Holl., gauf.

2079. Essais historiques sur le sacre et le couronnement des rois de France, les Minorités et Régences, par L. V. Goezman de Thune. *Paris*, 1775 ; in-8, cart. — Du Sacre des rois de France et de l'origine de la sainte ampoule, par F. Lacointa. *Paris*, 1825 ; in-8, br.

2080. Histoire du Sacre et du Couronnement des rois et des reines de France, par Alex. Le Noble. *Paris*, 1825 ; in-8, fig., dos de veau fau.

2081. Cérémonies et Prières du sacre des rois de France, accompagnées de Recherches historiques. *Paris, F. Didot*, 1825 ; in-12, pap. vél., br.

2082. Des Cérémonies du sacre, par Leber, orné de 48 pl. *Paris, Baudoin,* 1825; pap. vél., br.

2083. Du Sacre des rois de France, par Clausel de Coussergues. *Paris, Ad. Egron,* 1825; in-8, br.

2084. Des Sépultures nationales et particulièrement de celles des rois de France, par Legrand d'Aussy, suivi des funérailles des rois, reines, etc., par M. de Roquefort. *Paris,* 1824; in-8, br. — Les Sépultures de l'église Saint-Rémi de Reims; par Prosper Tarbé. *Reims,* 1842; in-12, broch.

2085. Les Origines de la Chapelle-Musique des souverains de France, par Er. Thoinan. *Paris, Claudin,* 1864; in-12, gr. pap. de Holl., br.

2086. Comptes de l'Hôtel des rois de France aux xive et xve siècles, publ. par Douet-D'Arcq. *Paris, Renouard,* 1865; in-8, pap. vergé, br.

2087. Les Mémoires et l'Histoire en France, par Ch. Caboche. *Paris, Charpentier,* 1862; 2 vol. in-8, br.

2088. Notice des Diplômes, des Chartes et des Actes relatifs à l'Histoire de France de l'an 23 à 841, par l'abbé de Foy. *Paris,* 1765; in-folio, v. m., fil. *tome Ier; aux armes de France.*

2089. Collection des meilleures dissertations, notices et traités relatifs à l'histoire de France, par Leber. *Paris,* 1838; 20 vol. in-8, br.

2090. Histoire des Francs, Grégoire de Tours et Frédégaire, trad. de M. Guizot. *Paris,* 1861; 2 vol. in-8, br.

2091. Abrégé chronologique de l'histoire de France, par Mézeray. *Amsterdam,* 1673-74; 6 vol. in-12, v. br. — Histoire de France avant Clovis, par le même. *Amst.,* 1696; in-12, cart. Ens. 7 vol. *Portraits.*
  Bonne édition.

2092. Annales de la monarchie française, depuis Pharamond jusqu'à Louis XV, par M. de Limiers, avec les fig. de Bernard Picart, les blasons, médailles, vues de Paris

et des principaux châteaux de France, etc. *Amsterdam,*
1724 ; in-folio, gr. pap., v. marb.

2093. Nouvel abrégé chronologique de l'histoire de France,
par le président Hénault, nouv. édit. augm. et ornée de
vignettes, fleurons et port. grav. *Paris*, 1768 ; 2 vol. in-4,
pap. de Holl., v. ec., fil.

2094. Histoire de France, depuis les temps les plus anciens jusqu'à nos jours, d'après les monuments originaux et les monuments de l'art de chaque époque, par
MM. H. Bordier et Ed. Charton. *Paris*, 1862-64 ; 2 vol. gr.
in-8, nomb. fig. en bois, br.

2095. Histoire de France, par Michelet. *Paris*, 1861-62 ;
14 vol. in-8, br.

2096. Esquisse des principaux faits de nos annales nationales du xiiie au xviie siècle, par Buchon. *Paris,* 1840 ;
gr. in-8, br.

2097. Histoire du xvie siècle en France, par P. Lacroix,
bibliop. Jacob. *Paris, Mame,* 1834 ; 4 vol. in-8, br.

Histoire de France de Clovis à la mort de Louis XV.

2098. Première entrevue de Clovis Ier roi des Francs et de
Clotilde à Villery près Troyes, sur le lieu de la réception, réfutation, par P. L. Douge. *Troyes,* 1834 ; br.
in-8.

  Tiré à 220 exemp.

2099. Suger et la Monarchie française au xiie siècle, 1108-
52, par Huguenin. *Paris, Durand* ; in-8, br.

2100. Job ou les Pastoureaux, 1251. — Audefroi le Batard,
1272, par Fr. Michel. *Paris,* 1832 ; in-8, br. *Fig.*

  Édit. orig.

2101. La France sous Philippe-le-Bel, par Boutaric. *Paris,*
1861 ; in-8, br.

2102. La France au temps des Croisades, par M. de Vau-
blanc. *Paris, Techener*, 1844; 4 vol. in-8, fig., pap.
vél., br.

2103. Grande chronique de Matthieu Paris, trad. par
Huillard-Bréholles, avec une introduction par le duc de
Luynes. *Paris*, 1840-41; 9 vol. in-8, br.

2104. Histoire de saint Louis, par Jéhan sire de Joinville;
les Annales de son règne, par Guill. de Nangis; sa vie
et ses miracles, accomp. d'un Glossaire (par Mellot,
Sallier et Capperonnier), avec des vignettes de Gravelot,
et cartes. *Paris, imp. roy.*, 1761; in-fol., gr. pap., y. m.,
fil. *Aux armes du roy de France.*

2105. Histoire de saint Louys, IXᵉ du nom, écrite par le
sire de Joinville, édit. nouvelle, avec les établissemens
de saint Louys, le Conseil de P. de Fontaines, et plusieurs autres pièces, par Ch. Dufresne du Cange. *Paris,
Cramoisy*, 1668; in-fol., v. br.

2106. OEuvres de Jean, sire de Joinville, comprenant
l'Histoire de saint Louis, le Credo et la Lettre à Louis X,
par N. de Wailly. *Paris, A. Le Clère*, 1867; gr. in-8, pap.
vergé, br., fig.

2107. Dissertation sur Jean 1ᵉʳ, roy de France et de Navarre, avec un appendice et des fac-similé, par Monmerqué. *Paris*, 1845; gr., br.

2108. Les vrayes Chroniques de messire Jehan Le Bel,
1326-61, publ. par Polain. *Bruxelles*, 1863; 2 vol. gr.
in-8, pap. de Holl., br.

2109. Le premier, le second, le tiers et le quart volume
des Croniques de France, d'Angleterre, d'Escoce, d'Espaigne, de Bretaigne, de Gascongne, de Flandres et
lieux circonvoisins, de 1326 à 1400, par JEHAN FROIS-
SART, fig. en bois. *Imp. à Paris par Ant. Couteau, pour
Jehan Petit, libraire, et achevé le deuxième jour de septembre, l'an 1530;* 4 tom. en 2 vol. in-fol. goth., à 2 col.,
v. br., gauf., rel. repp.
Bel exempl.

2110. Le premier livre des Chroniques de Jehan Froissart, texte inédit, publ. par le baron Kervyn de Lettenhove. *Bruxelles*, 2 vol. gr. in-8, br. — OEuvres de Froissart, publ. par le même. Chroniques, tome 2°, 1322-1339. *Bruxelles*, 1867; gr. in-8, pap. de Holl., br.

2111. Le premier, le second et le tiers volume de ENGUERRAN DE MONSTRELET; en suyvant Froissart, des Croniques de France, d'Angleterre, d'Escoce, d'Espaigne, de Bretaigne, de Gascongne, de Flandres, et lieux circonvoisins; avec plusieurs autres nouvelles choses advenues en divers pays, le tout fait et adjouté avecques la Cronique dudit Monstrelet, jusques en l'an 1518. Imp. à Paris l'an de grâce 1518, pour *Françoys Régnault, libraire;* 3 tom. en 2 vol. in-fol., goth. fig. en bois, rel. en vél.

> Bel exempl.

2112. La Chronique d'Enguerran de Monstrelet, 1400-1444, publ. par Drouët-d'Arcq. *Paris, Renouard*, 1857-62; 6 vol. gr. in 8, pap. vergé, br.

2113. Anciens Mémoires du xiv° siècle, Vie de Du Guesclin, par Le Febvre, prévôt d'Arras. *Douai*, 1692; in-4, v. br.

> Beaucoup d'anecdotes sont tirées d'un manuscrit du sieur d'Estouteville de 1397.

2114. Chronique de Duguesclin, publ. par Fr. Michel. *Paris*, 1830; pet. in-12, fig., cart., n. rog.

2115. Histoire d'Olivier de Clisson, par de la Fontenelle de Vaudoré. *Paris*, 1826; 2 vol. in-8, pap. lil., br.

2116. Histoire de la Jacquerie en 1358, d'après des documents inédits, par Simon Luce. *Paris*, 1859; in-8, br.

2117. Et. Marcel et le gouvernement de la Bourgeoisie au xiv° siècle, 1356-58, par Perrens. *Paris*, 1860; in-8, br.

2118. Les Routiers au xiv° siècle, les Tard-Venus et la bataille de Brignais, par P. Allut. *Lyon*, 1859; in-8, pap. de Holl., br. *Planches*.

2119. La grande Guerre, fragments d'une histoire de France aux xive et xve siècles, par Réné de Belleval. *Paris*, 1862; in-8, pap. vél., br.

2120. Histoire de Charles VI, par Godefroy. *Paris*, 1614; in-4, v. br.

> On a joint : Origine des rois de Portugal issus en ligne masculine de la maison de France.

2121. Les demandes faites par le roi Charles VI, touchant son état et le gouvernement de sa personne, avec les réponses du P. Salmon, publ. par *Crapelet*, avec 10 pl. et fac-simile. *Paris*, 1833; gr. in-8, pap. jés. vél. fort, dos de mar. bl. doré en tête.

2122. Azincourt, par Réné de Belleval. *Paris*, 1865; gr. in-8, br. *Planche*.

2123. OEuvres de Georges Chastellain; chroniques, 1419-1453, et œuvres diverses, publ. par le baron Kervyn de Lettenhove. *Bruxelles*, 1863-64; 6 vol. gr. in-8, pap. de Holl., br.

2124. Chronique de Charles VII, par J. Chartier, édit. publiée par Vallet de Viriville. *Paris, Jannet*, 1858; 3 vol. in-16, pap. vergé, cart. rose.

2125. Histoire de Charles VII, roi de France, et de son époque, 1403-1429, par Vallet de Viriville. *Paris, Renouard*, 1863; 3 vol. in-8, br.

2126. Jacques Cœur, maître des monnaies, argentier du roy Charles VII et négociateur, par le baron Trouvé. *Paris*, 1840; in-8, port., br.

2127. Agnès Sorel et Charles VII, par Steenakers. *Paris, Didier*, 1868; gr. in-8, port., br.

2128. Heroinæ nobilissimæ Joannæ d'Arc lotaringæ vulgo aurelianensis puellæ historia; ejusdem mavortiæ virginis innocentia a calumniis vindicata. *Ponti-Mussi, apud Melchiorem Bernardum;* 1612, pet. in-4, 3 fig. de *Léonard Gaultier*, mar. rouge à comp., pet. fers, tr. dor., q.q. racc.

2129. Chronique de la Pucelle, ou Chronique de Cousi-
not, suivie de la Chronique normande de P. Cochon,
relative aux règnes de Charles VI et Charles VII, publ.
par Valet de Viriville. *Paris*, 1859; in-12, pap. vél., br.

2130. Chronique et procès de la Pucelle d'Orléans, avec
une dissertation de l'abbé Dubois, publ. par Buchon.
Paris, Verdière, 1827; in-8, br.

2131. Histoire de Jeanne d'Arc, vierge héroïne et martyre
d'état, par Lenglet-Dufresnoy. *Paris*, 1753; 2 vol. in-12,
v. m.

2132. Histoire de Jeanne d'Arc, dite la Pucelle d'Orléans,
par Lenglet-Dufresnoy. *Amsterdam*, 1775; 3 vol. in-12,
broch.

2133. Histoire de Jeanne d'Arc, surnommée la Pucelle
d'Orléans, par Lebrun de Charmettes. *Paris*, 1817;
4 vol. in-8, fig. et port., br.

2134. Histoire de Jeanne d'Arc, par Jollois. *Paris, Didot*,
1821; in-fol., pap. vél. fort, cart., 11 *planches*.

2135. Histoire de Jeanne d'Arc, d'après les chroniques
contemporaines, par l'abbé Barthélemy de Beaurégard.
Paris, 1847; 2 vol. in-8, fig., br.

2136. Procès de Jeanne d'Arc, par M. de l'Averdy, avec 2
anciens plans de Rouen, publ. par M. Rondeaux de Sé-
try, etc., formant le 3e vol. des Notices et Extraits des
manuscrits de la Bibl. roy. *Paris, impr. roy.*, 1790; in-4,
d.-rel.

2137. Procès de condamnation et de réhabilitation de
Jeanne d'Arc, dite la Pucelle, avec les Aperçus nou-
veaux sur Jeanne d'Arc, publ. par Jules Quicherat.
Paris, Renouard, 1841-1850; 6 vol. gr. in-8, br.

2138. Jeanne d'Arc à Rouen. Du monument expiatoire
que lui doit notre ville, par O'Reilly. *Rouen*, 1866;
in-8, br.

2139. Ch. du Lis. Opuscules historiques relatifs à Jeanne
d'Arc, dite la Pucelle d'Orléans, publ. par Vallet de

Viriville. *Paris*, *Aubry*, 1856; pet. in-8, pap. verg., cart.

Tiré à 50 exempl.

2140. Jeanne d'Arc, par Henri Martin. *Paris*, 1857; port. — Jeanne d'Arc, étude lue à la Salle Barthélemy, par Henri Martin. — Le marquis de Gaucourt, Réfutation des faits relatifs à Jeanne d'Arc, in-12. — Histoire de Jeanne d'Arc, par Villiaumé, 1863. — Vie de Jeanne d'Arc, par Abel Desjardins. *Paris*, 1854; ensemble 5 vol. in-12, br.

2141. Histoire de Jeanne d'Arc, dite la Pucelle d'Orléans, trad. de l'allemand, par Gœrrer. *Bruxelles*, 1840, fig. — Jeanne d'Arc, par Renard. *Paris*, 1851. — Vie de Jeanne d'Arc, par La Fontaine. *Orléans*, 1854. — Histoire populaire de Jeanne d'Arc, par Huin. *Paris*, 1856. — Récit national de Jeanne d'Arc, par Ph. de Montenon. *Paris*, 1865. — Villiaumé. Jeanne d'Arc. 1865; ensemble 6 vol. in-12, br.

2142. Jeanne d'Arc, par Alex. Dumas, avec des notes de Buchon, et une introd. par Ch. Nodier. *Paris*, 1843. — Vie de Jeanne d'Arc (*attribuée au duc d'Aumale*). *Paris*, 1864. — Jeanne d'Arc, par A. de Lamartine. *Paris*, 1863. — Jeanne d'Arc, par Eug. Sue. *Paris*, 1865. — Jeanne d'Arc, par Michelet, 1re et 2e édit. *Paris*, 1854-63, 2 vol.; ensemble 6 vol. in-12, br.

2143. Collection de 27 pièces sur Jeanne d'Arc, br. — Le Siége et la Délivrance d'Orléans, par Mantellier. — Le Siége d'Orléans en 1429, par Vergnaud Romagnesi. — Jeanne d'Arc, par Gomart. — Jeanne d'Arc, par Renzi, etc., etc. Ens. 27 br. in-8.

2144. Notice sur Jeanne d'Arc, par Michaud et Poujoulat. *Paris*, 1837; in-8, br. — Jeanne d'Arc, par Quatremère-Roissy. *Paris*, 1827; in-8, br. — Du Holdat. Sur Jeanne d'Arc. *Nancy*, in-8, br.

2145. C'est Jehanne la Pucelle, légende de la fin du xv^e
siècle. *Paris*, 1833; 2 vol. in-8, br.

2146. Jeanne d'Arc, recueil historique et complet, publ.
par Chaussard. *Orléans*, 1806; 2 tom. en 1 vol. in-8, fig.,
bas. rac.

2147. Jeanne d'Arc, l'héroïne de la France, par M. de Lescure, illust. de 12 grav., par Léop. Flameng. *Paris, Ducrocq;* gr. in-8, pap. vél., dos et coins mar., br., dor.
en tête.

2148. Jeanne d'Arc, par H. Wallon. *Paris, Hachette*, 1860;
2 vol. in-8, br.

2149. La Vérité sur Jeanne d'Arc, par P. Caze. *Paris*, 1819;
2 tom. en 1 vol. in-8, dos de v.

2150. L'Héroïne d'Orléans au xve siècle, avec cart. et
plans, par d'Attel de Luttange. *Paris*, 1844; 3 vol.
in-8, br.

2151. Jeanne d'Arc, ou coup d'œil sur la France au temps
de Charles VI et Charles VII, par M. Berriat-Saint-Prix.
Paris, 1817; in-8, port., br., avec des notes manusc.

2152. L'Histoire tragique de la Pucelle d'Orléans, par le
P. Fronton du Duc, représ. à Pont-à-Mousson, en 1580,
dev. Charles III, et publiée par Barnet. *Paris*, 1849;
in-8, pap. de Holl., br.

    Tiré à 105 exemplaires.

2153. Jeanne d'Arc, ou le Siége d'Orléans, fait hist. en
3 actes, par Dieulafoy et Gersin. *Paris*, 1812; br. in-8,
d.-rel.

2154. La Mort de Jeanne d'Arc, tragédie, par Dumolart.
Orléans, 1807. — Jeanne d'Arc à Rouen, tragédie, par
d'Avrigni. *Paris*, 1819. — Jeanne d'Arc, tragédie, par
Soumet. 1825. — Jeanne d'Arc, tragédie, par M. de Puymaigre. 1843. — La Mission de la Pucelle, mise en vers,
par Toutain-Mazeville. *Le Havre*, 1865. Ensemble 5 vol.
et br. in-8, br.

2155. Jeanne d'Arc, récit hist. et crit. de sa mission, présentée sous forme dramatique en 7 journées et en vers libres, par .... (D'après le drame de Renard. *Paris,* 1851.) *Paris,* 1861; in-4, br.

2156. Histoire de Loys XI, roi de France, et des choses mémorables advenues de son règne depuis 1460 jusques à 1483, autrement dicte la chronique scandaleuse (par Jean de Troyes). *Imprimée sur le vray original,* 1620; pet. in-4, mar. vert, large dent. Aux armes de France, doublé de tabis.

2157. Institutions provinciales communales, et corporations de l'ancienne France, à l'avénement de Louis XI, par Just Paquet. *Paris,* 1835; in-8, br.

2158. Mémoires de Ph. de Comines, revus par Godefroy, augm. par Lenglet du Fresnoy. *Londres,* 1747; 4 vol. in-4, v. m. *Frontisp. de B. Picard. Portraits.*

2159. Lettres et négociations de Philippe de Commines, publiées par le baron Kervyn de Lettenhove (tome Ier). *Bruxelles,* 1867; gr. in-8, fig. sur bois, pap. de Holl., broch.

2160. Le Règne de Louis XI considéré comme une des principales époques de la Monarchie, par Alexis Dumesnil. *Paris,* 1819; in-8, br.

> Deuxième édition augmentée des morceaux supprimés par la censure précédente.

2161. Louis XI et le Plessis-les-Tours, par Louyrette et de Croy. *Tours,* 1844; gr. in-8, fig., dos de v. bl., n. r.

2162. Le même ouvrage, br.

2163. Le Barbier de Louis XI, 1439-1489, scènes historiques, par Cordelier-Delanoue. *Paris,* 1832; in-8, fig. en bois de Tony Johannot, br.

2164. Jehan Daillon, seigneur du Lude, chambellan de Louis XI, drame historique, 1477. *Paris,* 1854; gr. in-8, pap. vél., dos de v. ant.

2165. Histoire de Charles VIII, roi de France, par Cherrier. *Paris,* 1868; 2 vol. in-8, br.

2166. Chronique de Jean d'Auton, publ. par le bibliophile Jacob. *Paris, Silvestre*, 1834; 4 vol. in-8, pap. de Holl., dos et coins de mar. bl., fil., dor. en tête.

2167. Histoire du chevalier Bayard, par Godefroy. *Paris,* 1619; in-4, v. f., fil., dent. int., tr. d.
> Rel. de Derome jeune.

2168. Histoire de Pierre du Terrail, dit le chevalier Bayard, par Guyard de Berville. *Lyon,* 1809; in-8, br. *Portrait avant la lettre, par Boilly.*

2169. Le bon Chevalier sans paour et sans reprouche, publ. par Michaud. *Paris,* 1829; pet. in-12, cart., n. rog.

2170. Récit des funérailles d'Anne de Bretagne, publ. par Merlet et M. de Gombert. *Paris, Aubry,* 1858; pet. in-8, pap. verg., blason, br.
> Tiré à 400 exempl.

2171. Cronique du roy Francoys premier de ce nom, publ. par G. Guiffrey. *Paris, Renouard,* 1860; gr. in-8, pap. verg., br.

2172. La description et ordre du camp et festiement et joustes des roys de France et d'Angleterre, l'an 1520. *Paris, Aubry,* 1864; pet. in-8, pap. verg., cart., n. rog.

2173. Histoire de la captivité de François Ier, par Rey. *Paris, Techener,* 1837; in-8, br.

2174. Entrada de Carlos V en Paris, el ano 1540. *Léon de Francia, Scheuring,* 1864; br., in-4.
> Relation envoyée à Madrid comme nouvelles de Charles-Quint.

2175. Les Amours de François Ier, par M. de Lescure, avec double port. sur pap. et sur chine, par Hillemacher. *Paris,* 1865; pap. vél., br. — Les Amours de Henri IV, du même, ornés de 4 port. doubles sur pap. de Chine. *Paris,* 1864; pap. vél., br.

2176. Marguerite d'Angoulême, sœur de François Ier; son livre de dépenses, 1540-1549; études sur ses dernières années, par H. de la Ferrière-Percy. *Paris,* 1862; pet. in-8, br.

2177. La Jeunesse de Catherine de Médicis, par A. de Reumont, ouvrage traduit et annoté par A. Baschet. *Paris, Plon,* 1866; in-8, br.

2178. Debtes et créanciers de la royne-mère Catherine de Médicis, 1589-1606, documents publiés, pour la première fois, par l'abbé Chevalier. *Paris,* 1852; in-8, pap. vergé, br.

2179. Edict du roy, pour contenir les serviteurs et servantes en leurs devoirs. *S. l.,* 1565; br. in-12, avec des notes manuscrites marginales.

    Pièce très-rare

2180. Discours de Michel de l'Hospital sur le sacre de François II, trad. en vers, par Cl. Joly, *sur l'imprimé des Elzeviers. Paris, F. Didot;* in-12, pap. vél., dos de v. r.

2181. Histoire de l'Estat de France, tant de la république que de la religion, sous le règne de François II, par Paulin Paris et Mennechet. *Paris, Techener;* 2 vol. in-8, cart.

2182. Entrée de Charles IX à Paris, le 6 mars 1571.—Description des Arcs triumphaux, fig. et portraictz dressez en l'honneur du Roy, et Hymne triomphal sur l'entrée du Roy, par Jaq. Prevosteau-Chartrain. *Paris,* 1858; in-8, pap. vergé teinté, dos et coins mar. br., dor. en tête.

183. La Mort de Coligny, ou la Nuit de la Saint-Barthélemy, 1572; scènes historiques. *Paris, Fournier,* 1830; 2 vol. in-8, br.

2184. Le Tocsain contre les massacreurs et auteurs des confusions en France. *Reims, imp. de Jean Martin,* 1579; pet. in-8, cart., n. rog.

2185. Henri de Valois et la Pologne en 1572, par le marquis de Noailles. *Paris,* 1867; 3 vol. gr. in-8, br.

2186. Recueil de diverses pièces servant à l'Histoire de Henri III, roy de France et de Pologne. *Cologne, Pierre Marteau,* 1663; in-16, cart.

2187. Recueil de diverses pièces servant à l'Histoire de
Henri III, roy de France, contenant : le Journal de
Henry III; Discours merveilleux de la vie et de-
portemens de Catherine de Médicis; les Amours de
Henry IIII, etc., etc. *Cologne et La Haye*, 1663; 2 vol.
in-16, cart.

2188. Satyre Menippée, de la vertu du Catholicon d'Espagne et de la tenue des Etats de Paris, plus le Regret
sur la mort de l'Asne ligueur. *Ratisbonne, M. Kerner*,
1726; 3 vol. in-8, fig., mar. du Levant, dos à nerfs,
dent. int., n. rog. (*Hardy-Mennil, rel. janséniste.*)

2189. Satyre Menippée, de la vertu du Catholicon d'Espagne et de la tenue des Etats de Paris, aug. des notes
de Dupuy et Le Duchat, par V. Verger, avec un comm.
historique de Ch. Nodier. *Paris, Delangle*, 1824; 2 vol.
gr. in-8, pap. vél., fig. de Deveria, grav. par Alf. et Tony
Johannot, tiré sur pap. de Chine, dos et coins mar.
viol., fil., rel. goth. de *Thouvenin*, n. rog.

2190. Recueil de onze pièces concernant le duc de Guize :
Discours funèbre sur la mort de Ch. de Lorraine, 1611.
— Responce faicte à la déclaration de Henri de Valois
sur son innocence de la mort de M. de Guyse, 1589. —
Recueil des derniers propos du duc de Guyse, 1563. —
Discours sur la mort du cardinal de Lorraine. — Complainte de France sur le trespas du duc de Guise. —
Tombeau du duc de G. — Le De Profundis chanté par
la France. — Tombeau et épitaphe sur la mort, etc. —
Discours véritable et derniers propos. — Histoire au
vray du meurtre avec les fig. du massacre. — Les Regrets et Lamentations de Madame de Guyse. *Ensemble*
1 vol. pet. in-12, v. f., fil., tr. dor., anc. rel.

2191. Le duc de Guize, surnommé le Balafré,. *Paris, Cl.
Barbin;* pet. in-12, fig., cart.

L'exemplaire est réglé.

2192. L'Anti-Guisart. *S. l., imp. nouvellement*, 1586; in-16, mar. r., fil., tr. dor., anc. rel.

2193. La Renaudie, ou la Conjuration d'Amboise, chronique de 1560, par V. Boreau. *Paris*, 1834; 2 vol. in-8, br.

2194. Scènes historiques. 2 vol., d.-rel., v. viol., et 4 vol. in-8, br.

> Vitet, États d'Orléans ; — la réforme ou le tumulte d'Amboise, en 1560-1829 ; — la Mort de Coligny, en 1572-1830 ; rel. — Vitet, les Barricades, 1588-1826 ; — les États de Blois, 1588-1829 ; rel.; — la Mort de Henry III, 1589-1829.

2195. La Vie de François de La Noüe, dit Bras-de-Fer, où sont contenues des choses mémorables pour l'éclaircissement de celles qui se sont passées en France et aux Pays-Bas, depuis le commencement des troubles survenus pour la religion, jusqu'à 1591, par M. Amiraült. *Leyde, J. Elzevier*, 1661; pet. in-4, v.

> Mouill., piq. de vers à la marge de la préface. Quartiers généalogiques.

2196. Le Thrésor des Histoires de France, par Gilles Corrozét. *Paris*, 1627; pet. in-8, dos de v. f.

2197. Journal de Henri III et de Henri IV, ou Mémoires pour servir à l'Histoire de France, par Pierre de l'Estoile. *La Haye*, 1741-44; 9 vol. in-12, port., v. f., fil. tr. dor. (*Petit.*)

2198. Description de l'Isle des Hermaphrodites, nouvellement découverte, et autres pièces curieuses pour servir de supplément au Journal de Henri III, par Artus Thomas. *Cologne*, 1724; pet. in-8, fig., br.

2199. Journal inédit du règne de Henri IV, 1598-1602, par P. de l'Estoile, publ. par E. Halphen. *Paris*, 1862; in-8, pap. vergé, br.

2200. Hubert Languet. Étude historique sur le XVIe siècle. *Paris, Potier*, 1852; in-8, port., br.

2201. Histoire du Roy Henry le Grand, composée par Hardouin de Péréfixe. *Amsterdam, L. et Dan. Elzevier*, 1661; pet. in-18, rel. en vél.

> Bel exemplaire dans sa 1re rel.

2202. Histoire du Roi Henri le Grand, par MM. Hardouin de Péréfixe. *Paris, Renouard,* 1816; in-8, port., veau ant., fil. tr. dor. Aux armes de la ville de Paris.

2203. Élisabeth et Henri IV (1595-1598), ambassade de Hurault de Maisse en Angleterre, par Prévost-Paradol. *Paris,* 1855; in-8, br.

2204. Correspondance inédite de Henri IV avec Maurice le savant, publiée par de Rommel. *Paris,* 1840; in-8, broché.

2205. Quelques lettres de Henri IV, relatives à la Touraine, publ. par le prince A. Galitzin. *Tours,* 1860; in-8, pap. verg. jaune, br.

> Tiré à 180 exemplaires.

2206. Des moyens mis en usage par Henri IV, pour s'assurer la couronne et pacifier la France, par M. de Pastoret. *S. L.,* 1815; br. in-8.

2207. Remonstrance à MM. de la Cour du Parlement, sur le parricide commis en la personne du Roy Henry le Grand. *S. l.,* 1610; pet. in-8, cart.

2208. Procès du très-meschant et détestable Parricide Ravaillac, publ. par P. D. *Paris, Aubry,* 1858; pet. in-8, port., pap. verg.; cart. n. r.

2209. La Chemise sanglante de Henri le Grand, nouvelle édit. *Paris,* 1860; pet. in-8, pap. verg. tiré à pet. nomb., dos et coins mar. r.

2210. Le Royalisme ou Mémoires de Du Barri de Saint-Aunez et de Constance de Cezelli, sa femme, anecdoctes héroïques sous Henri IV. *Paris,* 1770; in-8, port. et fleu. gr. pap. de Holl., cart. n. rog.

2211. Daniel Chamier, journal de son Voyage à la cour de Henri IV en 1607, et sa biographie (1564-1621), publ. par Ch. Read. *Paris*, 1858; gr. in-8, port. br.

2212. L'Éducation de Henri IV, par M. D*** Béarnais, avec des fig. de Marillier, grav. par Duflos. *Paris*, 1790; 2 tom. en 1 vol. in-8, pap. de Holl., dos de v.

2213. Henri IV, écrivain, par Eug. Jung. *Poris*, 1855; in-8, br.

Envoi d'auteur signé.

2214. De l'Amour de Henry IV pour les lettres. *Paris*, 1785; in-16, pap. de Holl., v. m.

2215. Mémoires d'Estat contenant les choses les plus remarquables arrivées sous la régence de Marie de Médicis et le règne de Louis XIII. *Paris*, *D. Thierry*, 1666; in-12, v. m.

2216. Histoire de France sous Louis XIII et sous le cardinal de Mazarin, 1610-1661. *Paris*, 1846; 4 vol. in-12, broché.

2217. Histoire de la Mère et du Fils; Marie de Médicis, Louis XIII, par de Mezeray. *Amsterdam*, 1730; in-4, v. br.

2218. Journal de Jean Héroard, sur l'enfance et la jeunesse de Louis XIII, 1601-1628; par Soulié et Barthélemy. *Paris, Didot*, 1868; 2 vol. in-8, br.

2219. Les deux Faces de la vie et de la mort de Marie de Médicis, disc. funèbre de Mathieu de Morgues. *Anvers*, imp. *Plantinienne*, 1643; pet. in-4, vél.

Avec un abrégé de la vie de Richelieu, pour lui servir d'épitaphe, par le même.

2220. Recueil de Pièces intéressantes pour servir à l'Histoire de France, sous Richelieu et Mazarin, par l'abbé de Longuerue. *Genève*, 1769; in-12, br.

2221. Pièces curieuses en suite de celle du sieur de Saint-Germain, contenant plusieurs pièces pour la deffence de la Reyne Mère du Roy Louis XIII, et autres traitez sur les affaires du temps de 1630 à 1643, par divers autheurs. *Paris*, 1644; in-4, fig. de méd., rel. en vél.

2222. Les Négociations de M. le président Jeannin. *Jouxte la copie de Paris, chez Pierre le Petit*, 1659; 2 vol. pet. in-12, vél.

Imprimé avec les caractères des Elzévier.

2223. Journal de M. le Cardinal duc de Richelieu, qu'il a faict durant le grand orage de la court en l'année 1630 et 31. *S. l.* 1648; in-16, v. fauv. fil.

2224. Mémoires particuliers pour servir à l'Histoire de France, contenant les mémoires du duc d'Angoulesme, du duc d'Estrées, de M. Deageant, de Guill. d'Hugues, du duc d'Orléans. *Paris*, 1756; 4 tom. en 2 vol. in-12, v. fauv.

2225. Les Historiettes de Tallement des Réaux, 3ᵐᵉ éd. revue par Montmerqué et Paulin Paris. *Paris, Téchener*, 1854-60; 9 vol. in-8, d.-rel., dos et c. mar. vert., tête dor. (*Petit*).

2226. Mémoires de lord Herbert de Cherbury, ambassadeur en France sous Louis XIII, trad. par le comte de Baillon. *Paris, Téchener*, 1863; in-4, fig., pap. de Holl., broché.

2227. Mémoires curieux sur l'histoire des Mœurs et de la Prostitution en France, par Dufour (époque de Louis XIII). *Paris*, 1854; in-8 br.

2228. Histoire anecdotique de la jeunesse de Mazarin, trad. par Moreau. *Paris, Téchener*, 1863; in-12 br.

2229. Inventaire de tous les Meubles du cardinal de Mazarin, dressé en 1653, et publ. d'après l'original conservé dans les archives de Condé, par Henri d'Orléans, duc d'Aumale. *Londres*, 1861; in-8, gr. pap. vél., cart. n. rog.

2230. Les Nièces de Mazarin, par Am. Renée. *Paris*, 1838; in-8 br.

2231. Mazarinades, 1 vol. in-4, bas., *40 pièces rares*. Le Court-Bouillon de Mazarin.— Portr. du méchant Ministre.— Le Tric-Trac de la Cour.— Enlèv. du Roi.— La Famineou les p. à c.—Lettre de Nichon.—Gaz. de la place Maubert. — Jules l'Apostat. — L'Onophage. — Piquet de la Cour. — Propriétés Dialoliques. — Ce qui s'est passé aux barricades en vers burlesques. — La belle Gueuse. — La belle Aveugle. — La Balance d'État. — Leçons de Ténèbres. — Requeste des Chapons du Mans. — Le bransle de Mazarin. — Les deux de Profundis. — Ambass. des Filles de joie. — La Viole violée, etc. (*Bon état*).

2232. Mazarinades, pct. in-4, bas. 738 *pages*. La Vérité toute nue. — L'anti-désintéressé.—Dissipation de 17 millions sur 42 qui forment la liste civile du roi, 1651. — Pièce financières et politiques.

2233. Les Courriers de la Fronde en vers burlesques, par Saint-Julien, revus par Moreau. *Paris, 1847. Jannet,* 1857; 2 vol. in-16, pap. verg., cart. rog.

2234. Le Courrier François, trad. fidellement en vers burlesques. *Paris, Claude Boudeville,* 1649 (12 numéros); in-4, br. en parch.

2235. Mémoire du Cardinal de Retz, publ. par Michaud et Poujoulat. *Paris,* 1836; 1 tom. en 2 vol. gr. in-8, br.

2236. Mémoires du Cardinal de Retz, avec les fragments restitués, lettres inédites et fac-simile, plus une notice sur le cardinal de Retz, par Géruzez. *Paris,* 1843 ; 2 vol. in-12, br.

2237. Le Cardinal de Retz et son temps, par L. Curnier. *Paris,* 1863; 2 vol. in-8, br.

2238. Véritable Discours de la Naissance et Vie de Mgr le prince de Condé, suivi de lettres inédites de Henri II, prince de Condé, publ. par Halphen. *Paris, Aubry,* 1861; in-12, pap. verg., br.
— Tiré à 250 exemplaires.

2239 L'Enlèvement innocent ou la Retraite clandestine de Mgr le prince avec Mme la princesse, sa femme, hors de France (1609-1610), vers faits en chemin par Cl. Virey, son secrétaire, publ. par Halphen. *Paris, Aubry*, 1859; pet. in-8, pap. verg., br.

> Tiré à 300 exemplaires.

2240. Mémoires de Mlle de Montpensier, pétite fille de Henri IV, publ. par Cheruel. *Paris*, 1857; 4 vol. in-12, broché.

2241. Le Sacre et Couronnement de Louis XIV, Roy de de France et de Navarre, dans l'église de Reims, le 7 juin 1654; avec le procès-verbal, par M. Simon Legras, év. de Soissons. *Paris*, 1718; in-12, fig., v. fauv., tr. dor.

2242. Le Gouvernement de Louis XIV de 1683 à 1689, par P. Clément. *Paris*, 1848; in-8, dos de mar. vert.

2243. Mémoires et Réflexions snr les principaux événements du règne de Louis XIV, par L. M. D. L. F. (par le marquis de La Fare). *Amsterdam*, 1755; pet. in-12, broché.

2244. Curiosités historiques sur Louis XIII, XIV et XV, par Leroi, avec une introd. par Th. Lavallée. *Paris*, 1864; in-8 br.

2245. Lettre de Louis XIV aux princes de l'Europe, à ses généraux et à ses ministres recueillies par M. Rose, avec des remarques historiques par Morelly. *A Liége, chez Bassompierre*, 1765; 2 vol. pet. in-8, v. fauv., fil., *aux armes.*

2246. Portrait de feu Monseigneur le Dauphin, avec front., fleurons et 2 port. de Cochin grav. par Miger. *Paris*, 1766; in-8, pap. de Holl., br.

2247. Histoire de Mme Henriette d'Angleterre, première femme de Philippe de France, duc d'Orléans, par Mme de Lafayette, publ. par Bazin. *Paris, Techener*, 1853; in-12, port., pap. vél., dos de mar. fil., n. rog.

2248. Documents authentiques et détails curieux sur les dépenses de Louis XIV, par Gab. Peignot. *Paris, Renouard,* 1827; in-8, port., br.

2249. Mémoires sur la vie publique et privée de Fouquet, surintendant des finances, par Chéruel. *Paris,* 1862; 2 vol. in-8, br.

2250. Mémoires de Duguay-Trouin, lieutenant général des armées navales de France. *Paris,* 1740; in-4, figures, pap. de Holl., veau fau. fil., tr.-dor., *aux armes.*

2251. Mémoires du Maréchal de Berwik. *La Haye,* 1737; 2 tom. en 1 vol. in-12, v. br.

2252. Mémoires inédits du comte de Brienne (Henri de Loménie), secrétaire d'État sous Louis XIV, publ. par Barrière. *Paris,* 1828; 2 vol. in-8, br.

2253. Mémoires du duc de La Rochefoucauld, augm. de la première partie inédite jusqu'à ce jour. *Paris, Renouard,* 1817; in-12, port., bas. rac.

2554. Les Mémoires du Chevalier de T***. *Lahaye, P. Gosse,* 1738; in-12, dos de veau fauv.

2255. Mémoires de M. De la Porte, premier valet de chambre de Louis XIV. *Paris,* 1791; in-12, br.

2256. Madame de Montespan et Louis XIV, étude historique, par Pierre Clément. *Paris,* 1868; in-8, br.

2257. Histoire amoureuse de Mlle de la Valière et de Mme de Maintenon, racontée par les auteurs du temps. *Paris,* 1804; 2 vol. in-12, port., dos de mar. v., n. rog.

2258. Madame de Maintenon et sa famille, lettres et documents inédits, publ. par Bonhomme. *Paris, Didier;* in-12, pap. verg., br.

2259. Relation des violences exercées au Palatinat en 1673 et 74. *Cologne,* 1675; in-18, rel. en p. de tr.

2260. Les Plaintes des protestants cruellement opprimez dans le Royaume de France, par M. Claude. *A la Sphère (Cologne), P. Marteau,* 1713; pet. in-8, v. br.

2261. Histoire des Camisards, où l'on voit par quelles
fausses maximes de politique et de religion la France a
risqué sa ruine sous le règne de Louis XIV. *Londres*,
1754; 2 vol. in-12, v. marb.

2262. Mémoires pour servir à l'histoire de la calotte.
Basle, 1725; pet. in-8, cart., n. rog.

2263. Recueil de chansons historiques sous le règne de
Louis XIV, 1650 à 1712; in-4, v. m., d'environ 400 pag.

    Manuscrit en très-bon état provenant de la bibl. de la Malmaison.
163 chansons, musique pour un grand nombre.

2264. Pièces inédites sous les règnes de Louis XIV,
Louis XV et Louis XVI, et la chronique scandaleuse de
la cour de Philippe d'Orléans, régent de France, écrite
par le duc de Richelieu (par Soulavie). *Paris*, 1809;
2 vol. in-8, cart.

2265. Précis historique, généalogique et littéraire de la
maison d'Orléans, par un membre de l'Université.
Paris, Crapelet, 1830; gr. in-8, port., pap. vergé.

    Avec un ex. libris de Cayrol sur le titre et deux lignes aut. sur
le port.

2266. Chronique de la Régence et du règne de Louis XV,
1718-1763, ou Journal de Barbier. *Paris*, 1857; 8 vol.
in-12, br.

2267. Histoire de la Régence et de la minorité de
Louis XV, par Lémontey. *Paris, Paulin*, 1832; 2 vol.
in-8, d.-rel., n. rog.

2268. Tableaux de genre et d'histoire peints par différents
maîtres, ou Morceaux inédits sur la Régence, etc., publiés par Barrière. 1828. — La Cour et la ville sous
Louis XIV, Louis XV et Louis XVI, par le même. *Paris*,
1830. Ens. 2 vol. in-8, br.

2269. Mémoires du chevalier de Ravanne, page du Régent
et mousquetaire. *Liége*, 1740; 3 part. en 1 vol. pet.
in-8, v. br.

2270. Les Confessions de l'abbesse de Chelles, fille du Régent, par de Lescure. *Paris, Dentu*, 1863; in-12, fig., pap. vél. fort, br.

2271. Les Maîtresses du Régent. — Les Confessions de l'abbesse de Chelles, fille du Régent, par M. de Lescure. *Paris*, 1861-63; 2 vol. in-12, fig., br.

2272. Mémoires du comte de Guiche. *Londres*, 1744; in-12, rel. en vél.

2273. Histoire philosophique du règne de Louis XV, par le comte de Tocqueville. *Paris*, 1847; 2 vol. in-8, br.

2274. Histoire secrète du règne de Louis XV; in-8, d.-rel. *Environ 300 pages, pap. vergé.*

> Manuscrit, d'une bonne écriture du temps, comprenant tout le règne de Louis XV. On y trouve les Philippiques; beaucoup d'anecdotes intéressantes; piqûre de vers dans la marge du bas.

2275. Mélanges hist., polit. ou Précis des événements sur le règne de Louis XV jusqu'en 1766 (par Ducrot). *Paris*, 1780; 2 tom. en 1 vol. in-8, v. m.

2276. Les Maîtresses de Louis XV, par Ed. et Jules de Goncourt. *Paris, Didot*, 1860; 2 vol. in-8, br.

2277. Histoire de Mme la marquise de Pompadour, traduite de l'anglais. *Londres*, 1759; 2 part. en 1 vol. in-12, dos de v. fau.

2278. Mémoires pour servir à l'histoire de la marquise de Pompadour. *Londres*, 1763; in-12, dos de v. fau.

2279. Mémoires de Mme la marquise de Pompadour; 1772. 2 vol. — Lettres de la marquise de Pompadour, de 1753 à 1762. *Londres;* 4 vol. Ensemble 6 vol. in-12, br.

2280. Mémoires historiques et Anecdotes de la cour de France pendant la faveur de la marquise de Pompadour, par Soulavie. *Paris*, 1802; in-8, bas.

> Douze estampes d'après Mme de Pompadour.

2281. Le même ouvrage br.

2282. Anecdotes sur la comtesse Du Barry. *Londres*, 1776; in-12, port., dos de v. — Les Plaisirs de la ville et de la cour ou Réfutation des anecdotes sur Mme Du Barry. *Londres*, 1778; in-12, bas., fil.

2283. Anecdotes sur la comtesse Du Barry, par *Pidansat de Mairobert. S. l.*, 1776. — Précis historique de la vie de la comtesse Du Barry. *Paris*, 1774. Ensemble, 1 vol. in-8, v. m. — Lettres originales de la comtesse Du Barry. *Londres*, 1779; in-8, v. br.

2284. Mémoires historiques de Jeanne Gomart de Vaubernier, comtesse Du Barry, avec des notes de M. de Favrolle. *Paris*, 1803; 4 vol. in-12, port., br.

2285. Cotillon III, par G. d'Heilly. *Paris*, 1867; in-12, pap. vergé, br.
   Tiré à 40 exemp. sur ce pap.

2286. Le Parc au Cerf ou l'Origine de l'affreux déficit. *Paris*, 1790; in-8, br. *Figures*.

2287. Mémoires secrets pour servir à l'histoire des lettres en France, depuis 1762 jusqu'à nos jours, par Bachaumont. Paris, 1784-89; 36 tom. en 18 vol., dos de m. vert, n. rog.

2288. Relation de la maladie et mort de Louis XV, par G. d'Heilly. — Extraction des cercueils royaux à Saint-Denis, en 1793; relation authentique, par le même. *Paris*, 1866; 2 vol. in-16, pap. de Holl., br.
   Tiré à 300 exem.

2289. Mémoire du comte de Maillebois, au sujet de la bataille de Hastembeck. *Amst.*, 1758. — Éclaircissements présentés au roi par le maréchal d'Etrées. *Paris*, 1758. — Lettres du maréchal Belleisle à M. de Contades. *Amst.*, 1759. Ensemble, 1 vol. in-12, v., m. fil.

2290. Mémoires de Mme d'Epinay. *Paris, Brunet*, 1813; 3 vol. in-8, d.-rel., v. — Anecdotes inédites, pour faire suite aux mémoires de Mme d'Epinay. *Paris*, 1818; br. in-8.

2291. Maupeouana, ou Recueil des écrits patriotiques publiés pendant le règne du chancelier Maupeou, pour servir à l'histoire du règne de Louis XV. *Paris*, 1775 ; 6 vol. in-8, br.

2292. Autrefois ou le bon vieux Temps, types français du xviiiᵉ siècle, texte par Royer de Bauvoir, de La Bédollière, Deschamps, etc., vig. et types col. par Tony Johannot, Fragonard, Gavarni, etc.. *Paris*, gr. in-8, fig., cart., n. rog.

2293. Le Sacre et le Couronnement de Louis XVI, roi de France et de Navarre, dans l'église de Reims, le 11 juin 1775, avec un grand nombre de fig. grav. par Patlas. *Paris*, 1775; in-8, cart., n. rog.

2294. Louis XVI et sa cour, par Am. Renée. *Paris*, 1858; in-8 br. — 2ᵉ édit. aug.

2295. Mémoires du ministère du duc d'Aiguillon, pour servir à l'histoire de la fin du règne de Louis XV. *Paris*, 1790; in-8. (Attribué à Mirabeau.) — Galerie des portraits des hommes célèbres qui ont opéré la Révolution qui a suivi la révocation de l'édit de Nantes, par Soulavie, avec 11 port.-caricatures. *Paris*, 1790; br. in-8, ensemble 1 vol. in-8, d.-rel.

2296. Mémoires de la baronne d'Oberkirch sur la cour de Louis XVI, publ. par le comte de Montbrison. *Paris*, 1853; 2 vol. in-12, br.

2297. Extraits des mémoires relatifs à l'histoire de France, depuis l'année 1757 jusqu'à la Révolution, par MM. Aignan et Norvins. *Paris*, 1824; 2 vol. in-8, dos de v.

2298. Paris, Versailles et les provinces au xviiiᵉ siècle; anecdotes sur la vie privée de personnages connus sous les règnes de Louis XV et Louis XVI, par un ancien officier aux gardes françaises (Duguast de Bois-Saint-Juste). *Paris*, 1817; 3 vol. in-8, cart.—

2299. Correspondance secrète ou Mémoire pour servir à
l'histoire des cours, des sociétés et de la littérature en
France, depuis la mort de Louis XV. (1775 au 7 octobre 1785, par Metra.) *Londres,* 1787-90; 18 vol. in-12,
d.-rel. m. rou., peu rogné.

2300. Le Gazetier cuirassé ou Anecdote scandaleuse de la
cour de France. *Imp. à 100 lieues de la Bastille, à l'enseigne de la Liberté,* 1777; pet. in-8, fig., dos de v.

Histoire de France. — Louis XVI et la Révolution.

2301. La Gazette noire, par un homme qui n'est pas blanc
ou OEuvres posthumes du Gazetier cuirassé. *Imp. à cent
lieues de la Bastille,* 1784; in-8, br.

2302. Opuscule de Theveneau de Morande et Laffitte. Le
Le Gazetier cuirassé, 1771. — Le Philosophe cynique,
suite; Mélanges confus sur des matières fort claires,
sous le soleil; la Gazette noire, 1784. — Le Diable dans
un bénitier ou la Métamorphose du Gazetier cuirassé,
par Pierre Leroux, Laffitte, marquis de Bellepore.
Paris, 1784; in-8. Ensemble 4 vol. in-8, br.

2303. Le Diable dans un bénitier, par Pierre Leroux (Laf-
fite marquis deBellepore). *Paris,* 1784; in-8, br. *Curieux.*
Ex. où les initiales des noms sont remplies

2304. Coup d'œil philosophique à l'occasion de M. le cardinal de Rohan. Mémoires relatifs à l'affaire du Collier.
1785-86; 2 vol. in-12, d.-rel.

2305. Mémoires justificatifs de la comtesse de Valois de
Lamotte écrits par elle-même. *Londres,* 1789; in-8, cart.
— Vie de Jeanne de Saint-Remy de Valois, contenant un
récit des événements qui l'ont élevée à la dignité de fa-
vorite de la reine, avec plusieurs particularités relatives
au collier, et sa requête à l'Assemblée nationale pour la
révision de son procès. *Paris,* an 1; 2 tom. en 1 fort vol.
in-8, cart.

2306. Marie-Antoinette et le procès du collier d'après la procédure instruite devant le Parlement de Paris, par Em. Campardon. *Paris*, 1863; in-8, br., *gravures et facsimile d'autographes.*

2307. Pièces relatives à l'affaire du Collier, 3 vol. in-4, d.-rel. Sommaire par Mme de Valois. Réflexions pour le cardinal sur ce sommaire. — Mémoire pour le cardinal; pour Mlle d'Oliva, pour le baron de Faye, Chaulnes, pour Bette d'Étienville, pour Mulot chanoine; pour Cagliostro, etc.

    Recueil curieux.

2308. Collection complète de tous les ouvrages, pour et contre M. Necker. *Utrecht*, 1781; 3 parties en 1 vol. in-8, fig., v. gr., fil., *aux armes de M. Chanlandray.*

    On a ajouté quelques parties manusc. et des notes.

2309. Tableaux de la bonne compagnie, ou Anecdotes secrètes recueillies dans les sociétés du bon ton pendant les années 1786 et 87. avec 16 vignettes dor. et grav. par Moreau le jeune. *Paris*, 1787; 2 *tome* en 1 vol. in-12, pap. de Holl., cart.

2310. Dictionnaire abrégé de la France monarchique ou la France telle qu'elle était en janvier 1789, par Guéroult jeune. *Paris*, an X; in-8, br.

2311. Le génie de la Révolution, par Chassin, premier vol. contenant les élections de 1789. *Paris*, 1863; in-8, br.

2312. État de la France en 1789, par P. Boiteau. *Paris*, 1861; in-8, br.

2313. La quinzaine mémorable du 12 au 26 juillet 1789, lettre au marquis de Luchet, *S. l. n. d.*; in-8, br.

    Discours de Necker; fugitifs du 16 juillet; garnison de Paris; note sur la Bastille.

2314. Histoire de France pendant trois mois, 15 mai au 15 août 1789, par le cousin Jacques (Beffroy de Reigny). *Paris*, 1789; in-8, br.

2315. Journal du baron de Gauville, député de la noblesse aux États généraux, du 4 mars 1789 au 1er juillet 1792. *Paris*, 1864; in-8, fig., pap. verg., br.

> Tiré à 300 exemp.

2316. Lettres sur les États généraux de 1789, par le duc de Biron-Lauzun, pub. par M. de Roger de Lalande. *Paris*, 1865; in-8, fig., pap. verg. de Holl., br.

2317. Les cahiers de 89, ou les vrais principes libéraux, par Léon Poncins. Paris, 1866; in-8, br.

2318. La vie et les doléances d'un pauvre diable pour servir à ce qu'on voudra aux prochains États généraux. *S. l*, 1789; in-8, cart.

2319. La galerie des États généraux, par le marquis de Luchet, le comte de Rivarol, Mirabeau et Choderlos de Laclos, 1789; quatre part. en in-8, bas.

> Chaque partie est suivie de sa clé et la 3ᵉ part. est intitulée *Galerie des Dames Françaises. Londres*, 1799; la 4ᵉ pièce est intitulée *Supp. à la galerie de l'Assemblée nationale*, également avec sa clé.

2320. Souvenirs d'un chevau-léger de la garde du roi, par de Belleval. *Paris*, 1866; in-12. pap. vél. fort, br., n. rog. portrait.

> Épuisé.

2321. Mémoires de Henri Masers de Latude. *Paris*, 1793; 2 tome en 1 vol in-8, bas., *portraits*. LES MÊMES, au sujet des opérations qu'il a mises en usage pour échapper une fois de la Bastille et deux fois du donjon de Vincennes et les suites de ces trois évasions. *Bicêtre*, 1782; pet. in-4, br.

> Manuscrit de 45 pages, d'une bonne écriture du temps. C'est la copie d'un mémoire écrit par Latude pour une personne qui s'intéressait à lui.

2322. Histoire d'une détention de 39 ans dans les prisons d'État, par Latude. *Amsterdam*, 1787. Captivité du prévot de Beaumont, écrit par lui-même. *Paris*, 1791; en 1 vol. in-8, d.-rel., *portr., plan in-folio de la Bastille*.

2323. L'histoire du sieur Abbé comte de Bucquoy, singulièrement son évasion du Fort-l'Évêque et de la Bastille, par Mme du Noyer. *Paris*, 1866; pet. in-8, fig., pap. verg., br.

2324. Mémoires sur la Bastille, par Linguet. *Londres*, 1783; in-8, br., fig. — Observ. sur cet ouvrage. *Londres*, 1783; in-8, br.

2325. Mémoires sur la Bastille, par Linguet. *Londres*, 1783; in-8, v. marb., fig. — Remarques historiques sur la Bastille, sa démolition en 1789, avec un grand nombre d'anecdotes intéressantes et peu connues. *Londres*, 1789; in-8, bas.

2326. Histoire générale de la Bastille, depuis sa fondation en 1369, jusqu'à sa destruction en 1789, par Fougeret. *Paris*, 1834; 2 tom. en 1 vol.. pl. d.-rel.

2327. Essai historique sur la vie de Marie-Antoinette d'Autriche reine de France. *Londres*, 1789; in-16, 2 part. en 1 vol., fig. bas. fil., tr. dor.

2328. Marie-Antoinette, Louis XVI et la famille royale, journal anecdotique, mars 1763-82. *Paris, F. Henry*; in-12, br.

2329. Marie-Thérèse et Marie-Antoinette, 1770-80, par Ritter von Arnette. *Paris*, 1865; in-8, br.

2330. Marie-Antoinette et la Révolution française, 1770-1793, par le comte Horace de Viel-Castel. *Paris, Techener*, 1859; in-12, br.

2331. La vraie Marie-Antoinette, étude historique suivie du recueil réuni pour la première fois des lettres de la reine connues jusqu'à ce jour, par de Lescure. *Paris*, 1863; in-8, br.

2332. Histoire de Marie-Antoinette, par MM. de Goncourt. *Paris*, 1858; in-8, br.

2333. Marie-Antoinette à la conciergerie, 1er août au 16 octobre 1793; pièces orig. conservées aux archives de l'Empire, suivi de notes et du procès imprimé de la reine, par Ém. Campardon. *Paris, Gay*, 1863; in-8, pap. verg., br., *portrait*.

2334. Correspondance inédite de Marie-Antoinette, publ. sur les documents originaux, par le comte P. Vogt d'Hunolstein. *Paris*, 1864; in-8 et suppl., br.

2335. Journal de ce qui s'est passé à la tour du Temple, pendant la captivité de Louis XVI, par Cléry. *Londres*, in-8, port. pap. de Holl., cart.

2336. Mémoires particuliers formant avec l'ouvrage de Hue et de Cléry, l'histoire complète de la captivité de la famille Royale à la tour du Temple. *Paris*, 1817; in-8, fig., br. — Journal de ce qui s'est passé à la tour du Temple pendant la captivité de Louis XVI, roi de France. *Londres*, 1798; 2 tomes en 1 vol. in-18, fig., d.-rel.

2337. Fac-simile et copie figurée des testaments de Louis XVI et de Marie-Antoinette. *Paris, Audot*, 1816; 2 br. in-4.

2338. Maximes et pensées de Louis XVI et de Marie-Antoinette, avec des notes secrettes sur différents grands personnages. *Hambourg*, 1802; in-8, br.

Détails sur la captivité du Temple.

2339. La France parlementaire. — Mirabeau. *Paris*, 1851; in-8, br.

2340. Mémoires du comte Alex. de Tilly, pour servir à l'histoire de la fin du xviiie siècle. *Paris*, 1828; 3 vol. in-8, br.

2341. Vie privée ou apologie de Mgr le duc de Chartres. *A cent lieues de la Bastille*, 1784; in-8, br., rog.

2342. Confession générale de S. A. le comte d'Artois. *Paris*, 1789; in-8, pap. de Holl., cart.

2343. Vie de Louis-Philippe-Joseph d'Orléans, avec l'histoire de ses intrigues politiques et de ses complots contre sa patrie. *Londres*, 1789; in-8, dos et coins mar. v.

Le 1er feuillet est racc.

2344. Vie privée de Ch.-Ph. de France, comte d'Artois, avec port. *Luxembourg*, 1791 ; in-8, cart.

2345. Précis historique des causes qui ont amené la Révolution présente dans l'Empire de Cochinchine (royaume de France), par un observateur petit neveu de l'Arétin A. *Wimbledon*, 1791 ; pet. in-8, cart.

Avec la clé manuscrite.

2346. Almanach de Versailles, 1783-1787 ; in-32, port., mar. r. et v. mar., tr. dor. Almanach littéraire, 1784 ; in-18, mar. r., tr. dor.

2347. Le petit almanach de nos grands hommes, suivi des aveux, ou l'arche de Noé, etc. *S. l.*, 1788 ; pet. in-12, tit. gras, v. m. fil.

2348. Le petit Almanach de nos grands hommes, pour 1788, par Rivarol. *Paris*, 1808 ; in-8, br., *port.*

2349. Étrennes à la vérité ou almanach des aristocrates, *pour 1790, Spa, Clairvoyant*, imp. des princes fugitifs, à la lanterne, br. de 80 p., cart. *Figures curieuses.*

Ce livre ressemble beaucoup à l'Almanach des Honnêtes Gens, de Sylvain Maréchal, publ. en 1783 et brûlé. Le calendrier est formé avec les noms des personnes de l'époque.

2350. L'Abeille aristocrate ou Étrennes des honnêtes gens. *A Rome*, et se trouve à *Paris*, 1791 ; in-8, fig., br.

2351. Almanach du père Gérard, pour l'année 1792, IIIᵉ de la liberté, par Collot-d'Herbois. *Paris*, 1792 ; in-32, fig., mar. r., fil., tr. dor., anc. rel.

2352. Almanach des honnêtes gens, contenant des prophéties et des anecdotes pour l'année 1793, avec la liste des personnes égorgées dans les différentes prisons, les 2 et 3 septembre 1792. *Paris*, 1793 ; in-18, fig., dos de v.

2353. Les Hommes de la Révolution, peints d'après nature, par Coste d'Arnobat. *Paris*, 1830 ; in-8, gr. pap. jésus vél., cart., n. rog.

Tiré à 21 exemp.

2354. Musée de la Révolution française, histoire chronologique, collection de sujets dessinés par Raffet et grav.,
par Frilley. *Paris*, 1834; in-8, dos de v.

2355. Dictionnaire néologique des hommes et des choses
(de la Révolution), par le cousin Jacques (Beffroi de
Reigny). *Paris*, 1795-1800; cahiers 1 à 9. en 2 vol. in-8,
br.

2356. Petit dictionnaire des grands hommes de la Révolution (par Rivarol). *Paris*, 1790; in-8, d.-rel.

2357. Dictionnaire des honnêtes gens, par Sylv. Maréchal.
Paris, 1791; in-8, br.
> L'almanach manque.

2358. Les Français sous la Révolution, par Aug. Challamel
et Wil. Ténint, avec 40 pl. dess. par Baron et grav. par
Massard. *Paris*, gr. in-8, cart.

2359. Histoire de la société française pendant la Révolution et le Directoire, par Ed. et J. de Goncourt. *Paris*,
1854 ; 2 vol. gr. in-8, br.

2360. Histoire de la société française pendant la Révolution et le Directoire. *Paris, Didier*, 1864; 2 vol. in-12,
pap. de Holl., br.

2361. Lettres sur la Révolution française, par Gorani à
son ami Ch. Pougens. *Paris*, 1793; in-8, pap. de Holl.,
br.

2362. Histoire de la Révolution française de 1789 à 1814;
par Mignet. *Paris, Didot*, 1836; 2 vol. in-8, br., *figures*.

2363. Histoire de la Révolution française, par Louis Blanc.
Paris, 1847-62; 12 vol. in-8, br.

2364. La Révolution, par Edg. Quinet. *Paris*, 1865; 2 vol.
in-8, br.

2365. Histoire de la Révolution française, par Michelet.
Paris, 1847-53; tome 1 à 7, in-8, br.

2366. Histoire générale des crimes commis pendant la
Révolution française, par Prudhomme. *Paris*, 1796; 6
vol. in-8, br.

2367. Histoire politique et anecdotique des prisons de la Seine, contenant des renseignements inédits sur la Révolution, par Barthélemy Maurice. *Paris*, 1840; in-8, br.

2368. Galerie des aristocrates et mémoire secrets, par Dumouriez. *Paris*, 1790; in-8, br.

Composé chez la sœur de Rivarol.

2369. Qu'est-ce que le Tiers-État, précédé de l'essai sur les priviléges, par l'abbé Sieyes, avec des notes, par l'abbé Morellet. *Paris*, 1822; in-8, br.

2370. Monument découvert à Herculanum; pet. in-fol. cart., 10 pl.

Cet ouvrage est l'histoire du commencement de la Révolution de 1789, représentée en tableaux. Les figures sont vêtues à l'antique. Quelques notes au crayon indiquent Calonne, Necker, Brienne, Louis XVI, Lafayette. Quelques mouillures; les deux dernières pl. sont racc.

2371. Véritable origine des biens ecclésiastiques, par Rozet. *Paris*, 1791; 2 vol. in-12, pap. de Holl., br.

2372. La nouvelle satyre Menippée ou Recueil de traits patriotiques, motions singulières, satyres ingénieuses, bons mots, et, sur la Révolution française, par Engelbert Bosselman. *Paris*, 1791; in-12, br.

2373. La chronique scandaleuse ou Mémoires pour servir à l'histoire de la génération présente, contenant les anecdotes les plus piquantes, etc., etc. *Paris, dans un coin où l'on voit tout*, 1791; 5 tomes rel. en 2 vol., dos de v.

2374. Les Travailleurs de septembre 1792, documents sur la Terreur, pub. par le comte de Viel-Castel. *Paris, Dentu*, 1862; in-12, pap. verg. avec la vue de la prison de l'Abbaye, br.

2375. Histoire de la bande d'Orgères, par Coudray Meunier. *Chartres*, 1858; in-8, port. col., pap. vél., br.

2376. La France libre, par Camille Desmoulins. *Paris*, 1834 ou 36; in-8, br.

2377. Opuscules et la France libre, par Camille Desmoulins. *Paris, an premier de la liberté*, in-8, fig,, dos et coins v. fau. — Correspondance inédite de Camille Desmoulins, publ. par Matton, avec un port. et un fac-simile. *Paris*, 1836; in-8, br.

2378. Le vieux Cordelier suivi de la France libre, par Cam. Desmoulins. *Paris*, 1842. — Histoire patriotique des arbres de la liberté, par Grégoire. *Paris*, 1833. Ensemble 2 vol. in-18, br.

2379. De la pensée du gouvernement républicain, par B. Barère, *Imp. en France*, an V de la Rép., in-8, br.

2380. Les chaînes de l'esclavage, par Marat, avec des notes par Havard. *Paris*, 1833; in-8, port., br.

2381. Mémoires du général Dumouriez, écrits par lui même. *Londres*, 1794; 2 vol. in-8, pap. fil., br.

2382. Mémoires de Mme Roland, pub. par Dauban. — Étude sur Mme Roland et son temps, par Dauban, orné de portraits et de fac-simile. *Paris, Plon*, 1864; 2 vol. gr. in-8, br.

2383. La princesse de Lamballe et la prison de la Force, par P. Fassy. *Paris*, 1868; br., in-8, *portrait teinté* d'après *Gabriel*.

2384. Histoire de Saint-Just, député à la Convention nationale, par E. Hamel. *Paris*, 1859; in-8, br.

2385. Anacharsis Cloots, l'orateur du genre humain, par G. Avenel. *Paris*, 1865; 2 vol. in-8, br.

2386. Danton, mémoire sur sa vie privée, par le docteur Robinet. *Paris*, 1865; in-8, br.

2387. Histoire de Robespierre, par E. Hamel. *Paris*, 1865-69; 3 vol. gr. in-8, br.

2388. La mort de Robespierre, trag. en 3 actes et en vers, par Serieys. *Paris*, an IX; in-8, br.

2389. Marat, l'ami du peuple, par Alex. Bougeart. *Paris*, 1865; 2 vol. in-8, br.—Danton, documents authentiques, par le même, 1861; in-8, br.

2390. Marat, sa mort, ses véritables funérailles d'après les documents des archives de la préfect. de police, par P. Fassy. *Paris*, 1867; br. in-8.

2391. Marie-Anne-Charlotte Corday d'Armont, sa vie, son temps, son procès, et sa mort, par Chéron de Villiers, avec un atlas in-4 de fac-simile et port. exécutés par Bellot, *Paris*, 1865; gr. in-8, br.

2392. Dossiers du procès de Charlotte Corday devant le tribunal révolutionnaire, pub. par Vatel, avec atlas de port. et fac-simile. *Paris*, 1861; in-8 et atlas in-4 br. — Note sur le fac-simile de la lettre de Charlotte Corday à Barbaroux. — Note sur l'authenticité du port. de Charlotte Corday, par Hauer. — OEuvres politiques de Charlotte Corday, avec un supp. *Caen*, 1863-64. — Le sang de Marat, par Chéron de Villiers. *Paris,* 1865. — Charlotte Corday et Doulcet de Pontécoulant, 1860. Ensemble 7 pièces in-8, br.

2393. Charlotte Corday, essai historique sur la personne et l'attentat de cette héroïne, publ. par L. Dubois. *Paris,* 1838; in-8, br.

2394. Charlotte Corday, trag. en 5 actes et en vers, par J. B. Salles, député girondin, publ. pour la première fois par Moreau-Chaslon. *Paris,* 1864; in-4, pap. verg., br.

2395. Charlotte Corday, par Paul Delasalle. *Paris,* 1845; in-8, pap. verg., dos et coins mar. r., tête dor., *portrait* ajouté.

2396. Mémoires de Mme Elliott sur la Révolution française, publ. par Sainte-Beuve. *Paris, Lévy,* 1861; in-12, 27 fig., et port. gr., dos et coins mar. viol., n. rog.

2397. Mémoire, de Mme la marquise de la Rochejacquelein, écrits par elle-même, rédigés par M. de Barante. *Bordeaux,* 1815; in-8, br.
Manq. les deux cartes.

2398. Souvenirs de la marquise de Créquy. *Paris,* 1840; 10 vol. in-12, port., br.

2399. Pièces sur la Révolution. La grande colère du père Duchêne, n° 316. — Oraison funèbre de Marat, par Guiraut, 8 août 1793. — L'Ami du peuple, n° C. L. — Journal de la républ., n° 95, 11 janvier 1793. — La Passion et la Mort de Louis XVI, roi des juifs et des chrétiens, 1790; *fig. curieuse.* — Mém. concernant la trahison de Pichegru, dans les années 3, 4, 5, an XII. A l'armée, proclamation du 10 avril 1815, de Lasmaldi Royaumon. Ens. 8 pièces.

2400. Considérations destinées à rectifier les jugements du public sur la Révolution française, préc. de la revendication de la liberté de penser auprès des princes qui l'ont opprimée jusqu'ici (1793), par J. Fichte, trad. de l'allemand, par Barni. *Paris*, 1859; in-8, br.

2401. Liste des noms des ci-devant nobles de race, robins, prélats, financiers, intriguants (par Dulaure). *Paris*, 1790-91; 3 parties en 1 vol. in-8, d.-rel. v. vert., *n. rogné.*

2402. Liste générale et très-exacte de tous ceux qui ont été condamnés à mort par le tribunal révolutionnaire. *Paris*, an III; in-8, bas., 11 numéros et le supp. au 9e qui est très-rare.

2403. Histoire du tribunal révolutionnaire de Paris, 10 mars 1793, 31 mai 1795. *Paris*, 1862; 2 vol. in-12, br.

2404. La démagogie en 1793 à Paris, ou histoire jour par jour de l'année 1793, publié par Dauban. Ouvrage illust. par Valton, d'après les dessins du temps. *Paris*, Plon, 1868; in-8, br.

2405. Souvenirs de la terreur de 1788 à 1793, par G. Duval, avec une introduction historique par Ch. Nodier. *Paris*, 1841; 4 vol. in-8, d.-rel. bas.

2406. La Montagne, par Hauréau, avec les portraits gravés à l'eau-forte de Jeanron. *Paris*, 1834; in-8, pap. vel., br.

2407. Les derniers Montagnards, 1795, par Claretie. *Paris*, 1867; in-8, br.

2408. Histoire des Jacobins depuis 1789 jusqu'à ce jour (attribué à Ch. Nodier). *Paris*, 1820; in-8, br.

2409. Souvenirs thermidorien, par G. Duval. *Paris*, 1844; 2 vol. in-8. br.

2410. Correspondance politique pour servir à l'histoire du républicanisme français, par Mallet du Pan. *Hambourg*, 1796; in-8, cart., n. rog.

2411 Journal de l'adjudant général Ramel, l'un des déportés de la Guyanne après le 18 fructidor, avec des détails sur la fin terrible du général Murinais, de Tronçon-Ducoudray, etc. *Londres*, 1799; in-8, port. br.

2412. Caricatures politiques par Beauvert. *S. l.* an VI, in-12, br., avec 5 fig., col.

2413. Correspondance intime de l'armée d'Égypte interceptée par la croisière anglaise, publié par Lorédan-Larchey. *Paris*, 1866; petit in-8, sur pap. de Chine, avec front. gr., imp. en trois couleurs, br.

2414. Le Château des Tuileries ou récit de ce qui s'est passé dans l'intérieur de ce palais depuis sa construction jusqu'au 18 brumaire an VIII, par Roussel. *Paris*, 1802; 2 vol. in-8, d.-rel., fig.

Histoire de France de 1800 jusqu'en 1868. — Mélanges sur l'Histoire de France.

2415. Histoire de l'empereur Napoléon, par Laurent de l'Ardèche, illustré par Horace Vernet. *Paris, Dubochet*, 1840; gr. in-8, br.

Exemp. de 1er tirage dont les types tirés en couleur ont été retouchés au pinceau.

2416. Mémorial de Saint-Hélène, par le comte de Las-Cases; suivi de Napoléon dans l'exil par O'Meara et Antomarchi et de l'historique de la translation des restes mortels de

l'empereur Napoléon aux Invalides, illustré de 500
dessins de Charlet. *Paris, Bourdin*, 1842 ; 2 vol. gr. in-8,
cart., n. rog.

2417. Lettres de Napoléon à Joséphine ; de Joséphine à
Napoléon et de la même à sa fille. *Paris, Didot*, 1833 ; 2
vol. in-8. — *Fac-simile*. Opinions de Napoléon sur divers sujets de politique et d'administration recueillies
par un membre de son conseil d'État. *Paris*, 1833 ; in-8.
Ens. 3 vol. br.

2418. Mémoires sur la cour de Louis-Napoléon et sur la
Hollande. *Paris*, 1828, in-8, d.-rel.

2419. La reine Hortense en Italie, en France et en Angleterre en 1831, fragments extr. de ses Mémoires inédits.
Paris, 1834 ; in-8, br.

2420. Histoire secrète du cabinet de Napoléon Buonaparte
et de la cour de Saint-Cloud, par Lewis Goldsmith. *Paris*, 1814 ; in-8, br.

2421. Mémoires anecdotiques sur l'intérieur du palais et
sur quelques événements de l'empire, de 1805 à 1814,
pour servir à l'histoire de Napoléon, par M. de Bausset,
avec port. et fac-simile. *Paris, Baudoin*, 1827 ; 4 vol in-8,
dos de v.

2422. Esquisses européennes, de 1798 à 1815, pour servir
de suite à la correspondance de Grimm et de Diderot.
Paris, 1818 ; in-8, bas.

2423. Histoire de la campagne de 1800, par le duc de
Valmy fils. *Paris*, 1854 ; in-8, pap. vél., br.

Envoi d'auteur.

2424. Collections des bulletins de la grande armée du 20
octobre 1806 au 24 juillet, 1807 87 bull., avec les articles
officiels des deux traités de paix signés à Tilsitt. *Paris,
Jusserand impr.* 1806 et 1807 ; in-4, br. — Acte du con-
grès de Vienne, 1815, in-4 cart.

Édit. orig.

2425. Mémoires hist. sur la catastrophe du duc d'Enghien. *Paris*, 1824; in-8, br.

Collection des mém. sur la révolution.

2426. Mémoires du général Hugo, précédés des Mémoires du général Auberlin. *Paris, Ladvocat*, 1823; 3 vol. in-8, dos de v. fau. n. rog.

Exemp. de la bibl. du roi L. P., à Neuilly.

2427. Mémoires du duc de Raguse de 1792 à 1841. *Paris*, 1857; 9 vol. in-8 br. Ex. en grand papier de Hollande; fac-simile.

2428. La défection de Marmont en 1814 par Rapetti. *Paris*, 1858; in-8, br.

2429. Histoire de la campagne de 1815; Waterloo, par le colonel Charras. *Bruxelles*, 1858; 1 vol. et atlas, in-12, br.

2430. Histoire de la Campagne de 1815, par E. Quinet. *Paris*, 1862; in-8, cart. br.

2431. Dictionnaire des Immobiles, par A. Beuchot. *Paris*, 1845; in-8, br., pap. rose

Tiré à 75 exemp.

2432. Naufrage de la frégate la Méduse en 1816, par MM. Correard et Savigni. *Paris*, 1818; in-8, fig. col., d.-rel.

2433. Le Nain jaune, ou journal des arts, des sciences et de la littérature. *Paris, Fain*, du 15 décembre 1814, n° 337, portant le n° 1, au 10 juillet 1815, n° 378, portant le n° 42. 2 vol. in-8 avec caricature col.—Le Nain jaune réfugié, par une société d'anti-éteignoirs, tomes 2 et 3. *Bruxelles*, de l'impr. du Nain jaune, 1816; 2 vol. in-8 br., imp. sur pap. de différentes coul., caricat. col. Ens. 4 vol. in-8, br.

2434. Journal des arts et de la politique. Broch. de 24 p. in-8.

Articles rares ou supprimés de l'ancien *Nain Jaune* pouvant servir de suite aux Fantaisies.

2435. Le nouvel Homme gris, par Cuguet de Montarlot. *Paris*, 1818-19 ; 2 vol. in-8, br.

> Journal pamphlet semi-périodique.

2436. Chronique indiscrète du xixe siècle, esquisses contemporaines composées par Lahalle, Regnault-Warin et Roquefort. *Paris*, 1825 ; in-8, cart., n. rog.

> Exemp. sans cart.

2437. Notes sur l'occupation de la régence d'Alger, par Eugène Cavaignac. *Paris*, 1839 ; in-8, br.

2438. Les Barricades de 1830, scènes historiques. *Paris*, 1830 ; in-8, br.

2439. Les Cancans politiques, populaires ; encore des cancans, cancans universels, éternels, etc.; 37 livraisons. *Paris*, 1830 ; in-8, d.-rel.

2440. Recueil de 31 pièces in-8, br., sur la révolution de 1830.

> Lavicomterie. Du peuple et des rois, 1833. — Demolière. Justice du peuple. — Session de 1834. — Procès Viguerte et Pagnère; du Patriote de la Côte-d'Or. — Illégalité du Mar. Soult contre les officiers d'artillerie. — Pamphlets de la police et réponse. — Opinion de Couthon sur la mort de Louis XVI. — Lettres de Cormenin, etc.

2441. Souvenirs de France et d'Italie dans les années 1830 à 1832. — Derniers souvenirs, par le comte Jos d'Estourmel. *Paris*, 1860-61; 2 vol. in-12, br.

2442. La Vendée et Madame, par le général Dermoncourt. *Paris*, 1834; in-8, gr. pap. vélin rose, fig., br.

2443. Mgr. le duc de Bourbon, notice historique sur sa vie et sa mort, par le comte de Villemur. *Paris*, 1852 ; in-8, br.

2444. Physiologie de la poire, par Louis Benoit, jardinier. *Paris*, 1832 ; in-8, br.

> Curieux pamphlet sur Louis-Philippe.

2445. Vingt-cinq numéros de la Caricature française à
Londres; publié par la contemporaine, Ida de Saint-
Edme, du 1er mars au 17 septembre 1836. — Album
de la correspondance du prince émigré (Louis-Philippe)
ou recueil de fac-simile publié à *Londres, Schulze,*
1836; in-4. — Portrait d'Alibaud, avec sa défense inter-
rompue par les Pairs et des confidences sur sa vie intime, publié par Mme Ida de Saint-Edme. *Londres,* 1836;
br. in-8, avec le port. sur chine in-4. Ens. 1 vol. in-4,
fig., cart.

> Collection très-rare de ces pamphlets.

2446. Des idées Napoléoniennes, 1839. — Considérations
sur la Suisse. — Procès de l'insurrection militaire du
30 octobre 1836. — Relation sur cet événement et procès
Laity. — Procès de 1840. — Procès Cornuau, 1846. —
Biographie de J.-N. Bonaparte. Ens. 6 vol. et 2 br. in-8.

2447. Revue rétrospective ou bibliothèque d'histoire, contenant des mémoires et documents authentiques inédits,
par Taschereau. *Paris, Fournier,* 1833-38; 20 vol. in-8,
d.-rel., m. rou.

2448. Revue rétrospective ou archives secrètes du dernier
gouvernement. *Paris,* 1848; in-4 br., 33 numéros.

> On a joint une pièce in-fol. ; réponse du citoyen Blanqui, 12 avri
> 1848, au document qui le concerne.

2449. Histoire des sociétés secrètes et du parti républicain
de 1830 à 1848, par L. de la Hodde. *Paris,* 1850; in-8,
br.

2450. Page d'histoire de la révolution de février 1848, par
L. Blanc. *Paris,* 1850; in-8. — La Question romaine par
E. About. *Bruxelles,* 1859; in-8. Ens. 2 vol. br.

2451. La République dans les carrosses du roi; triomphe
sans combat, curée de la liste civile, scènes de la Révo-
tion de 1848. *Paris,* 1850; in-8, br.

2452. Mémoires de Caussidière, ex-préfet de police et re-
présentant du peuple. *Paris, Lévy,* 1849; 2 vol. in-8, br.

2453. Souvenirs numismatiques de la Révolution de 1848.
Recueil des médailles, monnaies et jetons qui ont paru
en France depuis le 22 février jusqu'au 20 décembre
1848. *Paris, Rousseau*; in-4, pap. vél., fig. sur pap. de
Chine, dos de mar. viol., n. rog.

2454. Le Peuple, journal de la République démocratique
et sociale, par Proudhon. *N° 1, Spécimen au n° 206.
Septembre 1848 au 13 juin 1849; 1 vol. in-folio, dos de
m. rouge, complet.*

2455. Le Caricaturiste, Revue drôlatique du dimanche.
N° 1 à 37, du 3 juin 1849 au 10 février 1850. *Paris;* in-4,
nomb. caricatures grav. sur bois, dos de v.

2456. La Presse de 1848, ou Revue critique des journaux,
par Wallon. *Paris*, 1849; in-8. — Récit complet et authentique des événements de décembre 1851, par Gra-
nier de Cassagnac; in-8. — Les Clubs et Clubistes, par
Al. Lucas. *Paris*, 1851; in-12. Ens. 1 vol. in-8, d.-rel.

2457. Les Juifs en France, en Italie et en Espagne, par Bé-
darride. *Paris*, 1857; in-8, br.

2458. Les Juifs, rois de l'époque, histoire de la Féodalité
financière, par Toussenel. *Paris*, 1845; in-8, br.
  Première édit.

2459. Les Juifs, rois de l'époque, histoire de la Féodalité
financière, par Toussenel. *Paris*, 1847; 2 vol. in-8, br.

2460. Le Progrès, par Ed. About. *Paris*, 1864; in-8, br.

2461. Questions contemporaines, par Er. Renan. *Paris,*
1868; in-8, br.

2462. Mélanges historiques et critiques contenant diverses
pièces relatives à l'histoire de France. *Amsterdam*, 1768;
2 vol., in-12, br.

2463. Dissertation sur différents sujets de l'histoire de
France, par Bullet. *Besançon*, 1759; in-12, v. m.

2464. Curiosités historiques, ou Recueil de pièces utiles à
l'histoire de France. *Amsterdam*, 1750; 2 vol. in-12,
v. m.

2465. Dissertations sur quelques points curieux de l'histoire de France et de l'histoire littéraire, par le bibliophile Jacob, P. Lacroix. *Paris, Téchener,* 1838-41; 10 br. in-8, pap. vél.

2466. Les Crimes des rois de France, par Lavicomterie. *Paris,* 1792; in-8, d.-rel.

2467. Le même ouvrage. *Paris,* 1835; in-8, fig., br.

2468. Mémoires historiques et critiques, et Anecdotes des reines et régentes de France. *Amst.,* 1764; 4 vol. in-12, v. m.

2469. Derniers moments des plus illustres personnages français condamnés à mort pour politiques, publ. par M***. *Paris,* 1818; in-8, dos de v.

2470. Notice historique sur les voyages des Papes en France, par Leboucher de Richemont. *Paris,* 1805; in-8, br.

2471. Deux Couvents au moyen-âge, ou l'Abbaye de Saint-Gildas et le Paraclet au temps d'Abélard et d'Héloïse, par P. Tiloy. *Paris,* 1851; in-12, br.

2472. Séjour de Charles VIII à Romme, 1493-94, extr. de l'Hist. de la conqueste de Naples. — Coq à l'asne et chanson sur ce qui s'est passé en France puis la mort de H. de Valois jusques aux nouvelles deffaictes (sur l'imprimé de 1500). — Les Barricades de 1594 à Lyon. — Disc. sur la réduction de Lyon à l'ob. de Henri IV, par du Verdier (portrait). Vaucanson à Lyon en 1744, *publ. par M. Gonoy. Lyon,* 1842-44; ens. 1 vol. in-8, br., pap. vél. foit.

Tiré à petit nombre.

2473. La Chronique de Rains, publ. par Louis Paris. *Paris, Téchener,* 1838; in-8, pap. vél., cart.

2474. Procès criminel de Jehan de Poytiers, seigneur de Saint-Vallier, publié d'après les manuscrits originaux

de la bibliothèque impériale, avec une Introduction et
des Notes, par G. Guiffrey. *Paris*, 1868; in-8, pap.
verg., br.

2475. De la démocratie chez les prédicateurs de la Ligue,
par Ch. Labitte. *Paris*, 1841 ; in-8, br.

2476. Maximes et Réflexions du cardinal de Retz, par
Dupuy. *Paris, Téchener*, 1828; 2 vol. in-18, br.
in-4, br.

2477. Histoire du Masque de fer, par Delort, 1825; in-8,
v. fau. — Le même, par de Taulès, 1825; in-8, br. —Le
même, par Roux, *an IX*; in-8, v. gr., brochure vers
1793. Ens. 3 vol. et 1 br.

2478. Les OEufs rouges de Sorhouet mourant (p. Pisansat
de Mairobert), 1772. — La Cassette verte de Sartine,
trouvée chez la Duthé (par Tickell), 1779; en 1 vol. in-8,
d.-rel.

2479. La Cassette verte de M. de Sartine, trouvée chez
Mlle Duthé. *La Haye*, 1779; in-8, dos de cuir de Russie.

2480. Mélanges hist., satiriquès et anecd. de M. de Bois
Jourdain. *Paris*, 1807; 3 vol. in-8, pap. de fil., cart.,
n. rog.

> Détails sur les événements et les personnes de la fin du règne de
> Louis XIV, des premières de Louis XV et de la Régence.

2481. Anecdotes inédites de la fin du xviiie siècle, pour
serv. de suite aux Anecdotes françaises, par Serieys.
Paris, 1801; in-8, d.-rel., v. fau.

2482. Le Roi chez la Reine, par Ar. Baschet. *Paris, Aubry*,
1864; in-8, pap. vél., br.

Histoire de la Ville de Paris.

2483. Dictionnaire historique de Paris, par Ant. Béraud
et Dufey. *Paris, Barba*, 1828; 2 vol. in-8, fig. et pl.
d.-rel.

2484. Le Théâtre des Antiquités de Paris, par Jacq. du
Breul. *Paris*, 1612; in-4, fig. et port. de Thomas de Leu,
mar. rouge, encad., dent., large dent., intér., tr. dor.

2485. Histoire de la Ville et de tout le diocèse de Paris,
par l'abbé Lebeuf, nouv. édit., continuée jusqu'à nos
jours, par Hip. Cocheris. *Paris, Durand*, 1863-67; tome
I à III, in-8, pap. verg.; br.

2486. Histoire générale de Paris, par Berty, Francklin,
L. de Lincy, etc. (Publication de la Ville); 4 vol. in-4,
pap. de Hollande, cart. et plan in-fol. pour la topographie; fig. et pl. en chromo. Introduction. — Topographie hist. (Louvre et Tuileries); tome Ier. — Anc. bibliothèque. — Paris et ses historiens.

2487. Paris, Histoire véridique, anecdotique, morale et
critique, par M. Chevrier, avec la Clef. *La Haye*, 1767;
in-12, cart.

2488. Paris sous Philippe-le-Bel, d'après des documents
originaux, publ. par Géraud. *Paris, Crapelet*, 1837;

2489. Paris au xiiie siècle, par Springer. *Paris, Aubry*,
1860; pet. in-8, fig., pap. verg., br.

2490. Description de la Ville de Paris au xve siècle, par
Guillebert de Metz, publ. par Leroux de Lincy. *Paris,
Aubry*, 1855; pet. in-8, pap. verg., br.

2491. Le Siége de Paris par les Normands, en 885 et 886,
poëme d'Abbon, avec la trad. en regard et des Notes, par
Taranne. *Paris, impr. royale*, 1834; in-8, br.

2492. Bref discours et véritable des choses plus notables
arrivées au siége de Paris, et défence d'icelle, par le duc
de Nemour contre le roy de Navarre, par P. Cornejo.
Paris, 1590; petit in-8, dos de v.

2493. Siéges soutenus par la Ville de Paris (par Pissot)
Paris, 1815; in-8, d.-rel., *de la bibl. de Louis-Philippe.* —
Paris au xixe siècle, nouveau tableau; in-8, d.-rel. — Les
prisons de Paris, par un anc. détenu (Joigneaux), 1842;
in-8, d.-rel. Ens. 3 vol.

2494. Tableau hist. et pitt. de Paris, depuis les Gaulois jusqu'à nos jours (par Saint-Victor). *Paris*, 1808; 3 vol. in-4. pap., fil., cart., n. rog. *Planches*.

2495. Paris considéré depuis son commencement jusqu'à nos jours, par demande et réponse, les n°s 1 et 2, avec Paris en miniature, pour servir de supp. au Catéchisme historique et instructif, etc., par Robin. *Paris*, vers 1799; in-12, br., 3 *feuilles*.

2496. Fondation de la ville de Paris ou Catéchisme historique instructif, par demande et par réponse, par Robin, suivie du Paris en miniature, une feuille. — Du coup d'œil observateur sur l'état actuel de Paris, 1 feuille. — De l'origine et les antiquités de Paris, par Poirier, dit le Boîteux, sorte de Complainte, avec 1 feuille de supplément. Ensemble 7 feuilles in-12.

2497. Description historique de la Ville de Paris et de ses environs, par Piganiol de la Force, avec gr. nombr. de figures. *Paris*, 1765; 10 vol. in-12, v. marb.

2498. Description de la Ville de Paris et de tout ce qu'elle contient de remarquable, par Germain Brice, nouv. édit. enrichie d'un nouveau plan et de nouv. fig. *Paris*, 1752; 4 vol. in-12, riche rel. en mar. rou., dent., tr. dor.

2499. Voyage pittoresque de Paris et de ses environs, ou description de ce qu'il y a de plus beau dans cette grande ville et des maisons royales, châteaux et autres lieux de plaisance, etc., par M. D*** (d'Argenville fils). *Paris, Debure*, 1765; 2 vol. in-12, fig., v. marb. — Description historique des curiosités de l'église de Paris, par M. C. P. G. *Paris*, 1763; in-12, fig., v. m.

2500. Miroir de l'ancien et du nouveau Paris, avec treize voyages en vélocifères dans ses environs, par L. Prudhomme. *Paris*, 1806; 2 vol. in-16, fig. et plan., cart.

2501. Description de Paris et de ses Édifices, avec un précis historique, par Legrand et Landon. *Paris*, 1818; 2 vol. in-8, nomb. figures, br.

2502. Journal d'un voyage à Paris en 1657-1658, publ.
par Fougère. *Paris*, 1862 ; in-8, br.

2503. Journal de Rosalba Carriera, pendant son séjour à
Paris en 1720 et 1721, publ. en italien par Vianelli et
trad. par Al. Sensier. *Paris, Techener*, 1865 ; in-12, pap.
vél., br.

2504. Soirées de Walter Scott à Paris, recueillies et publ.
par le bibliophile Jacob. *Paris, Renduel*, 1829-1831 ;
2 vol. in-8, fig.
> Le 1er vol. n'est pas tomé, il est cart.; le 2e est en d.-rel. Édit. orig.

2505. Tableau de Paris (par Mercier). *Amsterdam*, 1782-88 ;
12 vol. in-8, dos de v.
> Avec les eaux-fortes de Dunker dans les huit premiers vol.

2506. Le nouveau Paris, par Mercier. *Paris* (1797) ; 6 vol.
in-8, cart.

2507. Paris, tableau moral et philosophique, par Fournier Verneuil, auteur de Curiosité et indiscrétion. *Paris*,
1826 ; in-8, br., *avec la clef.*

2508. Paris municipe ou tableau de l'administr. de la
ville depuis les temps les plus reculés jusqu'à nos jours,
pour servir à l'examen du nouveau projet de loi muni-
cipale, par A. de Laborde. *Paris*, 1833 ; in-8, br.

2509. La grande Ville, nouveau tableau de Paris, comique
et philosophique, par Paul de Kock, Balzac, etc., illust.
de Gavarni, Victor Adam, Daumier, etc. *Paris*, 1844 ;
2 vol. gr. in-8, d.-rel.

2510. Le Diable à Paris, par MM. de Balzac, Eug. Sue,
Georges Sand, Al. Karr, Henri Monnier, etc., etc., avec
illustrations de Gavarni, Bertall, etc. *Paris, Hetzel*, 1846 ;
2 vol. gr. in-8, cart., tr. dor.
> Exemp. dans son neuf et 1er tirage.

2511. Les Merveilles du nouveau Paris, par Décembre
Alonnier. *Paris*, 1860 ; in-8, br., *100 gravures.*

2512. Histoire de la bourgeoisie de Paris, par Fr. Lacombe.
Paris ; 4 vol. in-8, br.

2513. Proverbes et Dictons populaires, avec les Dits du mercier et des marchands et les crieries de Paris aux xiiie et xive siècles, publ. d'après les manuscrits de la bibl. du roi, par Crapelet. *Paris*, 1831; gr. in-8, pap. vél., cart. *2 fac simile.*

2514. Paris ridicule et burlesque au xviie siècle, par Cl. Le Petit, Berthod, Scarron, Colletet, etc., publ. par le bibl. Jacob. *Paris*, 1859; in-12, pap. verg., br.

2515. Vins à la mode et cabarets au xviie siècle, par Al. de la Fizelière, front. à l'eau-forte, tiré en trois coul. par Lalanne. *Paris*, 1866; petit. in-8, pap. vél. teinté, br.

2516. Paris en miniature, d'après les dessins d'un nouvel Argus. *Amsterdam*, in-18, br. — Des Parisiens, de leurs mœurs, de leur conformation, etc., ouvrage qui renferme les moyens de donner de l'esprit aux imbéciles, etc. *Paris*, 1806; in-12, br.

2517. Paris grotesque, les célébrités de la rue, 1815-1863, par Ch. Yriarte, illust. par l'Hernault de Montault, etc. *Paris*, 1864; pap. vél., gr. in-8, fig., br.

2518. Note sur Paris, vie et opinions de Thomas Graindorge, publ. par Taine. *Paris*, 1867; pet. in-8, pap. vél., br.

2519. Ce qu'on voit dans les rues de Paris, par Vict. Fournel. *Paris*, 1858. — Ruelles, salons et cabarets, par Colombey. *Paris*, 1858. — Paris, anecdotes par Privat d'Anglemont. *Paris*, 1861. — Paris inconnu, par Privat d'Anglemont, avec une étude sur sa vie, par Al. Delvau. *Paris*, 1861; ensemble, 4 vol. in-12, br.

2520. Paris, ou les sciences, les institutions et les mœurs, au xixe siècle, par Alp. Esquiros. *Paris*, 1847; 2 vol. in-8, br.

2521. Paris à table, par Eug. Briffault, vign. de Bertall. *Paris, Hetzel*, 1846; pet. in-8, fig., pap. vél., br.

2522. Les Entretiens du jardin des Tuileries de Paris, par Mercier. *Paris*, 1788; in-8, br.

 Édit. orig.

2523. L'Écho des salons de Paris depuis la Restauration. *Paris*, 1814-1815; 2 vol. in-12, br.

2524. Annuaire des modes de Paris, orné de 12 grav. col. *Paris*, 1814; in-18, br.

2525. Le Peintre des coulisses, salons, mansardes, boudoirs, mœurs et mystères nocturnes de la Capitale ou Paris en miniature. *Paris*, 1822; in-18, fig., br.

2526. Petite chronique de Paris historique et littéraire. *Paris*, 1818; in-12, br. — Mémoire de M. Girouette, pub. par Quesné, ornés de trois grav. *Paris*, 1818; in-12, br.

2527. Un Salon de Paris, 1824 à 1864, par Mme Ancelot, avec eaux-fortes de Benassit. *Paris, Dentu*, 1866; in-12, br.

2528. Emprunts aux Salons de Paris, nouvelles par M. Ancelot. *Paris*, 1835; in-8, br.

 On a joint une lettre de Mme Ancelot, dans laquelle elle se déclare l'auteur du livre.

2529. Les Salons de Paris et la Société Parisienne sous Louis-Philippe, par M. de Beaumont-Vassy, avec 12 portr. gr. *Paris*, 1866; in-12, pap. vél., br.

2530. Dictionnaire des rues de Paris et de ses monuments, par MM. Lazare. *Paris*, 1844; in-8, cart. de choix. *35 vues teintées de Paris ajoutées.*

2531. Dissertations archéologiques sur les anciens Plans de Paris, des XVIe, XVIIe et XVIIIe siècles et sur les anciennes enceintes de Paris, suivies de recherches sur les portes fortifiées, par Bonnardot Parisien. *Paris, Dumoulin*, 1851-53; 2 vol. in-4, plans, br.

2532. Plan de Paris, dressé par Gomboust, gravé par Lebel, publié par la Société des Bibliophiles français. *Paris*, 1858; texte, vues et planches, in-fol. dans un carton.

2533. Les quarante-huit quartiers de Paris, par Girault de Saint-Fargeau. *Paris*, 1850. — Voyages littéraires sur les quais de Paris, par Fontaine de Resbecq. *Paris*, 1864. Ensemble 2 vol. in-12, br.

2534. Les Rues et les Églises de la ville de Paris, avec la despense qui se fait par chascun jour; sur l'imprimé de Jehan Trepperel. *Paris*, 1867; br. in-8, pap. vergé.

2535. Itinéraire archéologique de Paris, par M. de Guilhermy, ill. de 15 fig. gr. *Paris*, 1855; in-12, dos de mar. bl.

2536. Chroniques, Légendes et Enigmes des rues de Paris, par Ed. Fournier. *Paris*, 1860-64; 2 vol. in-12, br.

2537. Paris démoli, par Ed. Fournier, revue par Th. Gauthier. *Paris*, 1855. — Documents relatifs aux eaux de Paris, avec carte. *Paris, Dupont*, 1861. — Dictionnaire topographique et historique de l'ancien Paris (avant l'annexion), par Fr. Lock. *Paris*, 1860; avec un plan col. Ensemble 3 vol. in-12, br.

2538. Paris, Guide, par les principaux écrivains et artistes de la France. *Paris, Lacroix*, 1867; 2 vol. gr. in-12, fig., br. Exemp. sur pap. de Chine.

2539. Notices sur l'hôtel de Cluny et sur le Palais des Thermes, avec des notes sur la culture des arts dans les xve et xvie siècles. *Paris*, 1834 ; in-8, pap. vél., cart.

2540. Notice historique sur le palais des Thermes et l'hôtel de Cluny. *Paris*, 1841 ; in-12. — Le Gibet de Montfaucon, par Maillard. *Paris*, 1863 ; in-12, fig., pap. verg. — La Tour Saint-Jacques-la-Boucherie, par Troche, 1857; in-12. — Recherches historiques sur la Morgue, par Maillard. *Paris*, 1860; in-12, pap. verg. — Histoire de la Chartreuse de Paris et du Luxembourg, par De Lacroix. *Paris*, 1867; in-12. — Trois îlots de la Cité, fragment d'une histoire du vieux Paris, par Ad. Berty; in-8, fig., br. Ens. 6 vol. br.

2541. Mémorial de l'Hôtel-de-Ville de Paris en 1830, par
H. Bonnelier. *Paris*, 1835; in-8, pap. vél., dos de v.
Avec le cachet de la bibl. du duc d'Orléans.

2542. Histoire de l'Hôtel-de-Ville de Paris, par Leroux de
Lincy, avec huit pl. dess. et gr. par Vict. Calliat, arch.
Paris, 1846; in-4, br.

2543. L'Ombre du grand Colbert, le Louvre et la ville de
Paris, avec des réflexions sur l'état présent de la peinture en France (par *Lafont de Saint-Yenne*). *S. l.*, 1752;
front. d'Eisen, in-12, veau fau., fil.

2544. Le Louvre, par M. L. Vitet. *Paris*, 1853; in-8, br.
Planche.

2545. Le Palais-Royal, 1815. — Les Soirées du Palais-
Royal, 1815. — Les Rencontres du Palais-Royal, aventures galantes. *Paris,* 1815; trois ouvrages en 1 vol.
in-18, fig., dos de v. bl. n. rog.

2546. Le Palais Mazarin et les grandes habitations de ville
et de campagne au XVIIᵉ siècle, par le comte de Laborde.
Paris, 1846 ; 2 vol. in-8, br.
On joint : les 1ʳᵉ, 2ᵉ et 3ᵉ lettres sur les bibliothèques.

2547. Alfred Franklin. Recherches historiques sur le col-
lège des Quatre Nations. — Histoire de la bibliothèque
Mazarine. — Histoire de la bibl. de l'abbaye de Saint-
Victor. — Recherches sur la bibl. publique de l'église
Notre-Dame de Paris, au XIIIᵉ siècle. — Recherches sur
la bibliothèque de la Faculté de Médecine de Paris.
Paris, Aubry, 5 vol. in-8, br. — Préface du Catalogue
de la bibl. Mazarine, rédigée en 1751 par Desmarais.
Paris, 1867; in-12, pap. verg., br.

2548. Les Églises gothiques. *Paris*, 1837; in-8, br.

2549. Les Églises et Monastères de Paris, pièces en prose
et en vers, des IXᵉ, XIIIᵉ et XIVᵉ siècles, publ. par Bordier.
Paris, 1856; pet. in-8, pap. verg., cart., n. rog.

2550. Curiosités de l'église de Notre-Dame de Paris avec l'explication des tableaux qui ont été donnés par le corps des orfèvres. *Paris*, 1753; in-12, br.

2551. Description hist. de la Basilique de Paris et des curiosités de son trésor, par Gilbert. *Paris*, 1811; in-8, br., avec une lettre du même sur la maîtrise de N.-D. — Sur le zodiaque du grand portail de N.-D. (par Pasumot), br. de 8 p., cart.

2552. Description historique de la basilique métropolitaine de Paris, par Gilbert. *Paris*, 1821; in-8, fig., br.

2553. Notice sur Saint-Leu, Saint-Gilles, paroisse, et sur l'anc. abbaye Saint-Magloire, l'église du Saint-Sépulcre, l'hôpital Saint-Jacques, par l'abbé Vacher. *Paris*, 1843; br. in-8.

2554. Notice descriptive et historique sur l'église et la paroisse Saint-Eustache de Paris, par Gaudreau. *Paris*, 1855; in-12, fig. et blasons, pap. vél., br.

2555. Examen critique de la découverte du prétendu cœur de saint Louis, faite à la Sainte-Chapelle, le 15 mai 1843, par Letronne. *Paris*, 1844; gr. in-8, fig., dos de v.

2556. Abrégé de la vie et de la mort de Charles de la Saussaye, curé de Saint-Jacques-la-Boucherie, par le s. de Saullaye. *Lyon sur le Rosne, L. Perrin*; in-8, cart.

    Édit. tirée à petit nombre sur pap. de Holl., sur l'original de 1657.

2557. Le Charnier de l'ancien cimetière Saint-Paul, par l'abbé Valentin Dufour. *Paris*, 1866; in-8, pap. de Holl., broch.

    Tiré à 200 exemp.

2558. Description des Catacombes de Paris, par Héricart de Thury. *Paris*, 1815; in-8, fig., br.

2559. Histoire du Pont-Neuf, par Ed. Fournier. *Paris, Dentu*, 1862; 2 vol. in-12, br.

    Avec une vue du pont Neuf, en 1744; phot.

2560. Remarques hist. sur la Bastille, et Révolutions de Paris en 1789, avec un grand nombre d'anecdotes. *Londres*, 1789. — Révolutions de Paris, du 12 au 8 août 1789; en 1 vol. in-8, cart.

2561. Archives de la Bastille sous le règne de Louis XIV, 1659-1661, par F. Ravaisson. *Paris*, 1866; gr. in-8, br.

2562. Recherches historiques sur le Temple, par Barillet. *Paris*, 1809; in-8, br.

2563. Voyage à Sainte-Pélagie, en mars 1823, par Émile Debraux. *Paris*, 1823; 2 vol. in-12, fig., br.

2564. Les Hôtels historiques de Paris, par Bonnefons, avec des Réflexions sur l'architecture privée, par Alb. Lenoir, illust. par Cél. Nanteuil Daubigny, Bertall, etc., etc. *Paris, Lecou*, 1852; gr. in-8, fig., br.

2565. L'Hôtel de Beauvais, rue Saint-Antoine, par Jules Cousin. *Paris*, 1864; in-8, gr. pap. de Holl., br.
  Tiré à 150 exemp. Eau-forte; pl. fac-simile; jolie publication.

2566. Les anciennes Maisons de Paris sous le règne de Napoléon III, par Lefeuve. *Paris*, 1863; 5 vol. petit in-8, broch.

2567. Histoire des petits Théâtres de Paris, depuis leur origine, par Brazier. *Paris*, 1832; 2 tom. en 1 vol. pet. in-12, dos et coins v. fau.

2568. Le Chroniqueur désœuvré ou l'Espion du boulevard du Temple (par Mayeur de Saint-Paul). *Londres*, 1782-83; 2 vol. — Le Désœuvré mis en œuvre ou le revers de la médaille (par Dumont, comédien). *Paris*, 1782. Ensemble 1 vol. in-8, v. marb., fil. — Les Mystères des théâtres de Paris, par un vieux comparse. *Paris*, 1844; in-12, fig., br.

2569. The Theatres of Paris, by Ch. Hervey. *Paris, Galignani*, 1847; gr. in-8, dos et coins mar. rouge, dor. en tête.
  On a ajouté 70 port., gr. et lithog. en noir et en coul.

Histoire des Provinces et des Villes de France.

2570. Les Environs de Paris, ouvrage rédigé sous la direction de Ch. Nodier et Lurine. *Paris*, 1845 ; gr. in-8, pap. vél., br.
200 dessins.

2571. Mes voyages aux environs de Paris, par Delort. *Paris*, 1821 ; 2 vol. in-8, fig. et fac-simile, br.

2572. La Seine et ses bords, par Ch. Nodier, vign. par Marville et Foussereau, publ. par Mure de Pélanne. *Paris*, 1836 ; in-8, br.

2573. Voyage de Paris à Saint-Cloud par mer, et Retour de Saint-Cloud à Paris par terre, avec une carte très-exacte, dont le plan a été levé sur les lieux (par Neel). *Paris*, 1783 ; 2 vol. in-12, br.

2574. Vallée aux Loups. Souvenirs et fantaisies, par H. de Latouche. *Paris*, 1833; in-8, br.
Édit. orig.

2575. Monographie de l'église royale de Saint-Denis, tombeaux et fig. historiques, par M. de Guilhermy, fig. de Fichot. *Paris*, 1848; in-12, br. — Description historique de l'église royale de Saint-Denis, par Gilbert, avec trois planches. *Paris*, 1845; in-12, br. — Le Trésor, les tombeaux et les raretés qui se voyent dans l'église de Saint-Denis. *Paris, Chardon*, 1762 ; in-12, fig., br.

2576. Mémoire sur trente-deux statues symboliques, obs. dans la partie haute des tourelles de Saint-Denis, par Mme F. d'Aysac. *Paris*, 1847 ; br. gr. in-8, *planches.*

2577. Écouen, la paroisse, le château, la maison d'éducation (par l'abbé Chevalier). *Versailles*, 1865 ; in-8, pap. vél., br. *Eaux-fortes.*

2578. Promenade ou itinéraire des jardins d'Erménonville (par M. de Girardin fils aîné). *Paris*, 1788; in-8, pap. fil., dem.-rel., m. rou., *avec les 25 vues de Mérigot fils.*

2579. **Versailles ancien et moderne,** par le comte de Laborde, édit. illustrée d'un gr. nombre de fig. sur bois. *Paris, impr. de Schneider et Langrand,* 1841 ; mar. rouge, encad., fil., large dent. int., tr. dor. (*Petit.*)

2580. **Labyrinthe de Versailles.** *Paris,* 1679 ; in-8, vél. *Fig. de S. Le Clerc.*

Fables par Benserade; exemp. de Ch. Perrault.

2581. **Souvenirs hist. des résidences royales,** par Vatout. *Paris,* 1837 ; 7 vol. in-8, br. *Palais-Royal, Saint-Cloud, Versailles, Fontainebleau, Eu, Compiègne, Amboise.*

2582. **Description historique des châteaux, bourg et forest de Fontainebleau,** par l'abbé Guilbert. *Paris,* 1731 ; 2 vol. in-12, fig., v. br.

2583. **Le palais de Fontainebleau, ses origines, son histoire et son état actuel,** publ. par Champollion-Figeac. *Paris, impr. imp.,* 1866 ; 1 vol. de texte et 1 atlas de grav. in-folio, pap. vél., br.

2584. **Statistique des communes, localités et châteaux du canton de Magny.** *Meulan,* 1836 ; in-8, br.

2585. **Statistique de l'arrondissement de Mantes,** par Ch. Cassan, sous-préfet. *Mantes,* 1833 ; in-8. *Fig.* — Antiquités gauloises et gallo-romaines de Mantes, par le même, 1835 ; fig. — Recherches sur les monnaies, méreaux de Mantes, par Loir, 1859 ; fig., 1 vol. et 2 br. in-8, br.

2586. **L'église Saint-Sulpice de Favières** (entre Étampes et Orléans), par Patrice Salin. *Paris,* 1865 ; gr. in-8, pap. vél., br. *14 planches dont 8 eaux-fortes.*

2587. **Le mystère du siége d'Orléans,** publ. pour la prem. fois d'après le manuscrit du Vatican, par Guessard et de Certain. *Paris, impr. imp.,* 1862 ; in-4, cart.

2588. **Étude sur le mystère du siége d'Orléans et sur J. Millet, auteur présumé de ce mystère,** par Tivier. *Paris,* 1868 ; in-8, br.

Tiré à petit nombre.

2589. Marie Touchet, chronique orléanaise, par Lesguil-
lon. *Paris,* 1833 ; in-8, br.

2590. Les Anagrammes des noms et surnoms des damoi-
selles et dames d'Orléans, par Em. Trippault. *Orléans,*
1867 ; in-8, pap. vél., br.

2591. Description hist. de l'église de Notre-Dame de Chartres, par Gilbert. *Chartres,* 1824 ; in-8, br. *Fig.*

2592. Description de la cathédrale de Chartres, par l'abbé
Bulteau. *Chartres,* 1850 ; in-8, fig., br.

2593. Histoire du château de Blois, par de La Saussaye.
Blois, 1840 ; in-fol. br., 2me éd. augm. *Fig.*
>Envoi d'auteur.

2594. Histoire du château de Blois, par de La Saussaye.
Blois, 1859 ; pet. in-8, fig., br.

2595. Blois et ses environs, illustré de 38 vignettes. *Paris,*
Aubry, 1862 ; pet. in-8, pap. vél., dos de v.

2596. Le château de Chambord, par de La Saussaye. *Lyon,*
Perrin ; pet. in-8, pap. verg. teinté, fig., br.

2597. Le château d'Anet, par le comte de Caraman (Ri-
quet). *Paris,* 1860 ; in-16, gr. pap. vél., br.

2598. Procès-verbal du pillage par les Huguenots, des reliques et joyaux de saint Martin de Tours, en mai et
juin 1562, publ. pour la prem. fois par Grandmaison.
Tours ; in-8, gr. pap. de Holl., br.
>Tiré à 180 exemp.

2599. Lettres historiques des archives communales de la
ville de Tours, de Charles VI à la fin du règne de
Henri IV, publ. par V. Luzarche. *Tours,* 1861, gr. in-8 ;
gr. pap. de Holl., t. br.

2600. Rapport au roi sur la province de Touraine, par Ch.
Colbert de Croissy en 1664, publ. par Ch. de Sourdeval.
Tours, 1863 ; gr. in-8, gr. pap. de Holl. teinté, br.

2601. Compte des receptes et despenses faites à la chas-
tellenie de Chenonceau, par Diane de Poitiers, publié
pour la première fois par l'abbé C. Chevalier. — Pièces

historiques relatives à la chast. de Chenônçeau, sous Louis XII, François Ier, Henry II, Cath. de Médicis, publiées par le même. — *Paris*, 1854. Ens., 2 vol. in-8, pap. verg., br.

2602. Diane de Poitiers au Conseil du Roi, épisode de l'Histoire de Chenônçeau sous François Ier et Henry II, 1535-56, publ. pour la première fois d'après les originaux, par l'abbé C. Chevalier. *Paris*, 1856; in-8, pap. verg., br.

2603. Entrées solennelles dans la ville d'Angoulême dep. François Ier jusqu'à Louis XIV, publ. par Eus. Castaigne. *Angoulême*, 1856; in-8, pap. verg., br.
    Tiré à 100 exempl.

2604. Essai d'une Bibliothèque historique de l'Angoumois où Catal. raisonné des principaux ouvrages qui traitent des différentes branches de cette province, par E. Castaigne. *Angoulême*, 1847. — Six Chansons populaires de l'Angoumois, rec. par le même, 1856. Ens., 2 br. in-8, pap. v., br.

2605. La Bretagne, par Jules Janin, illust. par Bellangé, Gigoux, Gudin, Isabey, etc., etc. *Paris, Bourdin*, gr. in-8, pap. vél., fig. sur bois et costumes en coul., dos et coins mar. viol., fil., dor. en tête.
    1er tirage.

2606. Histoire de la Réunion de la Bretagne à la France, par l'abbé Irail. *Paris*, 1764; 2 vol. in-12, v. m.

2607. La Bretagne du ve au xiie siècle, par Aurélien de Courson. *Paris, imp. Imp.*, 1863; in-4, pap. vél., br. *fac-simile et cartes.*

2608. Notice sur le combat de Saint-Cast, 11 septenbre 1758, par Fr. de la Noue. *Dinan*, 1858; gr. in-8, fig., br.

2609. Histoire de Nantes par Guépin, avec dessins de Hawke et deux plans. *Nantes*, 1839; gr. in-8, fig. sur pap. de Chine, dos et coins v. rose.

2610. Histoire de Nantes, par Guépin, *seconde édit.* illust.
de 80 grav. à l'eau-forte et de deux plans, par Hawke.
Nantes, 1839; gr. in-8, cart., n. rog.

2611. Les Chroniques de Normandie, publ. par Fr. Michel.
Rouen, 1839; pet. in-4, pap. de Holl., front. en coul.,
cart., n. rog.

2612. Histoire de Normandie sous le règne de Guillaume
le Conquérant, par Depping. *Rouen*, 1835; 2 vol. in-8, br.

2613. Histoire de Normandie depuis les temps les plus
reculés jusqu'à la conquête de l'Angleterre en 1066, par
Licquet. *Rouen*, 1835; 2 vol. in-8, br.

2614. Chroniques anglo-normandes, recueil d'extraits et
d'écrits relatifs à l'histoire de la Normandie pendant les
xie et xiie siècles, par Fr. Michel. *Rouen*, 1836; 3 vol.
in-8, br.

2615. Histoire des Conquêtes des Normands en Italie, Sicile et en Grèce, par Gautier d'Arc, 1016-85. *Paris*, 1830;
in-8 et atlas, br.

2616. Les Chevaliers normands en Italie et en Sicile (par
Mme V. de Chasteney). *Paris*, 1816; in-8, br.

2617. Les Écrivains normands au xviie siècle, par Hippeau.
Caen, 1858; in-12, d.-rel., mar. v., n. rog.

2618. Histoire du Parlement de Normandie par Floquet.
Rouen, 1840-42; 7 vol. in-8, br. — Du même; Diaire
ou Journal du voyage de Ch. Séguier en Normandie,
après la sédition des nu-pieds, 1639-40. *Rouen*, 1842;
in-8, fig. br.

2619. Catalogue et armorial des Présidents, Conseillers du
Parlement de Rouen, par S. de Merval. *Evreux, Hérissey*,
1867; in-4, pap. vél. fort, br. *Vign. et fleurons à l'eau-
forte.*

2620. La Seine-Inférieure historique et archéologique,
par l'abbé Cochet, époques gauloise, romaine et franque.
Paris, Deroche, 1866; in-4, br., fig.

2621. Itinéraire de la France, par Vaysse de Villiers Paris à Rouen, le Hàvre, Honfleur, Dieppe. *Paris*, 1830; in-8, dem.-rel., v. fau., cart.

2622. Histoire de la ville de Rouen, par Farin, prieur du Val. *Rouen*, 1738; 2 vol. in-4, fig., v. fauv. *Aux armes du comte de Boulainvilliers.*

2623. Lettres sur la ville de Rouen ou Précis de son histoire, par Alex. Langlois. *Rouen*, 1826; in-8, pap. vél., br.

2624. Siége et Prise de Rouen par les Anglais, (1418-19), par L. Puiseux. *Caen*, 1867; in-8, pap. de Holl., br.
 Tiré à 250 exemp.

2625. Approbation par le Pape Léon X, des statuts et priviléges de la confrérie de l'Immaculée Conception, dite Académie de Palinods. Réimp. goth., par Frère. *Rouen*, 1864; gr. in-8, pap. verg., fig. br.
 Tiré à 50 exemp.

2626. Histoire des Anciennes corporations d'arts et métiers, et des Confréries religieuses de Rouen, par Ouin Lacroix. *Rouen*, 1850; gr. in-8, fig. br.

2627. Notice hist. et descriptive de l'ancien Hôtel de Ville, le Beffroi et la grosse Horloge de Rouen, par de la Quérière. *Rouen* 1864; in-4, br. *Planches.*

2628. Rouen par le vicomte Walsh. *Rouen*, 1835; in-8, br. — Description hist. des maisons de Rouen. *Paris*, 1821; in-8, bas. fil. *21 grav.* — Notice sur l'Ancienne église paroissiale de Rouen, par de la Quérière. *Paris*, 1860; in-8, br. *3 dessins.* — Notice sur l'incendie de la Cathédrale de Rouen, occ. par la foudre en 1822, et sur l'Hist. monumentale de cette église, par Langlois. *Rouen*, 1823; in-8, dem.-rel., ch. v. *6 planches.* — Revue des architectes de la cath. de Rouen, par A. Deville. *Rouen*, 1848; in-8, br.

2629. Eglises de Rouen, description hist. de la cathédrale, par Gilbert, 1826; grav. — Stalles de la cathédrale, par Langlois, 1838; planches. Ens., 2 br. in-8.

2630. Tombeaux de la cathédrale de Rouen, par Deville. *Rouen*, 1833; in-8, br. *10 planches.*

2631. Notice sur l'anc. église paroissiale de Saint-Jean de Rouen, par de la Quérière. *Rouen*, 1860; in-8, br. *Planches.*

2632. Description historique de l'église de Saint-Ouen de Rouen, par Gilbert, ornée de grav. dess. par Langlois. *Rouen*, 1822; gr. in-8, pap. de Holl., cart.

2633. Description historique des maisons de Rouen, les plus remarquables par leur décoration extérieure et leur ancienneté, orné de 21 sujets inédits, dess. et grav. par Langlois. *Paris, Didot*, 1821; in-8, br. — Description historique des maisons de Rouen, par de la Querière, tome II, ornée de 19 pl. *Rouen*, 1841; in-8, br. — Du même, notice sur l'ancien Hôtel de Ville de Rouen, le Beffroy et la grosse Horloge. *Rouen*, 1864; in-4, fig. br.

2634. Mémoire sur la Peinture sur verre et sur quelques vitraux remarq. des églises de Rouen. *Rouen*, 1823; par Langlois; br. in-8, dem.-rel. *5 planches.*

2635. Précis historique sur la statue de Pierre Corneille, par A. Deville. *Rouen*, 1838; in-8, dem.-rel. *Planches nomb.*

2636. Histoire de l'abbaye Royale de Jumiéges, par Deshayes. *Rouen*, 1829; in-8, fig. br.

2637. Histoire du Château et des Sires de Tancarville, par Deville. *Rouen*, 1834; in-8, br.

2638. Les Origines de la ville de Caen et des lieux circonvoisins, par Huet, évêque d'Avranches. *Rouen*, 1702, in-8, gr. pap. rel. en vel.

2639. Caen en 1786, par Ad. Poignant, 1 vol. — La Cloche George d'Amboise par le même. *Paris*, 1841-42; 1 vol. Ens., 2 vol. in-8, br.

2640. Histoire des anciennes villes de France, par Vitet, première série, Haute-Normandie, Dieppe et environ *Paris, Mesnier*, 1833; 2 vol. in-8, fig. br.

2641. La Maison de Henri IV près du Polet, par Feret. *Dieppe*, 1862; in-8, br. *Fig.*

2642. Histoire du château d'Arques, par A. Deville. *Rouen*, 1839; gr. in-8, br. *Planches.*

2643. Essai sur la véritable origine et sur les vicissitudes de la cathédrale de Coutances, par l'abbé Delamare. *Caen*, 1841; in-4, br. *Planches.*

2644. Recherches sur la tapisserie de Bayeux, représ. la conquête de l'Angleterre par les Normands, par l'abbé de la Rue. *Caen*, 1841; gr. in-8, pap. verg., dem.-rel., mar., br., *de la bibl. Ar. Baschet.*

2645. Association de la Confrérie de la bonne mort, établie dans l'église de Saint-Desir de Lisieux, par un bref du Saint-Siége apostolique. *Lisieux*, 1823; br. in-18.

2646. Notice sur la châsse de Saint-Taurin d'Evreux, par le Prévost. *Caen*, 1829; in-4, br. *Planches.*

2647. Histoire géologique, archéologique et pittoresque du Mont-Saint-Michel, par Fulgence Girard. *Avranches*, 1843; in-8, br. — Le Mont-Saint-Michel monumental et hist., par Le Héricher. *Avranches*, 1846; in-8, dem.-rel. Ens., 2 vol.

2648. Histoire pittoresque du Mont-Saint-Michel et de Tombelène, par Max. Raoul, ornée de 14 grav. à l'eau-forte sur Chine, par Boisselet. *Paris*, 1834; in-8, br.

2649. Le Mont-Saint-Michel, par Bouet, illust. de fig. grav. *Paris*, 1851; gr. in-8, br.

2650. Description de la cathédrale d'Amiens, par Gilbert. *Amiens*, 1833; in-8, br., fig.

2651. Histoire ancienne et moderne d'Abbeville et de son arrondissement, par Louandre. *Abbeville*, 1834; 2 vol. in-8, br.

2652. Description de l'église de l'ancienne abbaye royale de Saint-Riquier, en Ponthieu, et de l'église Saint-Vulfran d'Abbeville, par Gilbert. *Amiens*, 1836; in-8, br., fig.

2653. Notices historiques et archéologiques sur l'arrondissement d'Abbeville, par Er. Prarond. *Abbeville*, 1854; 2 vol. in-12, br.

2654. Le Canton de Rue, histoire de 16 communes, par Prarond. *Abbeville*, 1860; in-12, br.

2655. Histoire du palais de Compiègne, chroniques du séjour des souverains dans ce palais, par Pellassy de l'Ousle. *Paris*, 1862; in-folio, pap. vél., fig. grav. et sur bois, br.

2656. Antiquités de Noyon, par Moët de la Forte-Maison. *Rennes*, 1845; in-8, br., pl.

2657. Recueil factice de 34 pièces, la plupart de Sébastien Bottin, secrétaire de la préfecture du département du Nord. — Éloge funèbre de M. Dieudonné, préfet du Nord. — Éloge funèbre de M. de Récicourt de Lille. — Éloge de Barbier du Bocage. — De M. Mettenberg. — Notes sur quelques monuments celtiques du Nord. — Sur les idiomes en patois et autres pièces. — Sur l'archéologie et l'agriculture dans le département du Nord. 1 vol. in-8, br.

2658. Le Siége de Lille en 1792, par Vict. Derode. *Lille*, 1849; gr. in-8, fig., plans, fac-simile, pap. vél., br.
Taché.

2659. Description des fêtes populaires données à Valenciennes les 11, 12 et 13 mai 1851, par la société des Incas, publié, par Art. Dinaux. *Lille*, 1854; gr. in-8 encadré avec nomb. fig. sur acier, pap. vél., dos de mar. v.

2659 bis. Le même ouvrage, gr. in-8, br.

2660. De la Sorcellerie et de la Justice criminelle a Valenciennes xvi⁰ et xvii⁰ siècles, par Th. Louise. *Valenciennes*, 1861; in-8, pap. vel., blason, dos de mar. viol.

2661. Histoire de Jeanne de Constantinople, comtesse de Flandre et de Hainaut, par le Glay. *Lille*, 1841; in-8, br.

2662. Légendes, curiosités et traditions de la Champagne et de la Brie, publiées par Alex. Assier. *Paris*, 1860; in-8, cart., n. rog.

2663. Mémoires historiqnes et critiques pour l'histoire de Troyes, par Grosley, avec une notice sur sa vie, par Si-mon. *Paris*, 1811; 2 vol. in-8, fig., d.-rel.

2664. Essai chronologique sur les mœurs, coutumes et usages anciens les plus remarquables de la Bourgogne. *Dijon*, 1827; in-12, dos de mar. r.

2665. Une province sous Louis XIV, situation de la Bour-gogne de 1661 à 1715, par Alex. Thomas. *Paris*, 1844; in-8, br.

2666. France et Bourgogne, Pontus de Tyard, Sgr. de Bissy, par A. Jeaudet. *Paris*, 1850; in-8, pap. vergé teinté, portr.

2667. Essai hist. sur l'abbaye de Cluny, par Lorrain. *Dijon*, 1839; gr. in-8, pap. vél., d.-rel., pl.

2668. Relation du siége de Metz en 1444, par Charles VII et René d'Anjou, publ. par de Saulcy et Huguenin. *Metz*, 1835; gr. in-8, cartes et plans, d. de mar. bl.

2669. Relation du siége de Metz en 1444, par Charles VII et René d'Anjou, par de Saulcy et Huguenin aîné. *Metz*, 1835; in-8, pap. fil., d.-rel. *Carte et planches.*

On y a joint une carte, description du pays Messin et de ses con-fins, par Ab. Fabert, 1618; in-fol. (bien conservé).

2670. Histoire et description de la cathédrale de Metz, par Bégin. *Metz*, 1843; 2 vol. gr. in-8, fig., [br.

2671. Trois lettres d'Aline de Champé, dame de Vendières, au duc de Lorraine Raoul le Vaillant, (1334-46), et de l'abbaye de Beaupré, sép. ducale. *Nancy*, 1838; br. pap. vél., cart. *fig.*,

Vol. in-16 tiré in-4° à 100 exemp.; imitation des essais de l'art typographique en Lorraine, par P. Jacobi, à Saint-Nicolas-de-Port.

2672. Description nouvelle de la cathédrale de Strasbourg et de sa fameuse tour. *Strasbourg*, 1780; in-12, fig., cart.

2673. Saint-Odile et le Heidemnauer, tradition, monuments et histoire. *Colmar*, 1855, gr. in-8, cart., d.-rel.

2674. Le Comté de Dagsbourg aujourd'hui Dabo (ancienne Alsace), archéologie et histoire par Dugar de Beaulieu. *Paris*, 1858 ; in-8, br.

2675. Les Juifs d'Alsace doivent-ils être admis au droit de citoyens actifs ? 1790, in-8, br., fig.

2676. La Saône et ses bords, publ. par Mure de Pélanne, illustr. par Marville et Foussereau. *Paris ;* gr. in-8. br.

2677. Inscriptions antiques de Lyon, reproduites d'après les monuments, par Alph. de Boissieu. *Lyon, Perrin,* 1846-54 ; gr. in-4, pap. vél., fig., br.

2678. Inventaires des titres réguliers, recueillis par S. Guichenon, précédés de la table du Lugdunum sacro-prophanum de P. Bullioud, suivis de pièces inéd. concernant Lyon. *Lyon, L. Perrin,* 1851 ; in-8, pap. vél., br., fac-simile.

2679. Histoire lamentable contenant au vrai toutes les particularités des cruautés, massacres, assassinats exercés par ceux de la religion romaine contre ceux de la religion réformée, suivie de la juste et sainte défense de la ville de Lyon, publ. par Gonon. *Lyon*, 1848 ; pet. in-12, br.

2680. Response de Pierre La Coignée à une lettre escripte par Jean de la Souche à l'autheur (Duverdier) du discours faict sur la réduction de la ville de Lyon soubs l'obeissance du Roy avec la coppie de la dicte lettre. *Lyon*, 1594 ; broch. gr. in-8, br. *Réimpr.*

2681. L'Accueil de Mme de la Guiche à Lyon en 1698, par P. Mathieu, publ. par P. Allut. *Lyon*, 1861 ; in-8, pap. vergé, br.

Tiré à 100 exemp., par **Perrin**.

2682. Les grands Cordeliers de Lyon depuis leur fondation jusqu'à nos jours, par l'abbé L.-A. Pavy. Les cordeliers de l'observance par le même. !*Lyon*, 1835-36 ; en 1 vol. in-8, d.-rel., fig.

2683. Ainay, son autel, son amphithéâtre, ses martyrs, par de Boissieu, *Lyon, Scheuring,* 1864 ; in-8, pap. vél., cart. planches.

2684. Histoire de l'église de Brou, par J. Baux. *Lyon,* 1854 ; gr. in-8, br., fig.

2685. L'Église de Brou et ses tombeaux, par Dufay, *Lyon,* 1867 ; in-12, fig., br.

2686. Guide historique et pittoresque du voyageur de Lyon à Seyssel, promenade dans l'Ain par un Dauphinois. *Lyon,* 1858 ; in-8, fig., br.

2687. Voyage à Chambéry, par Vincent Campenon. *Grenoble,* 1795 ; br. in-8.
> Envoi autog.

2688. Histoire de Savoie depuis les Romains jusqu'à nos jours, par Cl. Genoux. *Annecy,* 1852 ; in-12, br.
> Avec une dédicace aut. sig. en vers de l'auteur à sa femme, Augustine Loppel.

2689. L'Embrasement du pont du Rhône à Genève, arrivé le 18 janvier 1670, et décrit par V. M. G. *Genève pour Ant et S. de Tournes,* in-12, pap. verg., fig., br. (*Réimp. à 150 exemp.*)

2660. Essai historique sur l'abbaye de Saint-Bernard et sur la ville de Romans, par M. Giraud, ancien député. *Lyon, Louis Perrin,* 1862, 2 vol. in-8, pap. vél., br., pl., et fac-similé.
> 1re partie de l'essai et cartulaire de Romans annoté.

2691. Mémoires pour servir à l'Histoire de l'abbaye royale de saint André-le-Haut de Vienne, par Cl. Charvet. publ. par Allut. *Lyon, Scheuring,* 1868 ; in-8, blasons, pap. vergé teinté, br.

2692. La Grande Chartreuse, par Dubois. *Grenoble,* 1845 ; in-8, br.

2693. Les d'urfé, souvenirs historiques et littéraires du Forez aux XVIe et XVIIe siècle, avec fac-simile, par Aug. Bernard. *Paris, impr. Royale,* 1839 ; gr. in-8, pap. verg., br.

2694. Alesia (7ᵉ camp. de J. César), débats suivis de notes inéd. par Em. Desjardins. *Paris*, 1859; in-8, br.

2695. Description de l'église patriarcale de Bourges, par Ramelot. *Bourges*, 1824; in-8, d.-rel., v. fau.

2696. Histoire politique, religieuse et littéraire du midi de la France, par Mary Lafon. *Paris*, 1855; 4 vol. in-8, cart., br.

2697. Prosper Mérimée. — Notes d'un voyage dans l'ouest de la France. *Paris*, 1836; fig. — Dans le midi de la France, 1835; fig. — En Auvergne, 1838. — En Corse. *Paris*, 1840. Ens., 4 vol. in-8, br.

2698. Lettres sur Nîmes et le Midi, par J. Perrot, antiquaire, *Nîmes*, 1840; 2 vol. in-8, br., fig.

2699. Explication des cérémonies de la Fête-Dieu d'Aix, en Provence, ornée de fig., par Paul et Gasp. Grégoire. *Aix,* 1777; in-12, rel. en vél., n. rog.

2700. Histoire de l'ancienne cathédrale et des évêques d'Alby, par Eugène d'Auriac. *Paris, impr. Impér,* 1858; in-8, br.

2701. Les Antiquités de Castres, de Mᵉ Pierre Borel, publ. par Ch. Pradel. *Paris*, 1868; pap. de Holl., tiré à 200 exemp., pet. in-8, br.

2702. Le doulx et gracieux traitement des partisans du roy de Navarre, à l'endroit des catholiques, c'est-à-dire le cruel assassinat commis par iceux en la ville d'Aubenas. *Paris,* 1593; in-8, pap. de Holl. *Arras, de l'imp. de Rousseau.*

    Tiré à petit nombre.

2703. Recueil de pièces historiques relatives aux guerres de religion de Toulouse. *Paris*, 1862; pet. in-8, pap. vél., br., tiré à 126 exemp. — Histoire véritable de ce qui s'est passé à Tholose en la mort du président Duranti. *Toulouse*, 1861; pet. in-8, pap. verg., br.

2704. Description du château de Pau, par Saget. *Paris,* 1838; in-8, br., pl.

Histoire des Pays étrangers.

2705. La Belgique illustrée par les sciences, les arts et les lettres, par Oct. Delepierre. *Bruxelles*, 1840; in-8, pap. vél., dos de mar. rou., fil. gauff., tr. dor.

2706. Les Pays-Bas avant et durant la domination romaine, par A.-G. Schayes. *Bruxelles*, 1837; 2 vol. in-8, broché.

2707. Le Livre de Baudoyn, conte de Flandre, suivi du roman de Trasignyès, publ. par Serrure et Voisin. *Bruxelles*, 1836; gr. in-8, d.-rel., m. vert, fig. *Ex. Pieters*.

2708. Chronique rimée de Philippe Mouskes, publ. par le baron de Reiffenberg. *Bruxelles*, 1836; 2 forts vol. in-4, pap. vél., cart., fig.

2709. Chronique des faits et gestes admirables de Maximilien Ier, durant son mariage avec Marie de Bourgogne, par Oct. Delepierre. *Bruxelles*, 1839; in-8, pap. vél., fig., v. bl., encad., fil., tr. dor.

2710. Legendes flamandes, par de Coster. *Bruxelles*, 1861; in-8, br. *Eaux-fortes*.

2711. Collection des Mémoires relatifs à la Révolution d'Angleterre, publ. par Guizot. *Paris*, 1827; 25 vol. in-8, cart., n. rog.

2712. Histoire des Anglo-Saxons, par sir Fr. Belgrave, trad. par Al. Liquet. *Rouen*, 1836; in-8, fig., br.

2713. Histoire du Parlement anglais, de 1234 à l'an VII, par Louis Bonaparte (roi de Hollande), avec des Notes sur Napoléon Ier. *Paris*, 1820; in-8, d.-rel.
Un peu mouillé.

2714. Histoire de Marie-Stuart, reine d'Ecosse et de France. *Londres*, 1742; 2 vol. in-12, port. gr. par Fossard, v. br.

— De Maria-Stuarta , auct. Cheruel Rotomagi, 1849;
in-8, br. — Histoire de Marie Stuart, par Dargaud. *Paris*,
1859; in-12, br. — Notice sur Marie-Stuart, par M. de
Ségur.

2715. Recherches hist. et crit. sur les preuves de l'accusation intentée contre Marie-Stuart, par W. Tytler. *Paris*,
1860; in-8, br.

> Avec envoi d'auteur.

2716. Les six Femmes de Henri VIII, Scènes historiques,
par M. Empis, *Paris, Art. Bertrand* 2 vol. in-8, br.

2717. Essai sur les causes qui, en 1649, amenèrent en Angleterre l'établissement de la République, par Boulay de
la Meurthe. *Paris*, an VII; in-8, br.

2718. Histoire entière et véritable du procez de Charles
Stuart, roy d'Angleterre, et la façon en laquelle il a été
mis à mort au mois de janvier 1648. *Londres*, 1650; pet.
in-8, cart.

2719. Recueil de pièces curieuses qui regardent le gouvernement du royaume d'Angleterre, avec l'abdication
de Victor Amédée, roy de Sardaigne. *La Haye*, 1734;
pet. in-12, d.-rel., n. rog.

2720. Histoire de Charles-Edouard, dernier prince de la
maison de Stuart, avec une histoire de la rivalité de
l'Angleterre et de l'Ecosse, par Am. Pichot. *Paris*, 1845-
46; 2 vol. in-8, br.

2721. Lord Macaulay, ses Essais, son Histoire d'Angleterre, par X. Lancon. *Lyon, Scheuring*, 1861; in-8, pap.
vél., br. *Portrait*.

2722. Thomas Morus, lord chancelier d'Angleterre au
xvi⁰ siècle (attrib. à la princesse de Craon). *Paris*, 1833;
2 vol. in-8, br.

2723. L'Angleterre, vue à Londres et dans ses provinces,
par le maréchal Pillet. *Paris*, 1855; in-8, cart., n. rog.
— Souvenirs de Londres en 1814 et 1816, suivis de la
description de cette ville avec 12 pl. et un pl. *Paris, Crapelet*, 1817; pap. vél., dos et coins v. v.

2724. Promenades dans Londres, par Mme Flora Tristan. *Paris*, 1840; in-8, br. — Mémoires et pérégrinations d'une Paria, 1833-1834, par la même. *Paris*, 1838; 2 vol. in-8, br.

2725. Etudes sur l'Allemagne, par Al. Michiels. *Bruxelles*, 1845; 2 vol. in-8, br.

2726. Notices politiques et littéraires sur l'Allemagne, par Saint-Marc Girardin. *Paris*, 1835; in-8, br.

2727. Histoire de Joseph II, empereur d'Allemagne, par Paganel. *Paris*, 1843; in-8, pap. vél., br.

2728. Lettres sur la Silésie, écrites en 1800 et 1801, par Quincy Adams, trad. par Dupuy. *Paris*, 1807; in-8, d.-rel., v. fau. *Carte.*

2729. Histoire des Bohémiens, par Grellmann. *Paris*, 1810; in-8, br.

2730. Histoire de Scanderbeg, ou Turck et Chrétiens au xve siècle, par Cam. Paganel. *Paris*, 1855; in-8, pap. vél., br.

2731. La Cour de Russie il y a cent ans, 1725-83; extr. des dépêches des ambassadeurs anglais et français. *Berlin*, 1860; in-8, br.

2732. Histoire de la Scandinavie, Danemarck, Suède et Norwége, par X. Marmier. *Paris, Art. Bertrand;* gr. in-8, pap. vél., br.

2733. Histoire de la Renaissance de la liberté en Italie, par Simonde de Sismondi. *Paris.* 1832; 2 vol. in-8, br.

2734. Le Comte de Cavour, Récits et souvenirs, par de la Rive. In-8. — Œuvres parlementaires du comte de Cavour, trad. par Artone et Alb. Blanc. *Paris*, 1862; ens. 2 vol. in-8, br.

2735. Florence et ses Vicissitudes, 1515-1790, par Delécluze. *Paris, Gosselin*, 1837; 2 vol. in-8, port. et cart., br.

2736. Histoire de la République de Venise, par B. Nani, trad. par l'abbé Tallemant. *A la Sphère. Cologne, P. Mar-*

teau (*Elzévir*), 1682; 4 tom. en 2 vol. in-12, nomb. port. grav. sur acier, v., br.

> La fin du tom. 2° est piq.

2737. Histoire de la République de Venise sous Manin, par An. de la Forge. *Paris, impr. Lahure*; 2 vol. in-8, br.

2738. Les Archives de la République de Venise, par Ar. Baschet. *Paris*, 1857; gr. in-8, pap. vél., br.

2739. Le Sac de Rome, écrit en 1527, par Jacq. Bonaparte, trad. par Napoléon-Louis Bonaparte. *Florence*, 1850; in-8, fig., pap. vél., br.

> On y a ajouté 2 grav. anc.

2740. Lettres sur l'Italie, Souvenirs du 8 décembre 1854 à Rome, par Le Mire. *Lyon, L. Perrin*; in-8, pap. vél., br. *Port. de Pie IX en prière.*

2741. Rome souterraine, par Ch. Didier. *Paris*, 1833; 2 vol. in-8, d.-rel., n. rog.

> 1re édition.

2742. Recherches sur les habitans primitifs de l'Espagne, à l'aide de la langue basque, par Guill. Humboldt, trad. de l'allemand, par A. Marrast. *Paris*, 1866; gr. in-8, br.

2743. Essai sur l'histoire des Arabes et des Mores d'Espagne, par L. Viardot. *Paris*, 1833; 2 vol. in-8, br.

2744. Etudes sur l'Espagne, par Viardot, 1835. — Scènes de mœurs arabes. — Espagne au x° siècle, par le même, 1834. Ens. 2 vol. in-8, br.

2745. Les Actions héroïques et plaisantes de l'empereur Charles V avec figures, suivies des actions et paroles mémorables de Philippe second, roy d'Espagne. *Bruxelles*, s. d.; in-12, vél., n. rog.

2746. Commentaires de Charles-Quint, publ. pour la prem. fois par le baron Kervyn de Lettenhove. *Bruxelles*, 1862; in-8, pap. vél. fort., br.

2747. Histoire du Portugal, par Jérosme Osorius. *Paris, Rob. le Mangnier*, 1581; un tom. en 2 vol., in-12, v. f.

2748. Essai sur l'histoire et la géographie de la Palestine, première partie contenant l'Histoire de la Palestine jusqu'à Adrien, par Derenbourg. *Paris*, *imp. imp.*; in-8, pap. vél., br.

2749. Précis de l'histoire de l'Indoustan, par Pasquier, anc. mag., à Pondichéry. *Paris*, 1843; in-8, d.-rel., v. bl. — Orig. de la puissance des Sikhs dans le Penjab, par Prinsep. *Paris*, 1836; in-8, br. *Port. de Randjit Sing et du général Allard.*

2750. Notice sur la régence de Tunis, par H. Dunant. *Genève*, 1858; gr. in-8 de 265 p., pap. vél. fort, br.
N'a pas été mis dans le commerce.

2751. Lettres sur l'Amérique du Nord, par Michel Chevalier. *Paris*, 1826; 2 vol. — Essais de politique industrielle, par le même. *Paris*, 1843; in-8. Ens. 3 vol. br.

2752. De la Démocratie en Amérique, par Al. de Toqueville. *Paris*, *Gosselin*, 1836-1840; 4 vol. in-12, br.

2753. La Nouvelle Amérique, par Hepworth Dixon, trad. de l'anglais par Philarète Chasles. *Paris*, 1869; in-8, br.

2754. Histoire des Aventuriers flibustiers qui se sont signalés dans les Indes, par OExmelin. *Lyon*, 1774; 4 tom. en 2 vol. in-12, rel. en parch.

Histoire de la Chevalerie et de la Noblesse.

2755. Histoire de tous les Ordres militaires ou de chevalerie, grav. par Schoonebeek, 115 pl. et nomb. fig. de blason. *Amst.*, 1699; 2 vol. in-12, v. m., tr. dor.

2756. Histoire de la Chevalerie française, depuis la fondation de la monarchie jusqu'à nos jours, par Gassier. *Paris*, 1814; in-8, fig., br. — Dissertation sur l'origine de la Chevalerie, par H. Guys, br. in-8.

2757. Mémoires sur l'ancienne Chevalerie, par la Curne de Sainte-Palaye, avec notes par Nodier. *Paris*, 1826; 2 vol. in-8, d.-rel., v. viol. *Fig. col.*

2758. Recherches hist. sur les Croisades et les Templiers, par le chev. Jacob. *Paris*, 1828; in-8, br., fig.

2759. Histoire des chevaliers Templiers, suivie de l'Histoire des Ordres du Christ et de Montesa, par El. de Montagnac. *Paris*, 1844; in-12, fig., br., pap. vél. fort.

2760. Histoire de l'abolition de l'Ordre des Templiers. *Paris*, 1779; pet. in-8, br.

2761. Monuments historiques, relatifs à la condamnation des Chevaliers du Temple et à l'abolition de leur ordre, par Raynouard. *Paris*, 1813; in-8, bas. rac.

2762. L'Ordre de Malte, ses grands maîtres et ses chevaliers, par de Saint-Allais. *Paris*, 1839; in-8, cart. *76 blasons.*

2763. Précis historique des Ordres religieux et militaires de Saint-Lazare et de Saint-Maurice, par Sibrario, trad. par Humbert Ferrand. *Lyon, Perrin*, 1860; pet. in-8, pap. verg. teinté, fig. col., br.

2764. Monacologie, illustrée de fig. sur bois. *Paris, Paulin*, 1844; in-8, all., pap. vél., br.

2765. Dissertation sur les Duels et sur les Ordres de chevalerie, par Basnage. *Amst.*, 1720; in-8, rel. en vel., n. rog.

2766. Histoire critique de la Noblesse, par Dulaure. *Paris*, 1790; in-8, br.

2767. Les Nobles et les Vilains du temps passé ou Recherches sur la noblesse et les usurpations nobiliaires, par Chassant. *Paris, Aubry*, 1857; pet. in-8, pap. verg., fig., dos et coins mar. rou., n. rog.

2768. Nobiliana, curiosités nobiliaires et héraldiques, par Al. Chassant. *Paris*, 1858; pet. in-8, pap. verg., blasons, dos et coins mar. rouge, fil., n. rog.

2769. De l'ancienne France, contenant : l'origine de la royauté, de la noblesse, des armes et armoiries, par M. de Saint-Allais. *Paris*, 1833; 2 vol. in-8, cart., n. rog.

2770. Les Princes militaires de la Maison de France, avec l'Histoire généalogique et héraldique des diverses branches de la dynastie capétienne, par Am. Renée. *Paris, Amyot; s. d.;* gr. in-8, blasons, br.

2771. Cérémonies des gages de Batailles, selon les constitutions du bon roi Philippe de France, publ. d'après les manuscrits de la bibl. du roi, par Crapelet. *Paris, 1830;* gr. in-8, pap. vél., br. *11 figures.*

2772. Le Pas d'armes de la Bergère, maintenu au tournoi de Tarascon, avec un Précis de la Chevalerie et des Tournois, publ. par Crapelet. *Paris, 1828;* gr. in-8, front. en coul., pap. vél. fort., cart., n. rog.

2773. Le Pas d'armes de la Bergère, maintenu au tournoi de Tarascon, publié d'après le manuscrit de la bibliothèque du roi, par Crapelet. *Paris, 1835;* in-8, pap. vél., br. *Fig.*

2774. Galeries historiques de Versailles, tome 6, en 2 part. contenant les blasons. *Le texte est attribué au roi* LOUIS-PHILIPPE. *Paris, 1840;* 2 vol. in-8, gr. pap. vél., br.

2775. Versailles, salle des Croisades. *Paris, Gavard;* 2 parties en 1 vol. in-fol., d.-rel., ch. viol., tr. dor. *695 blasons col., portraits nombreux.*

2776. Gauvain Quieret, seigneur de Dreuil, et sa Famille, par R. de Belleval. *Paris, 1866;* in-8, br. — Jean de Bailleul, roi d'Écosse et sire de Bailleul-en-Vimeu, par le même. 1866; in-8, br.

2777. Tableau des militaires et des nobles (réfugiés), appartenant aux Colonies françaises, des États du Roi depuis l'époque du refuge; par Erman. *Berlin, 1799;* in-8, pap. fil., d.-rel. dos et c. v. gris., tr. m. (tome 9, de l'ouvrage).

2778. Titre de Baron de l'empire, accordé à M. Avy Antoine-Sylvan, 9 janvier 1810, *sur parchemin,* signé Napoléon, Cambacérès; in-fol. *Armes.*

Déchirure qui n'emporte rien au coin gauche.

2779. Album de Blason des Archives généalogiques et historiques de la noblesse de France. *Paris, Leclère;* in-8, sur pap. teinté, br.

2780. Les Armoiries des corporations d'arts et métiers d'Evreux et des villes d'alentour, publ. par Raymond Bordeaux. *Evreux,* 1864; in-16, pap. verg., fig. de blasons grav., br.

2781. Le véritable art du Blason ou l'Usage des Armoiries, avec les recherches du Blason, par le P. Menestrier. *Paris,* 1673; 2 vol. in-12, fig. de blason, cart.

2782. Le Blason des couleurs en armes, livrées et devises, par Sicile, hérault d'Alphonse V, roy d'Aragon, publ. par Cocheris. *Paris, Aubry,* 1860; pet. in-8, fig., blasons col., pap. verg., br.

> Tiré à 350 exemp.

Archéologie. — Monuments, Médailles et Monnaies, Usages, Costumes, etc.

2783. Annales archéologiques, publ. par Didron aîné. *Paris,* 1844-59; tom. 1 à 9, in-4, br.

> Bonne conservation.

2784. Résumé complet d'Archéologie, par Champollion-Figeac. *Paris,* 1825; 2 vol. in-32, fig., br.

2785. Manuel d'Archéologie pratique, par l'abbé Pierret. *Paris,* 1864; in-8, br.

2786. Mélanges d'Archéologie, par Séb. Bottin. *Paris,* 1831; in-8, fig., br.

> Avec envoi d'auteur.

2787. Recherches sur les Monuments que l'on peut attribuer aux six premières dynasties de Manéthon, par de Rougé. *Paris, imp. Imp.,* 1866; in-4, br. *Planches*

2788. La Statue vocale de Memnon, par Letronne. *Paris, imp. Roy.,* 1833; in-4, fig., br.

2789. Habitations lacustres des temps anciens et modernes, par Fr. Troyon, avec 17 planches repr. 380 fig. *Lausanne*, 1860; in-8, br.

2790. Notices archéologiques ou Description raisonnée de quelques monuments de haute antiquité, du moyen âge et de la Renaissance, par Hagemans. *Liége*, 1855; in-8, br. *5 planches*

2791. Recueil de lettres de M. Winckelmann sur Herculanum Pompéi, etc. *Paris*, 1784. — Recueil de différentes pièces sur les arts, par le même. *Paris*, 1786; 2 tom. en 1 vol. in-8, pap. de Holl., d.-rel.

2792. Rapport verbal fait au Conseil de la Société d'Archéologie sur divers monuments, par M. de Caumont. *Paris*, 1856 et 1860; 2 vol. in-8, nomb. fig. en bois, br. — Rapport verbal sur plusieurs excursions en France, en Hollande et en Allemagne, 1854; in-8, nomb. fig., dos de mar.

2793. Nouveau Manuel de Numismatique ancienne et moderne, par Barthélemy. *Paris, Roret, s. d.;* 2 vol. in-18, br. et 2 atlas obl.

2794. Lettre à M. le duc de Luynes sur les graveurs des monnaies grecques et romaines, par Raoul Rochette. *Paris,* 1831; in-4, br. *4 planches.*

2795. Recherches sur la Monnaie romaine depuis son origine jusqu'à la mort d'Auguste, par P. Bourlier, baron d'Ailly. *Lyon, Scheuring,* 1864; le tome 1er et la 1re part. du 2e vol. in-4, pap. de Holl., nombr. fig., cart., n. rog.

2796. Considérations générales sur l'évaluation des monnaies grecques et romaines et sur la valeur de l'or et de l'argent avant la découverte de l'Amérique, par Letronne. *Paris, Didot,* 1817; in-4, br.

2797. Monnaies inconnues des Évêques, des Innocents, des Fous et de quelques autres associations singulières du même temps, décrites par M. J.-R. d'Amiens. *Paris,* 1837; in-8, br. *Nomb. fig. de médailles.*

2798. Notice sur les plombs historiés trouvés dans la Seine et recueillis par Art. Forgeais. *Paris*, 1858; gr. in-8, pap. vél., fig., cart., n. rog. — Du même auteur : Collection de plombs historiés trouvés dans la Seine, divisés en cinq séries. *Paris*, 1862-66; 5 vol. in-8, 200 gr. en bois, pap. vél., br.

2799. Les Abus dans les Cérémonies et dans les Mœurs, par (Dulaurent). *Paris*, 1788; in-12, br.

2800. Cérémonies nuptiales des peuples anciens et modernes, par Laumier. *Paris*, 1829; in-18, br.

2801. Cérémonies funèbres de toutes les nations, par Muret. (*A la Sphère*), *Paris*, 1679 ; in-16, mar. viol., fil., tr. dor., rel. de *Thouvenin*.
    Exemp. de Pixérécourt.

2802. Essai sur les Momies, histoire sacrée de l'Égypte, par Passot, antiquaire. *Nîmes*, 1844 ; in-8, br. *Fig.*

2803. Lettre de Brutus sur les chars anciens et modernes (par Delisle de Salles). *Londres*, 1771 ; in-8, br.
    Édit. orig.

2804. Histoire du Calendrier romain qui contient son origine et les divers changements qui lui sont arrivés, par Blondel. *Paris*, 1682; pet. in-4, mar. rouge, *aux armes du roy de France*, anc. rel.
    Quelques racc. au titre.

2805. Essai sur l'éclairage chez les Romains, suivi d'une note au sujet d'une lampe antique trouvée à Grand (Vosges), par Loriquet. *Reims*, 1853; in-8, fig., br.

2806. De l'origine de la signature et de son emploi au moyen âge, par Guigne. *Paris*, 1863; in-8, fig., pap. verg., br.

2807. Recherches historiques sur les enseignes des maisons particulières, suivies de quelques inscriptions murales prises en divers lieux, par de la Quérière. *Paris*, 1852; in-8, br. *27 dessins.*

2808. Essai sur les girouettes, épis, crêtes et autres déco-
rations des anc. combles et pignons, par de la Quérière.
Paris, 1846 ; in-8, br. *Planches*.

2809. Traités des festins, par Muret. *Paris, Guill. Desprez,*
1682; in-12, v. br.

2810. Traitez singuliers et nouveaux contre le paganisme
du Roy-boit, par J. Deslyons. *Paris,* 1670 ; in-12, v. br.

2811. Mémoires pour servir à l'Histoire de la fête des fous,
par M. du Tilliot. *Lausanne,* 1741 ; in-4; pap. de Holl.,
avec 12 pl. gr., v. br.

2812. Récréations historiques, critiques et morales, avec
l'Histoire des fous en titre d'office, par M. D. D. A. *Paris,* 1767 ; 2 vol. in-12, rel. en vél.

2812 bis. — Le même ouvrage, v. m.

2813. Histoire de la chaussure, de la cordonnerie et des
cordonniers célèbres de l'antiquité, par Ch. Vincent.
Paris, 1861 ; in-8, fig., br.

2814. Mémoires pour servir à l'Histoire de la Barbe (par
don Aug. Fangé). *Liége,* 1774; in-8, v. m.

2815. Théorie de l'élégance, par Eug. Chapus. *Paris,*
1844 ; in-8, br. — Les Secrets de nos pères pour conser-
ver la beauté. *Paris,* 1858 ; in-32, br. — L'art de relever
sa robe, par Lyonnell. *Paris,* 1862; in-18, br.; pap. vél.

2816. Études pour servir à l'Histoire des châles, par Rey.
Paris, 1823; in-8, br.
Une déchirure au bas du titre.

2817. Histoire de la Crinoline au temps passé, par Al. de
la Fizelière, suivie de la Satyre sur les cerceaux, pa-
niers, etc., par le Ch. de Nisard. *Paris, Aubry,* 1859;
in-12; pap. vél., fig., cart., n. rog.

Biographies françaises et étrangères.

2818. Biographie portative universelle, par Lalanne, Re-
nier, etc. *Paris,* 1853 ; gr. in-12, dos de m. n., n. rog.

2819. L'Europe illustre, contenant l'Histoire des souverains, princes, prélats, grands capitaines, etc., célèbres
en Europe dans le xve siècle jusqu'à présent, par Dreux
du Radier, avec de nomb. port. grav. sous la direction
de M. Odieuvre, par Audran, Lépicié, Fessard, Fiquet,
Will. *Paris*, 1777; 6 vol. gr. in-8, front. d'Eisen, pap.
fort de Holl., veau marb., fil., tr. dor.

2820. Dictionnaire universel des contemporains, par Vape-
reau. *Paris, Hachette*, 1858; gr. in-8, cart. en t.

2821. — Le même ouvrage, 2e édit. 1861, avec le suppl. de
1863, gr. in-8, cart.

2822. — Le même ouvrage, 3e édit. *Paris*, 1865; gr. in-8,
bro.

2823. Essais de biographie et de critique, W. H. Prescott.
Bruxelles, 1863; 2 vol. in-8, br.

2824. La Légende dorée, par Jac. de Voragine. *Paris*, 1854;
2 vol. in-12, br.

2825. Vie du pape Grégoire le Grand, légende française
publ. par M. Luzarche. *Tours*, 1857; in-12, pap. de Holl.,
bro.

2826. La Vie du P. Abeillard, abbé de Saint-Gildas et celle
d'Héloïse, son épouse. *Paris*, 1728; 2 vol. in-12, v. br.

2827. Abeilard et Héloïse, avec un aperçu du xiie siècle et
une vue de Paris tel qu'il était alors, par Turlot. *Paris*,
1822; in-8, fig., br.

2828. Abélard, par Ch. de Rémusat. *Paris, Ladrange*, 1845;
2 vol. in-8, pap. v., dem.-rel. non rog.

2829. Abailard et Héloïse, essai historique, par Mme Guizot, suivi des lettres d'Abailard et d'Héloïse, trad. par
Oddoul, édit. illust. par Gigoux. *Paris, Didier*, 1853;
gr. in-8, pap. vél., fig. sur chine, dos de mar. bl., fil.,
dor. en tête.

2830. Gerbert, étude historique sur le xe siècle, par l'abbé
Lausser. *Aurillac*, 1866; in-8, pap. vél., br.

2831. Essai sur la vie de Jean Gerson, par L'Écuy. *Paris,* 1832; 2 vol. in-8, port., br.

2832. Histoire de Réné d'Anjou, roi de Naples, duc de Lorraine et comte de Provence, 1408 à 1481, par Villeneuve Bargemont, ornée de portraits, vues et fac-simile. *Paris, Blaise,* 1825; 3 vol. in-8, br.

2833. Mémoires de Marguerite de Valois, reine de France et de Navarre. *Lahaye, Ad. Moetjens,* 1715; 2 part. en 1 vol. in-12, port., v. m.

2834. La princesse des Ursins, essai sur sa vie, par Fr. Combes. *Paris,* 1858; in-8, br. — Lettres inédites de Mmes des Ursins et Maintenon, etc., publ. par Hippeau. *Caen,* 1862; in-8, br.

2835. Notice historique sur la vie et les OEuvres de Jacq. Le Sieur, poëte normand du XVIe siècle, publ. par Jolimont. *Moulins,* 1847; gr. in-8, fig., cart., n. rog.

2836. Mémoires de Daniel Huet, évêque d'Avranches, trad. par Ch. Nisard. *Paris,* 1853; in-8, br.

2837. Mémoires de Michel de Marolles, abbé de Villeloin. *Amst.,* 1755; 3 vol. in-12, v. m. *(Cachet.)*

2838. Vie de très-haulte et puissante dame Loyse de Savoye, religieuse au couvent de Mme Saincte-Claire, escripte en 1507 et publ. par l'abbé Jeanneret. *Genève,* 1860; gr. in-8, fig., br.

> Tiré à petit nombre.

2839. Rapin-Thoyras, sa famille et ses œuvres, Étude historique suivie de généalogies, par Raoul de Cazenove. *Paris, Aubry,* 1866; in-4, pap. verg. teinté, port. fac-simile et blasons, br.

2840. Mémoires historiques sur la vie de M. Suard, sur ses écrits et sur le XVIIIe siècle, par Garat. *Paris,* 1820; 2 vol. in-8, br.

2841. Madame de Montmorency, par Am. Renée. *Paris,* 1858; in-8, br.

> Deuxième édition, augmentée.

2842. Nouvelles Recherches historiques sur la vie et les ouvrages du chancelier de l'Hospital, par Taillandier. *Paris, Didot,* 1861. — Harangues du ch. Michel de l'Hospital, avec une notice par Dupin aîné. *Paris,* 1829. Ensemble, 2 vol. gr. in-8, br.

2843. Mémoires du président Hénault, écrits par lui-même et publ. par le baron de Vigan. *Paris,* 1855; in-8, br.

2844. Histoire de Mme de Sévigné, de sa famille et de ses amis, par Aubenas. *Paris,* 1842; in-8.

2845. Mémoires touchant la vie et les écrits de Marie Rabutin Chantal, marquise de Sévigné, par MM. de Walckener et Aubenas. *Paris, Didot,* 1852-65; 6 vol. in-12, bro.

2846. Relation de la vie de Salvaing de Boissieu (en Dauphiné), par A. de Terrebasse. *Lyon, L. Perrin,* 1850; in-8, br.

2847. Étude biographique et bibliographique sur Symphorien Champier, par Allut. *Lyon, Scheuring,* 1859; in-8, pap. vergé teinté, fig., cart., n. rog.

2848. Mémoires du comte de Grammont, par Ant. Hamilton, et enrichis de 64 port. grav. *Londres,* 1811; 2 vol. in-8, pap. vél., veau, cor. fil., rel. angl.

2849. Mémoires du comte de Grammont, par Ant. Hamilton, édit. ornée de 72 port. grav. *Londres,* s. d.; in-4, pap. vél., mar. vert, encadr., tr. dor.

2850. La vie de M. l'abbé de Choisy. *Genève,* 1748; in-8, v. marb.

2851. Segrais, sa vie et ses œuvres, par Bredif. *Paris,* 1863; in-8, br.

2852. La vie de Voltaire (par l'abbé Duvernet). *Genève,* 1786; portr., in-8, v. ant., fil. — Voltariana ou Éloges amphigouriques de Fr.-Marie Arrouet. *Paris,* 1748; in-8, v. br.

2853. J.-J. Rousseau, ses amis et ses ennemis, par M. de Sainte-Beuve. *Paris,* 1865; 2 vol. in-8, br.

2854. Mémoires historiques et philosophiques sur la vie et les ouvrages de Diderot, par Naigeon. *Paris, Brière*, 1821; in-8, br.

2855. Vie privée du cardinal Dubois. *Londres*, 1789; in-8, port., v. m.

2856. La vie militaire, politique et privée de demoiselle d'Eon de Beaumont, par M. de la Fortelle. *Paris*, 1779; in-8, front. gr., v. m.

2857. Mémoires de Mme d'Epinay, avec des additions, par P. Boiteau. *Paris*, 1863; 2 vol. in-8, br. — Anecdotes inédites pour faire suite aux mémoires de Mme d'Epinay. *Paris*, 1818; in-8, dos de v. f.

2858. Mémoires du marquis de Pomponne, publ. par Mavidal. *Paris*, 1860; in-8, br.

2859. Vie privée, politique et littéraire de Beaumarchais, suivie d'anecdotes, bons mots, réparties, etc. *Paris*, 1802; in-12, port., pap. verg., dos de mar. r. n. rog.

2860. Les Souvenirs de Mme de Caylus. *Paris, Renouard*, 1806; pap. verg., port., br.

2861. Souvenirs de Mme de Caylus, avec une introduction, par Ch. Asselineau. *Paris*, 1860; in-12, port., br.

2862. Les Souvenirs du comte de Caylus, pour faire suite à ceux de Mme de Caylus, sa mère. *Paris*, 1805; in-8, bas.

2863. Petrus Borel, le Lycantrope, sa Vie, ses écrits, et publ. par J. Claretie. *Paris*, 1865; pet. in-8, fig., br.

2864. Etude sur la personne et les écrits de Ducis, par On. Leroy. *Paris*, 1836; in-8, br., *ouvr. couronné*. — Essais de Mémoires sur la vie et les écrits de Ducis, par Campenon. *Paris*, 1824; in-8, br., fig.

2865. Notice sur Daunou, par Guérard, suivie d'une notice sur Guérard, par N. de Wailly. *Paris*, 1855; in-8, br.

2866. M. Etienne, essai Biographique et Littéraire, par Léon Thiessé. *Paris, Didot*, 1853; in-8, pap. vél., port. br.
Envoi d'auteur.

2867. Mémoires du comte Beugnot, ancien ministre (1783-1815) publ. par Alb. Beugnot. *Paris*, 1866; 2 vol. in-8, br.

2868. Collection de Biographie contenant : Biographie des acteurs et actrices des théâtres de Paris, 1826. — B. des chansonniers et vaudevillistes, 1826. — B. des publicistes, journalistes, libraires, etc., 1826. — B. des quarante de l'Académie française. — B. des usurpateurs. — B. des dames de la Cour et du faubourg Saint-Germain. — B. des cardinaux-archevêques. — B. des ministres pendus et à pendre. — B. des Dames de la Cour du L.-P.; imp. sur pap. vél. Ensemble, 10 vol. in-32, br.

2869. Béranger et son temps, par Jules Janin. *Paris*, 1866; in-12, pap. vergé, portr., br.

2870. Nouveau Dictionnaire des Girouettes. *Paris*, 1832. — Aujourd'hui Blanc, demain noir, Biographies politiques de nos hommes de circonstances, Girouettes, Pantins, Sauteurs. *Paris*, 1845. Ensemble, 2 vol. in-12, br.

2871. Victor Hugo, raconté par un témoin de sa vie. *Paris*, 1863; 2 vol. in-8, pap. vél., br.

2872. Mes mémoires (1826-1839), par le comte d'Alton-Shée, première partie. *Paris*, 1869; in-8, br.

2873. Souvenir d'Emmanuel (Garnier), recueillis et publ. par son père Adolphe Garnier. *Lyon, de l'imp. de Perrin*, 1861; in-8, pap. verg. teinté, br.
     Cet ouvrage n'a pas été mis dans le commerce.

2874. Vita di M. Aurelio imperadore per Mambrino Roseo da Fabriano. *Stampata in Vinegia*, 1543; pel. in-8, cart., vél.

2875. La Vie, les amours, le procès et la mort de Marie Stuart, reine de France et d'Ecosse. *Paris*, 1793; in-8, port., br.

2876. Marie Stuart et Catherine de Médicis, par Cheruel. *Paris, Hachette*, 1858; in-8, br.

2877. Histoire d'Olivier Cromwel, par Raguenet. *Paris,
Barbin,* 1691 ; in-4, port. et méd. grav., v. br.

2878. Histoire d'Olivier Cromwel, par Jeudy Dugour.
Paris, an III ; in-16, titre et port. gr., pap. de Holl.,
d.-rel., n. rog.

2879. Histoire des intrigues galantes de la reyne Christine
de Suède et de sa cour, pendant son séjour à Rome.
Amst., 1797 ; in-12, port. v. m.

2880. Pensées de Christine, reine de Suède, avec une notice sur sa vie. *Paris, Renouard,* 1825 ; in-12, pap. vel.,
édit. encadrée en rouge, port. et fac-simile, v. fau., fil.,
tr. dor.

2881. Les deux Relations authentiques du meurtre de
Monaldeschi, composées par Le Bel et Conti, édit. pub.
par Louis Lacour. *Paris,* 1865 ; in-16, pap. vergé, br.

2882. Anecdotes originales de Pierre le Grand, par de
Stæhlin, trad. par Richou. *Strasbourg,* 1787 ; in-8, pap.
vergé, br.

2883. Histoire de Frédéric le Grand, par Cam. Paganel.
Paris, 1847 ; 2 vol. in-8, br.

2884. Antonio Perez et Philippe II, par Mignet. *Paris,
imp. roy.,* 1845 ; in-8, pap. vergé, br.

2885. La Vie de César Borgia, appelé depuis le duc de
Valentinois, par Thomas Thomasi. *Monte Chiaro,* 1671 ;
pet. in-12, v. br.

2886. Histoire de la papesse Jeanne, fidellement tirée de
M. de Spanheim, avec fig. *La Haye,* 1758 ; 2 tom. en
un vol., v. marb.

2887. Guichardin, historien et homme d'État au XVIe siècle,
étude sur sa vie et ses œuvres, par E. Bénoist. *Marseille,*
1862 ; in-8.

2888. Christophe Colomb et la découverte du nouveau
Monde, par le marquis de Belloy ; compositions et grav.
par L. Flameng *Paris, Ducrocq,* s. d. ; in-4, br.

2889. Dante vita nuova, ou Vie de ses jeunes années écrites par lui-même, trad. de Ch. Zeleni. *Londres*, s. d., in-32, ang., mar. rouge, fil., tr. dor.

2890, La grande Italienne Math. de Toscane, par Am. Renée, *Paris*, 1859, in-8 br. Portr. d'après une peinture anc. par la princesse Mathilde.

2891. Abrégé de la vie et des actions de Jos. Balsamo, surnommé Cagliostro. *Liège*, 1791; in-12 br.

2892. Vie de J. Balsamo, extraite de la procédure instr. contre lui à Rome en 1790. *Paris*, 1791; in-8 br. Port.

2893. Vie de Rossini, par de Stendhal (*Henri Beyle*). *Paris*, 1824; 2 vol. in-8, port., br.

2894. L'Élévation et la chute de l'empereur Maximilien, par le comte de Kératry, avec une préface de Prévost-Paradol. *Paris*, 1867; in-8, br.

Bibliographie. — Histoire de l'Imprimerie et des Imprimeurs. — Traités sur la Typographie. — Bibliographes. Catalogue de Ventes. — Histoire de la Presse et des Journalistes.

2895. Histoire de l'origine et des premiers progrès de l'imprimerie, par Prosper Marchand. *Lahaye*, 1740; in-4, front. gr.; v. m.

2896. Histoire de l'origine et des premiers progrès de l'imprimerie (par Prosper Marchand). *Édit. originale. Lahaye*, 1740; in-4, fig., v. fauve. — Supp. à l'histoire de l'imprimerie, de Prosper Marchand. *Paris*, 1775; in-4, v. rac.

2897. Histoire de l'imprimerie et de la librairie, jusqu'en 1689. *Paris, J. de la Caille*, 1689; in-4, v. b.

2898. L'origine de l'imprimerie de Paris, par And. Chevillier. *Paris*, 1694; in-4, v. br.

2899. Traités historiques et critiques sur l'origine et les progrès de l'imprimerie, par Fournier le jeune, con-

tenant : Dissertation sur l'origine de l'art de graver en
bois. — De l'origine et des productions de l'imprimerie
primitive en taille de bois. — Obs. sur un ouvrage intitulé : *Vindiciæ tipographicæ.* — Remarque sur un ouvrage intitulé : Lettre sur l'origine de l'imprimerie. —
Lettre à M. Fréron, au sujet d'une Bible. *Paris, Barbou,*
1758; in-8, pap. de Holl., cart.

2900. Origine de l'imprimerie, par Lambinet, *Paris,* 1810;
2 vol. in-8, port. fac-simile, dos et coins v. fau., n. rog.

2901. Éclaircissements sur l'Histoire de l'invention de l'imprimerie, par A. de Vriès. *Lahaye,* 1843; in-8, pap vél.
cart.

2902. Géofroy Tory, premier imprimeur royal, par Aug.
Bernard. *Paris,* 1857; in-8, br. — Précis historiques sur
l'imp. nationale, par Duprat. *Paris,* 1848; in-8, br. —
De l'Imprimerie de la Librairie à l'Exposition universelle
de 1851. *Paris, Imp. Imp.,* 1854; in-8, br.

2903. Essai historique et critique sur l'invention de l'imprimerie par Ch. Pacile. *Paris,* 1859; in-8, pap. vél azuré
cart. n. rog.

2904. Histoire de l'imprimerie royale du Louvre, par
Aug. Bernard. *Paris, Imp. Imp.* 1867; in-8, br.

2905. Histoire de l'imprimerie Impériale de France, suivie
des spécimens des types étrangers et français de cet établissement, par F. Duprat. *Paris,* 1861; gr. in-8, pap.
vél. br.

2906. Histoire de l'imprimerie, des arts et professions qui
se rattachent à la typographie, par Paul Lacroix, Edouard
Fournier et Ferd. Séré. *Paris, S. D.* gr. in-8, nomb. fig.
en bois, blasons en coul. pap. vél. rel. en vél. bl. sur
lequel on a peint des blasons et des lettres ornées. *Exempl.*
de l'Exposition univ. de 1867.

2907. Notice historique sur l'imprimerie, par Paul Dupont. *Paris,* 1867; gr. in-8, pap. vél. dos et coins v.
ant.

2908. De l'origine et des débuts de l'imprimerie en Eu_
rope, par Aug. Bernard. *Paris, Imp. Imp.* 1853; 2 vol.
— Du même, les Estiennes et les types Grecs de François Ier. *Paris*, 1856; in-8, br.

2909. Débuts de l'imprimerie à Strasbourg, par Léon de
Laborde. *Techener*, 1840; gr. in-8, cart. — Jean Guten-
berg, né en 1412, à Kuttenberg, en Bohême, par J. de
Carro, 1847; in-12. — Un mot sur l'imp. nationale par
Laboulaye, 1851. — Généalogie des Elzevier par A. de
Reume, 1850. — Recherches sur les Elzeviers, 1847.
Ens. 6 pièces in-8 et in-12.

2910. Histoire de l'invention de l'Imprimerie pour servir
de défense à la ville de Strasbourg contre les prétentions
de Harlem, par Lichtenberger, *Strasbourg*, 1825; in-8,
dem.-rel. v. fau. *Planches*.

2911. Recherches sur l'établissement et l'exercice de l'imprimerie à Troyes, contenant la nomenclature des imp.
depuis la fin du xve siècle jusqu'à 1789, avec fac-simile,
par Corrard de Breban. *Paris*, 1851; gr. in-8; pap. verg.
cart. n. rog. tiré à 160 ex. — Du même; les graveurs
Troyens, Recherches sur leur vie et leurs œuvres avec
fac-simile. *Paris*, 1868; gr. in-8, pap. verg.

2912. Recherches et nouvelles recherches historiques et
bibliographiques sur les commencements de l'imprimerie en Lorraine et sur les progrès jusqu'en 1700, par
M. Beaupré. *Nancy*, 1845-56; 2 vol in-8, pap. fin fac-simile cart. n. rog.

2913. Recherches sur l'origine de l'imprimerie, particuliè-
ment sur ses premiers etablissements dans la Belgique,
par Lambinet. *Bruxelles*, an VII, in-8, fig. br.

2914. Manuel typographique, utile aux gens de lettres, par
Fournier le jeune. *Paris, Barbou*, 1764; fig., 2 vol. in-12,
gr. pap. de Holl., dos et coins mar. bl. n. rog.

2915. De l'Imprimerie considérée dans ses rapports littéraires et industriels, par Crapelet. *Paris*, 1827 ; br. de 63 pages in-8, gr. pap. de Holl., cart. — Des progrès de l'imprimerie en France et en Italie au xvie siècle, avec les lettres patentes de François Ier, par le même, 1836; in-8, 52 pages, cart. n. rog. Ens : 2 vol.

2916. Traité de la typographie, par Fournier. *Paris*, 1825; in-8, br.

2917. Études pratiques et littéraires sur la typographie, par Crapelet. *Paris*, 1837 ; gr. in-8, br.

2918. La Typographie, poème, par L. Pelletier. *Paris*, 1832 ; in-8, br.

2919. Traité de la typographie par Henri Fournier. *Tours*, 1854 ; in-12, br.

2920. Mélanges bibliographiques, recueil factice de 15 br. sur l'imprimerie, la librairie, etc., in-8, v. gr. fil.

2921 Jean Gutenberg, premier maître-imprimeur, ses faits et discours et sa mort, par Dingelstedt et trad. par Gust. Revilliod. *Genève, G. Fick*, 1858; in-4, pag. vél., fig. sur chine, dos et coins mar. br.

2922. A. Vitré et les car. orientaux de la bible polyglotte de Paris, 1857. — Sur Mansion, lib. à Bruges. — Sur Robert Estienne, par Crapelet. — Lettre sur la bibl. royale, R. Rochette, p. N. de Wailly. — Sur l'anc. cabinet du roi, p. Rathery. — Ens : 6 br. in-8,

2923. Annales de l'imprimerie des Estienne et de ses éditions par Ant. Aug. Renouard. *Paris*, 1843. Du même ; note sur Laurent Coster. — Les Estiennes extrait de la biographie Didot. Ens. 1 vol. in-8, pap. vél. cart. n. rog.

2924. Essai sur la vie et les ouvrages de Henri Estienne, suivi d'une étude sur Scevola de Sainte-Marthe, par Léon Feugère. *Paris*, 1853 ; in-12, br.

2925. Estienne Dolet, sa vie, ses œuvres, son martyr, par J. Boulmier. *Paris*, 1857 ; in-8, pap. vél. br. Tiré à 560 exemplaires,

2926. Procès d'Estienne Dolet, imprimeur et libraire à Lyon, 1543-1546; avec ses marques d'imp. *Paris, Techener,* 1836; in-12, gr. pap. de Holl., v. ant. fil. n. rog.

2927. Annales de l'imprimerie Elzevirienne ou Histoire de la famille des Elzeviers et de ses éditions par Ph. Piéters. *Gand,* 1861; gr. in-8, pap. vél., bl. col. dos et coins mar. br. n. rog.

2928. Essai bibliographique sur les éditions des Elzéviers. *Paris, Didot,* 1822; in-8, fig. br.

2929. Recherches sur diverses éditions elzeviriennes, faisant suite aux études de Bérard et Piéters, extraites des pap. de M. Millot, par G. Brunet. *Paris, Aubry,* petit in-8, pap. verg.

Tiré à 250 exemplaires.

2930. Les Elzevirs de la bibliothèque impériale de Saint-Pétersbourg, catalogue bibliographique et raisonné rédigé par Walther. *Saint-Pétersbourg,* 1864; pet. in-8 carré, pap. vél. br.

2931. Recherches sur Jean Grolier, sur sa vie et sa bibliothèque par M. Leroux de Lincy. *Paris, Potier,* 1866; gr. in-8, pap. verg. de Holl., br. avec un atlas de planches et fac-simile, in-folio, cart.

2932. Cazin, sa vie et ses éditions par un cazinophile. *Cazinopolis. (Châlons, imp. de Martin,* 1863; in-16, pap verg. br.

Tiré à petit nombre.

2933. Histoire du livre en France, depuis les temps les plus reculés jusqu'en 1789, par Ed. Werdet. *Paris,* 1861-64; 5 vol. in-12. — Du même, de la Librairie française. *Paris,* 1860; in-12, br.

2934. Histoire des livres populaires ou de la littérature du colportage par Ch. Nisard. *Paris, Dentu,* 1864; 2 vol. in-12, fig. br.

2935. Histoire des livres populaires ou de la littérature du colportage, depuis le xv° siècle jusqu'en 1852; 2 vol. in-8, pap. vél. fig. sur pap. de Chine, br.

2936 Livres populaires imprimés à Troyes du xv° au xviii° siècles, par Al. Socard et Al. Assier. *Paris, Aubry,* 1863-65, 3 vol. in-8, pap. de Holl., nomb. fig. sur bois, br.

2937. Bibliothéconomie, instructions sur l'arrangement, la conservation et l'administration des bibliothèque, par Constantin. *Paris, Techener,* 1839; in-12, pl. pap. verg. dos de v. fau.

2938. Plan d'une bibliothèque universelle, par Aimé Martin, 1837; gr. in-8, dos de m. r. — Ribeyre, le journal des livres 2 liv. — Catalogue de la biblio. de M. Amb. Firm. Didot, 1867, — bibliographie des ana par Namur. 1839. — Ens. 4 pièces.

2939. Recherches sur les bibliothèques anciennes et modernes, par Petit-Radel. *Paris,* 1819; in-8, port. br.

2940. Notices historiques sur les Bibliothèques anciennes et modernes, par Bailly. *Paris,* 1828; in-8, dos de v. fau.

2941. Le même ouvrage br. fr., publ. par H. J. Hoyois. *Mons,* 1837; gr. in-8, dos et coins mar. vert. fil. (*Petit*).

2942. Traité des plus belles bibliothèques de l'Europe, par Le Gallois. *Paris,* 1680; in-12, dos et coins mar. bl. fil.

2943. Inventaire ou Catalogue des livres de l'ancienne bibliothèque du Louvre fait en l'année 1373; par G. Mallet. *Paris, Debure,* 1836; in-8, pap. vél., cart. n. rog.

2944. Essai historique sur la bibliothèque du roi, (par Leprince). *Paris,* 1782; in-18, dos de veau.

2945. Essai historique sur la bibliothèque du roi, avec des notices par Leprince, rev. par Louis Paris, *Paris,* 1856; in-12, br.

2946. S'ensuit le catalogue d'un march. libr. du xv° siècle, tenant boutique à Tours. *Paris,* 1868; pet. in-8, pap. verg. br.

Tiré à 300 exemplaires.

2947. Bibliothèque protypographique ou librairies des fils du roi Jean; Charles V, Jean de Berri, Philippe de Bourgogne, et les siens, *imp. par Crapelet à Paris*, 1830; in-4, fig., blasons, et dos etc., coins mar., br.

2948. Mémoire historique sur la bibliothèque dite de Bourgogne, présentement bibl. publique de Bruxelles, par M. de Laserna Santander. *Bruxelles*, 1809; in-8, pap. de Holl., br.

2949. Catalogue de la bibliothèque de Saint-Victor au XVIᵉ siècles rédigé par Rabelais et publ. par le biblio. Jacob, suivi d'un Essai sur les biblio. imaginaires, par Gust. Brunet, *Paris, Techener*, 1862; in-8, pap. vél., broché.

2950. Bibliothèque de madame la Dauphine, nᵒ 1, histoire, (par Moreau). *Paris*, 1770; in-8, v. m. *frontisp. d'Eisen. Les sciences présentent leurs livres à la Dauphine.*

2951. Rapport adressé au ministre d'État au nom de la commission instituée le 22 avril 1861 pour examiner les réformes à faire dans le régime de la bibliothèque imp. et des archives de l'Empire, par F. Ravaisson. *Paris*, 1862; in-8, pap. vél., br.

2952. Règlement pour la discipline des colporteurs et afficheurs de la librairie, avec l'ordonnance du roi qui défend les étalages de livres sur les quais et les ponts; du 7 mai 1749. — Ordonnance de M. Lenoir L. G. de la police de Paris pour les colporteurs et les afficheurs de Paris. Ens. 2 br. *Paris*, 1764-79.

2953. Ordonnance qui défend aux revendeuses de vendre aucune chose à la porte des collèges et de prendre hardes ou livres aux écoliers, 31 octobre, 1725; idem 21 août et 1ᵉʳ octobre, 1744. — Histoire des règlements de librairie, 1779. — Procl. du 21 janv. 1791 contre les livres obscènes, placard signé Bailly. — Loi sur les libelles inciviques, 18 août 1792. — Ens. 6 pièces in-4, en feuilles.

2954. Mémoires sur la librairie et la liberté de la presse, par M. de Lamoignon de Malesherbes. *Paris*, 1809 ; in-8, broché.

2955. Bulletin du Bibliophile, années 1834-65 ; 26 vol. in-8, cart.

2956. Le Quérard, Archives d'histoire littéraire et de bibliographie française. *Paris*, 1855 et 1856 ; 2 vol. in-8, broché.

2957. Bulletin du Bouquiniste, 1857-68 ; 22 vol. in-8, br. et 2 années en liv. plus les tables de 1857 à 1866 (complet).

2958. Annuaire du bibliophile, du bibliothécaire et de l'archiviste, par Louis Lacour, de 1860 à 1863. *Paris*, Claudin, 4 vol. in-12, pap. vél. et verg., br. — Annuaire de l'archéologie du numismate et de l'antiquaire pour l'année 1862 ; in-12, br. — Annuaire des beaux-arts, par Filloneau, 1re année 1861 62 ; in-12, br.

2959. Analyse des travaux de la Société des philobiblon de Londres, par Oct. Delapierre. *Londres*, 1862 ; in-8, pap. verg. de Holl. teinté dos de mar., n. rog.

2960. Manuel du libraire et de l'amateur de livres, par J. Ch. Brunet. *Paris, A. Didot*, 1860-65 ; 6 tom. en 12 vol. gr. in-8, cart., n. rog.

2961. Nouveau Manuel de Bibliographie universelle, par P. Denis, Pinçon et de Mortone. *Paris, Roret*, 1857 ; 3 vol. in-18, br.

2962. Le Microscope bibliographique. *Amsterdam*, 1771 ; in-12, cart. n. rog.

2963. Dictionnaire bibliographique choisi du xv° siècle, par de la Serna, Santander. *Bruxelles*, 1807 ; 3 vol. in-8, pap. de Holl., br.

2964. La France littéraire au xv° siècle ou Catalogue raisonné des ouvrages de tout genre imp. en langue française jusqu'à l'an 1500, par G. Brunet. *Paris*, 1865 ; in-8, p. verg., br.

2965. La France littéraire ou *Dictionnaire bibliogra-*
phique, par Quérard. *Paris, Didot*, 1827 à 1864 ; 12 vol.
in-8, cart., n. rog.

2966. La Littérature française contemporaine, 1827-1844 ,
par MM. Quérard, Ch. Louandre, Maury et Bourquelot.
Paris, Daguin et Delaroque aîné, 1846-56; 6 tom. en 12 vol.
in-8, br.

2967. Musée bibliographique; collection d'ouvrages imprimés et manuscrits, dont le moindre prix est de 1000 fr.,
publ. par Hoyois. *Mons*, 1837; gr. in-8, dos et coins
mar., v. fil. (*Petit.*)

2968. Bibliographie biographique universelle, par Ed.
M. OEttinger. *Bruxelles*, 1854 ; 2 vol. gr. in-8, br.

2969. Dictionnaire des ouvrages anonymes et pseudonymes, par *Barbier*, 2ᵐᵉ édit. *Paris*, 1822-27; 4 vol. in-8,
port. cart., n. rog. — Examen critique et complément des
dictionnaires historiques, par Barbier, 1ᵉʳ vol. *Paris*,
1820; in-8, rel.

2970. Les Pseudonymes du jour, par Ch. Joliet. *Paris*,
1867. — Dictionnaire des pseudonymes, par G. D'Heilly.
Paris, 1868; pâp. verg. Ens. 2 vol. in-12, br.

2971. Nouveau système de Bibliographie alphabétique,
précédé de Considérations sur l'orthographe française,
par Fortia d'Urban. *Paris*, 1822; 3 port. en 1 vol. in-12,
dos de v.

2972. Catalogue alphabétique des ouvrages condamnés.
Paris, 1836; in-8, br.

2973. Tables biographiques et bibliograph. des sciences,
des lettres et des arts indiquant les œuvres principales
des hommes les plus connus en tous pays et à toutes
époques, avec mention des éditions les plus estimées,
par A. Dantès. *Paris*, 1866; in-8, dos toile, cart. d'amateur.

2974. Notice sur les différentes édit. des heures gothiques,
ornées de grav., par Jacq. Brunet. *Paris, Silvestre*, 1834;
gr. in-8, pap. vél. fort., br.

2975. Bibliographie de Chrestien de Troyes, comp. des mss. de Perceval le Gallois, par Ch. Potvin. *Bruxelles*, 1863 ; in-8, pap. vél., br.

> Un manuscrit inconnu. — Chapitres uniques du manuscrit de Mons ; autres fragments inédits.

2976. Bibliographie des chansons, fabliaux, contes en vers et en prose, facéties, etc., etc., ayant fait partie de la collection de M. Viollet-le-duc, publ. par Ant. Méray. *Paris, Claudin*, 1859 ; in-8, br.

2977. Bibliographie du Périgord, xvi° siècle. *Paris, Aubry*, 1861 ; pet. in-8, pap. verg.

> Tiré à 100 exemplaires.

2978. Bibliographie de la France, depuis le xv° siècle jusqu'en 1845 ; par Girault de Saint-Fargeau. *Paris*, 1845 ; in-8, br.

2979. Petite Bibliographie biographico-romancière ou Dictionnaire des Romanciers. *Paris, Pigoreau*, 1821 ; in-8, bas. rac.

2980. Revue des Romans, par Eusèbe G***. *Paris, Didot*, 1839 ; 2 vol. in-8, br.

2981. Manuel du Bibliographe normand, par Ed. Frère. *Rouen*, 1857-60 ; 2 tom. en 7 liv. in-8, br.

2982. Notice bibliographique des ouvrages de M. de Lamennais et des biographies de cet écrivain, par Quérard. *Paris*, 1849 ; in-8, br.

2983. Bibliographie de Ch. Baudelaire, par MM. de la Fizélière et Decaux. *Paris*, 1868 ; in-12, pap. verg., br.

> Tiré à 350 exemplaires.

2984. Les Supercheries littéraires dévoilées, par M. Quérard, tome Ier de la 2e édit. seul paru. *Paris*, 1865 ; gr. in-8, pap. verg.

2985. Notice d'un livre imprimé à Bamberg, en 1462, par Alb. Pfister, par Camus. *Paris*, an VII, br. in-4, cart. *Planches, fac-simile.*

> Ce livre, entré à la Bibliothèque nationale en l'an VII, contient trois ouvrages : l'allégorie sur la Mort — L'histoire de Joseph, de Daniel — Une Biblia pauperum.

2986. Fac-simile d'un rarissime petit livre de la fin du xvie siècle, intitulé : Thrésor admirable de la sentence prononcée par Ponce-Pilate, contre nostre Sauveur Jésus-Christ. *A Paris, 1584, réimpr. par Techener, 1839*; in-12, fig., br.

> Tiré à 300 exemplaires.

2987. Marques typographiques, recueil des monogrammes, chiffres, enseignes, etc., des libr. et imprim. qui ont exercé en France, depuis 1470 jusqu'à la fin du xvie siècle. *Paris, 1853-64*; liv. 1 à XI, in-8, br. *Fig.*

2988. Des Portraits d'auteurs dans les livres du xve siècle, par Renouvier, Jehan de Paris; des gravures sur bois dans les livres de Sim. Vostre et d'Antoine Verard, par le même. *Paris, 1859-63*; 4 broch. in-8, pap. vergé teinté, br.

> Tirés à petit nombre.

2989. Essai typogr. et bibliogr. sur l'histoire de la gravure sur bois, par A.-F. Didot. *Paris, 1863*; in-8, br.

2990. Xylographie de l'imprimerie troyenne, pendant les xve, xvie, xviie et xviiie siècles, avec une lettre du bibl. Jacob, publ. par Varlot, antiquaire. *Troyes, 1859*; pet. in-folio, pap. verg., tiré à pet. nomb., cart., n. rog.

2991. Illustration de l'ancienne impr. troyenne, 210 grav. sur bois, fac-similes des xve, xvie, xviie et xviiie siècles, par Varlot, antiquaire. *Troyes, 1850*; in-4, br.

2992. De la Réparation des vieilles reliures, par Bonnardot. *Paris, 1858*; in-12, pap. verg., br.

2993. L'Art de la Reliure en France aux derniers siècles, par Ed. Fournier. *Paris, 1864*; in-12, pap. verg., bro.

2994. La Chasse aux bibliographes et antiquaires mal-advisés, par un des élèves de l'abbé Rive. *Londres, 1789*; 2 vol. in-8, br.

2995. Le Mirouer du bibliophile parisien, où se voyent au vray le naturel, les ruses et joyeulx esbattements des fureteurs de vieilz livres, par Bonnardot. 1848; in-12, bro.

Tiré à 166 exemplaires.

2996. Philobiblion, excellent traité de l'amour des livres par Richard de Bury, publ. par H. Cocheris. *Paris*, 1856; in-12, pap. verg., cart., n. rog.

2997. Imprimeurs imaginaires et libraires supposés, étude bibliographique, par Gust. Brunet. *Paris*, 1866; in-8, pap. vél., br.

2998. Les Boîtes à quatre sols, par Joannis Guigard. *Paris*, 1866; br. gr. in-8, pap. de Holl.

2999. Collection de 15 pièces sur l'affaire Libri. — Réponse au rapport de Boucly. — Lettre de Naudet. — Lettre de G. Brunet à P. Jacob. — Lettre de P. Lacroix de Hatton. — Lettre de Cretaine à Naudet. — Les 101 lettres de Paul Lacroix à la Bibl. nat. — N° 1 à 4. — Mémoire pour, par Lamporecchi. — Acte d'accusation. — Lettre de Libri à Barthélemy Saint-Hilaire et au président de l'Institut. — Lettre du 14 avril 1851. — Pétition au Sénat, 1861.

3000. Catalogue raisonné de la collection de livres de M. Pierre-Antoine Crevenna, nég. à *Amsterdam*, 1775; 6 vol. in-4, br.

3001. Catalogue des livres de la bibliothèque de feu le duc de la Vallière, par Guill. de Bure. *Paris*, 1783; 3 vol. in-8, port., dos de veau, n. rog.

Exemplaires avec les prix.

3002. Catalogue de la bibliothèque d'un amateur, avec notes bibliographiques et critiques, par Ant. Renouard. *Paris*, 1819; 4 vol. in-8, cart. non rog.

3003. Catalogue des livres de la bibl. Ch. Nodier, dont la vente se fera le 28 janvier 1830. *Paris, Merlin*, 1829; in-8, br. *Avec les prix.*

3004. Bibliothèque de M. de Pixerécourt, avec des notes littéraires et bibliographiques de ses deux excellents amis, Ch. Nodier et Paul Lacroix. *Paris*, 1838; in-8, pap. de Holl., br. *Avec les prix mss.*

3005. Catalogue des livres imprimés, manuscrits, estampes, dessins et cartes à jouer, composant la bibliothèque de M. Leber. *Paris*, 1839; 4 vol. in-8, pap. de Holl., dos de veau fau.

3006. Catalogues des livres composant la bibliothèque poétique de M. Viollet-le-duc. *Paris*, 1843; in-8, br.

3007. Catalogue de la bibliothèque de feu Ch. Nodier. *Paris, Techener*, 1844; in-8. — Catalogue de la bibliothèque de M. Gallois. *Paris, Techener*, 1844. — Catalogue Deneux. *Paris, Techener*, 1844. — Catalogue Wolters. *Paris, Delion*, 1844. — Catalogue Mainnemare. *Paris, Silvestre*, 1843. Ensemble, 1 vol. in-8, dos de mar. v., dor. en tête. *Avec les prix.*

3008. Catalogue de livres anciens, rares et curieux, provenant de la bibliot. de Gab. Peignot. *Paris*, 1852; in-8, br. *Avec les prix.*

3009. Catalogue des livres rares et précieux de la bibliothèque de M. de Bure. *Paris, Potier*, 1853; in-8, dos de v. f. *avec les prix.*

3010. Catalogue des livres composant la bibliothèque de feu Ant.-Aug. Renouard. *Paris*, 1854; in-8, br. *Avec les prix.*

3011. Catalogue d'une collection de livres rares et précieux, à vendre à la librairie Potier. *Paris*, 1859; pet. in-8, pap. verg., br. — Catalogue et Spécimen des caractères de la biblio. elzevirienne. *Paris, Jannet*, 1858; 2 vol. pet. in-8, pap. verg., br. — Bibliographie des publications relatives au livre de M. de Renan, par Milsand. *Paris, Dentu*, 1864, in-18, br.

3012. Catalogue of the extraordinairy collection of splendid manuscripts chiefly upon vellum, etc. formed by G. Libri. *London*, 1839 ; gr. in-8, cart.

3013. Catalogue de la bibliothèque de M. Solar. *Paris, Techener*, 1860 ; gr. in-8, cart. *Avec les prix mss.*

3014. Catalogue des livres rares et précieux, composant la bibliothèque de M. le comte de la Bédoyère. *Paris*, 1862; in-8, cart. *Avec les prix.*

3015. Catalogue de la bibliothèque de Ch. Piéters. *Gand*, 1864 ; gr. in-8, cart., n. rog. *Avec les prix à la fin.*

3016. Catalogue des livres rares et précieux, composant la bibliothèque du prince Radziwill. *Paris, Potier*, 1865 ; gr. in-8, br. *Avec les prix mss.*

3017. Catalogues des livres composant la bibliothèque de Jacq. Ch. Brunet, auteur du Manuel du libraire. *Paris, Potier*, 1868 ; 2 vol. gr. in-8, br. Avec les prix et la table des auteurs.

3018. Les Gazettes de Hollande et la Presse clandestine aux XVIIe et XVIIIe siècles, par Eugène Hatin. *Paris*, 1865 ; in-8, port., impr. sur pap. chamois, br. Tirée à 20 ex. sur ce papier.

3019. Essai sur le journalisme depuis 1735 jusqu'à 1800. *Paris*, 1811 ; in-8, dem.-rel. *Avec la signature sur le titre, de Bigot de Préameneu.*

3020. Histoire politique et littéraire de la presse en France, par Eug. Hatin. *Paris*, 1859-61 ; 8 vol. in-12, br.

3021. Les grands Journaux de France, par Jules Brisson et F. Ribeyre. *Paris*, 1863 ; gr. in-8, br.

3022. Journaux et Journalistes, par Al. Sirven, la Gazette de France, le journal des Débats, la Presse et la Liberté, le Siècle, avec les portraits de leur rédacteur photo. *Paris*, 1865 ; 4 vol. in-12, br.

3023. Publicistes modernes, par H. Baudrillart. *Paris, Didier*, 1862 ; in-8, pap. vél., br.

3024. Les Chroniqueurs parisiens, par Aug. Villemot, Eug. Guinot, Alph. Karr, About, Albéric second, etc. N° 1, *février 1857 au n° 179, septembre 1858*; 1 vol. in-folio, cart.

Histoire littéraire. — Revues. — Mélanges historiques.

3025. Histoire littéraire de la France, par les religieux Bénédictins, d. l. c. d. Saint-Maur, nouv. éd. par Paulin Pâris. *Paris, Palmé*, 1865-68; in-4, pap. vergé, br., tom. I à VII et IX.

3025 bis. — La même, *Fr. Didot*, 1847-56; 2 vol. in-4, bro. Édition publiée par les membres de l'Institut; tomes XXI et XXIII.

3026. Mémoires de littérature ancienne, par Em. Egger. *Paris*, 1862; in-8, br.

3027. Histoire littéraire de la France avant le xii° siècle, par Ampère. *Paris*, 1839; 3 vol. in-8, br.

3028. Histoire de la littérature française, par Nisard. *Paris, Didot*, 1861; 4 vol. in-8, br.

3029. Histoire de la littérature anc. et moderne par Schlegel, trad. par Duckett. *Paris*, 1829; 2 vol. in-8, br.

3030. Tableau littéraire de la France pendant le xviii° siècle; par Jos. de Rosny. *Paris*, 1809; in-8, pap. de Holl., dem.-rel.

3031. Les Gladiateurs de la république des lettres, aux xv°, xvi° et xvii° siècles, par Ch. Nisard. *Paris*, 1860; 2 vol. in-8, br.

3032. Essais sur l'Histoire des belles-lettres, des sciences et des arts, par Juvenel de Carlencas. *Lyon*, 1749; 4 vol. in-8, fig., v. m., fil.

3033. Mémoires de littérature, par M. de Sallengre. *Lahaye*, 1715; 2 vol. in-12, v. fauv., fil.

3034. Mémoires littéraires, par M. de Sallengre. *Lahaye*, 1716; in-12, v. f.

3035. Pièces intéressantes et peu connues pour servir à l'Histoire de la littérature, par D. L. P. *Bruxelles*, 1785; 8 vol. in-12, br.

3036. Histoire de l'Académie française, par M. Pélisson. *Paris*, 1700; in-12, v. br. *chiffres sur le pl.* — Bibliothèque curieuse et instructive des divers ouvrages anciens et modernes. *Trévoux*, 1704; 2 tom. en 1 vol. in-12, fig., v. m.

3037. L'Académie des sciences et les Académiciens de 1666 à 1793, par Jos. Bertrand. *Paris*, 1869; in-8, br.

3038. Histoire littéraire des Fous, par Oct. Delepierre. *Londres*, 1860; in-12, pap. vél., cart., n. rog.

3039. Histoire de la littérature anglaise, par H. Taine. *Paris*, 1863-64; 4 vol. in-8, br.

3040. De l'État moral politique et littéraire de l'Allemagne, par Matter. *Paris*; 2 vol. in-8, br.

3041. Magasin pittoresque, années 1835-36, 63-64; 4 vol. gr. in-8, br.

3042. La Revue indépendante, rédigée par P. Leroux, G. Sand et P. Viardot, 1er novembre 1841 à 1845; 23 vol. 2me série, 1846 au 25 février 1848; 13 vol. Ens., 36 vol. in-8, br. et en livr.

3043. La Revue française, février 1855 à juillet 1859, tom. 1 à XVII, in-8, br.

3044. La Correspondance littéraire publ. par L. Lalanne, Laur. Pichat et Servois. *Paris, années* 1861 à 1864; 4 vol. gr. in-8, cart., n. rog.

3045. Revue anecdotique, 1855 au 15 octobre 1862; 15 vol. — Petite Revue anecdotique, n° 1, 14 novembre 1863 au 15 mai 1867 — 10 septembre 1867, n° 1, 1er février au 5 avril 1868; 12 vol. et 15 livr. Ens. 27 vol. et 15 liv., br.

3046. Meslanges historiques et Recueils de diverses matières pour la plupart paradoxalles et néanmoins vrayes, par P. de Sainct-Julien. *Lyon, Ben. Rigaud*, 1689; in-8, veau fau., fil.

3047. Mélanges d'histoire et de littérature, par Vigneul-Marville. *Paris,* 1725 ; 3 vol. in-12, v. br.

3048. Les Miettes de l'histoire, Profils et Grimaces, par Aug. Vacquerie. *Paris, Pagnerre,* 1863-64; 2 vol. in-8, bro.

3049. Traité de matériaux manuscrits de divers genres d'histoire, par Al. Monteil. *Paris,* 1836; 2 vol. in-8, fac-simile, br.

3050. Les Impostures de l'Histoire. *Paris,* 1774 ; 2 vol. in-12, br.

3051. Recueil de diverses pièces curieuses pour servir à l'Histoire. *Cologne (à la Sphère),* 1664 ; in-16, vél.

3052. Personnages énigmatiques, Histoires mystérieuses, Événements peu ou mal connus, par Fr. Bulau, trad. de l'allemand, par Duckett. *Paris,* 1861 ; 3 vol. in-12, bro.

3053. Lettres et pièces rares ou inédites, publ. par Matter. *Paris, Amyot,* 1846; in-8, br.

3054. Essais historiques, par (*J. Muller*). *Berlin,* 1781 ; in-8, br.
  Avec envoi authentique signé de l'auteur de cet essai, qui n'aurait été tiré qu'à 20 exemplaires.

3055. Fantaisies politiques, Morales critiques et litt., par Cauchois Lemaire. *Bruxelles,* 1816; in-8, br.

3056. Quelques Mémoires sur différents sujets, par (Dupont de Nemours). *Paris,* 1807 ; in-8, dem.-rel.

3057. Le Procès des trois rois, plaidé au tribunal des puissances européennes, par Appendix l'appel au Pape. *Londres,* 1780 ; in-8, br. *Fig. ex. neuf.*

3058. Traité historique sur les amazones, par Pierre Petit. *Leyde,* 1718; 2 tom. en 1 vol. in-12, front. gr., v.m.

3059. Essais d'appréciations hist., par Berger de Xivrey (Philologie, géog. archéol. hist.). *Paris,* 1837; 2 tom. en 1 vol. in-8, cart.

3060. Conversations du maréchal d'Hoquincourt avec le
P. Canaye, par Saint-Évremond, publ. par L. Lacour.
Paris, 1865 ; in-16, pap. verg., br.

3061. Deux visites à Nicolas de Flue, relations de Jean de
Waldheim et d'Alb. de Bonstetten, trad. par Fick. *Genève*, 1864 ; in-12, gr. pap. de Holl., br.

3062. La Relation de trois ambassades de Mgr le comte de
Carlisle, nouv. édit. ann. par le prince Galitzin. *Paris,
Jannet*, 1857 ; in-16, pap. vergé, cart. r.

3063. Morts royales, par Georges d'Heilly. *Paris, Jouaust*,
1867 ; in-12, tiré à 30 ex. sur pap. de Holl., br.

3064. La Renaissance, Roland ou la chevalerie, Grégoire VII, saint François d'Assise et saint Thomas d'Ac-
quin, par Delécluze. *Paris*, 1845 ; 4 vol. in-8, br.

3065. Œuvres choisies de Bertin du Rocheret, président
de l'élection d'Epernay, et documents curieux et inédits
sur le XVIIIᵉ siècle (1710-1750), publ. par Aug. Nicaise.
Châlons-sur-Marne, 1865 ; in-8, pap. vél., br.
    Tiré à 100 exemplaires.

3066. Anecdotes du XIXᵉ siècle, par Collin de Plancy. *Paris*, 1821 ; 2 vol. in-8, br.

3067. Podalire et Dirphé ou la Couronne tient à la jarre-
tière, par (Nogaret). *Paris*, an IX, 2 vol. in-8, pap. vél.
Fig.

TABLE DES DIVISIONS

Renou et Maulde, imprimeurs de la Compagnie des Commissaires-Priseur
rue de Rivoli, 144.   23806

www.ingramcontent.com/pod-product-compliance
Ingram Content Group UK Ltd.
Pitfield, Milton Keynes, MK11 3LW, UK
UKHW021849070726
13613UKWH00001B/72